Ruth Bader
Kölsche Jonge

Ruth Bader

Kölsche Jonge

Spuren einer jüdischen Familie

Bibliografische Information der Deutschen Nationalbibliothek:

Die Deutsche Nationalbibliothek verzeichnet diese Publikation in der Deutschen Nationalbibliografie; detaillierte bibliografische Daten sind im Internet über http://dnb.d-nb.de abrufbar.

Umschlagabbildung:
Adi und Menasche Bader in Palästina, 1946

Bildnachweis: Abgebildete Fotos, Dokumente und Briefe stammen aus dem Privatbesitz von Ruth Bader, Adi Bader, Menasche Bader und Ilana Regev, mit Ausnahme der auf den Seiten 72 und 88 mit einem entsprechenden Vermerk versehenen Fotos, die mit freundlicher Genehmigung des United States Holocaust Memorial Museums abgebildet werden.

1. Auflage

Ruth Bader, »Kölsche Jonge«

© 2009 Ruth Bader
Alle Rechte vorbehalten
Umschlaggestaltung, Satz & Layout: Ruth Bader
Herstellung und Verlag: Books on Demand GmbH, Norderstedt

Kommentare oder Fragen zum Buch bitte an: info@koelschejonge.de

ISBN 978-3-8370-3814-9

Inhalt

Danksagung 7
Vorwort 9
Stammbaum 13
Entsprungen 15
Entrissen 47
Gerettet 83
Verloren 107
Briefe 129
Anstelle eines Nachworts 240
Anmerkungen 242

Danksagung

Mein größter Dank gilt meinem Vater Adi, der ursprünglich alleinigen ›Hauptfigur‹ dieses Buchs. Ohne seine Bereitschaft, mir von den so schmerzlichen, manchmal auch tröstlichen Erlebnissen seiner Kindheit zu erzählen, wäre es nie entstanden. Zugleich danke ich meinem Onkel Menasche von ganzem Herzen, denn auch er berichtete mir mit bewegender Offenheit von seiner Kindheit und Jugend und ergänzte die Erzählungen meines Vaters durch zahlreiche wertvolle Details und Dokumente. So wurde er zur zweiten ›Hauptfigur‹ des Buchs.

Für das Entzünden der ursprünglichen Idee, die Kindheit und Jugend meines Vaters zu dokumentieren, werde ich meinen verstorbenen Großonkeln Hermann und Heini immer dankbar sein. Sie erhellten mir gegen Ende der 1980er Jahre erstmals das Dunkel unserer Familiengeschichte.

Auch der Beitrag von Hermanns Tochter Ilana war außerordentlich wichtig, denn sie teilte mir mit, was ihr aus den lebhaften Erzählungen ihrer Eltern in Erinnerung geblieben war.

Andere Verwandte aus dem weiteren Umfeld unserer Familie – insbesondere Menasches Frau Ruthi, Ilanas Tante Ida und Onkel John sowie die entfernteren Verwandten Chaim, Chana und Morris – trugen interessante Informationen zum Gesamtbild bei.

Meinem Mann Don bin ich unendlich dankbar dafür, dass er jahrelang mit der ihm eigenen immensen Geduld und seinem tiefen Mitgefühl an der Entstehung dieses Buchs mitwirkte.

Ohne die stetige moralische Unterstützung meiner Mutter Edith sowie meiner Brüder Daniel, Gideon und Michael – und ihrer Familien – wäre mein Vorhaben gewiss frühzeitig an den Selbstzweifeln gescheitert, die ein solches Unterfangen zwangsläufig mit sich bringt. Auch Karin, die heutige Frau meines Vaters, spielte hierbei eine wichtige Rolle.

Immer wieder motiviert haben mich im Laufe der Jahre auch gute Freundinnen und Freunde in Deutschland und Australien, die durchweg großes Interesse an meinen sehr persönlichen Buch-Projekten zeigten. Und sie jubelten und litten mit mir, wenn es bei dieser Achterbahnfahrt der Gefühle mal unerwartet bergauf oder bergab ging. Ganz besonders danke ich hier Nina, Andreas, Tine, Gabi, Roze und Thomas.

Gegen Ende meiner Beschäftigung mit diesem Buch hatte ich das Glück, über das Internet einige deutsche Autoren und Autorinnen kennen zu lernen. Sie halfen mir beim Überspringen mancher Hürde während der Gestaltung des Buchs in der entscheidenden, letzten Phase. Insbesondere Andrea, Maryanne, Heinz, Cornelia und Johanna danke ich hierfür.

Einige der bereits Erwähnten unterstützten mich mit konstruktiver Kritik zur ersten Fassung. Ihnen und auch allen anderen, die mir mit Rat und Tat zur Seite standen, danke ich nochmals sehr für ihren Beitrag zum Gelingen des Buchs.

Ruth Bader

VORWORT

Als junges Mädchen war mir fast nichts über die Kindheit meines Vaters Adi bekannt. Dennoch glaubte ich zu wissen, dass mein stets so humorvoller Vater kein glücklicher Mensch war und dass die Quelle seines Unglücklichseins in seiner Kindheit entsprang.

Im Schlafzimmer meiner Eltern betrachtete ich als Kind oft drei Fotos, die dort eingerahmt an der Wand hingen. Schon früh glaubte ich zu wissen, dass dies traurige Fotos waren.

Das eine Foto zeigte drei Kinder und ihre Eltern. Fein herausgeputzt und im Studio eines Fotografen für die Aufnahme posierend blickten sie freundlich und zugleich ernst in die Kameralinse. Das andere Foto war eine Portraitaufnahme, ebenfalls in einem Fotoatelier entstanden. Auf diesem lächelte mich sanft eine bäuerlich wirkende Frau mittleren Alters an. Das dritte Foto zeigte, so meinte ich, dieselbe Frau auf einem Schemel auf einer Weide sitzend beim Melken einer Kuh.

Ich glaubte zu wissen, dass es sich bei den Leuten auf dem ersten Foto um die Eltern meines Vaters sowie ihn und seine Brüder handelte, dass außer ihm niemand mehr lebte und dass sie schon vor langer Zeit gestorben waren. Ich glaubte auch zu wissen, dass es sich bei der netten Frau auf dem zweiten und dritten Foto um eine andere Mutter handelte, die mein Vater gehabt hatte, und dass ihr Name für mich lustig klang, ganz wie der Laut, den die Kuh auf dem Foto gewiss von sich gab: »Muh«.

Später glaubte ich zu wissen, dass mein Vater während der ›Nazizeit‹ in einem Kloster in Belgien versteckt gewesen war. Aber mir waren keinerlei Details über das Schicksal seiner Eltern und Geschwister bekannt. Ich wusste nicht, wie sie gelebt hatten, wusste auch nicht, wie und wo sie gestorben waren. Und ich wusste nicht, wie und warum mein Vater überlebt hatte.

Als Jugendliche entwickelte ich eine Neugier auf die Kindheitserlebnisse meines Vaters. Einmal fragte ich ihn danach, als ich kaum achtzehn Jahre alt war. Der Schmerz, der aus ihm herausbrach, als er mir erstmals von seiner Kindheit und seiner Familie berichtete, versetzte mir einen so tiefen Schock, dass ich mich später kaum erinnern konnte, was er mir erzählt hatte.

In den folgenden fünfzehn Jahre sammelte ich nach und nach Informationen zur Familiengeschichte. Ich besuchte meinen Großonkel Hermann in Haifa (Israel), sprach mit meinem Großonkel Heini im Kibbuz Ein Harod (Israel). Ich trug Fotos, Dokumente, Details zum Stammbaum und andere Informationen zusammen.

Doch lange Zeit war ich nicht in der Lage – oder bereit – zu verstehen, wie die verschiedenen Teile meiner Sammlung zusammenpassten.

Als ab Ende der 1980er Jahre in unserer Familie die Kinder der nächsten Generation geboren wurden, war ich besorgt, dass ihnen ihre Wurzeln ein noch größeres Rätsel sein würden als mir. Dann geschah im Frühjahr 2002 etwas vollkommen Unerwartetes. Im Alter von 71 Jahren öffnete sich mein Vater. Oder vielleicht war es auch so, dass ich – im Alter von 35 Jahren – endlich in der Lage und bereit war, ihm die richtigen Fragen zu stellen und seine Antworten besser zu verstehen.

In meinen Händen halte ich ein Foto meines Vaters, das im Sommer 1938 aufgenommen wurde, als er siebeneinhalb Jahre alt war. Schon die frühesten Kindheitsjahre meines Vaters waren von Trauer und Verlust geprägt. Dennoch glaube ich, dass er, als dieses Foto im Jahr vor seiner Flucht aus Deutschland entstand, glücklicher war als jemals danach.

Basierend auf den Erzählungen meines Vaters Adi und seines Bruders Menasche vermittelt dieses Buch einen Eindruck vom Schicksal der Kölner Familie Bader. Die beiden Brüder verloren so vieles – ihr Zuhause, ihre Heimat, ihre Kindheit, ihre Geschwister, ihre Eltern.

Erst heute begreife ich, dass die Toten aufhören zu existieren, wenn wir nicht wissen, wer sie waren. Erst wenn wir sie kennen und vermissen lernen, leben sie in unserer Erinnerung weiter.

Dieses Buch ist dem Andenken der folgenden Personen gewidmet:

Sara Bader, geborene Sibirski – Adis Mutter, meine Großmutter. Im März 1931, kaum einen Monat nach Adis Geburt, in Köln verstorben.

Fritz (Fischel) Bader – Adis Vater, mein Großvater, der bei seiner Deportation vom »Heimweh noh Kölle« sang. 1942 in Minsk ermordet.

Regine Bader, geborene Sibirski – Adis Tante und Stiefmutter, die sich um das Wohl ihrer Verwandten in Palästina sorgte, während sie selbst mit Mann und Kindern in der deutschen Falle saß. 1942 in Minsk ermordet.

Georg Bader – Adis älterer Bruder, der ihn noch mit Besuchen in Belgien überraschte und mit Geschenken begeisterte. 1942 in Auschwitz ermordet.

Kurt Bader – Adis kleiner Bruder, der zu jung war, um von seinen Eltern alleine ins vermeintlich rettende Ausland geschickt zu werden. 1942 in Minsk ermordet.

Max Bader – *Adis Onkel, der das ›schwarze Schaf‹ der Familie und doch zugleich derjenige war, durch den Adi ein neues Zuhause in Belgien fand. 1942 im KZ Le Vernet (Frankreich) interniert, danach verschollen.*

Luise Lommers (verheiratete van Uffelen) – *Adis belgische Pflegemutter, seine »Moe«, die ihm ihre Liebe schenkte und einen neuen Zufluchtsort fand, als die Gefahr zu groß wurde. 1961 in Belgien verstorben.*

Jonas Tiefenbrunner – *Der Leiter des jüdischen Kinderheims in der Rue des Patriotes, Brüssel, der sein Leben der Erziehung jüdischer Kinder widmete. 1962 in Belgien verstorben.*

Marie Blum-Albert – *Die Leiterin des Wezembeeker jüdischen Kinderheims, der fast 100 Kinder ihr Überleben verdanken. 2002 in Belgien verstorben.*

Die Nonnen des Klosters Bethlehem in Louvain, die Adi und andere jüdische Kinder bis zur Befreiung versteckten.

Der erste Teil dieses Buchs besteht aus einem Dialog der Brüder Adi und Menasche, den es in Wirklichkeit in dieser Form nie gegeben hat. Ergänzt werden ihre Erinnerungen durch einige Kommentare anderer Verwandter. Die Wiedergabe dieser Erzählungen basiert auf Notizen und Audioaufnahmen von Gesprächen, die ich im Laufe der Jahre entweder telefonisch führte oder ›vor Ort‹ mit meinem Vater in Deutschland, meinem Onkel in Israel und anderen Verwandten in Australien.

Die im zweiten Teil zusammengestellte Auswahl von Briefen aus den entscheidenden Jahren ermöglicht ein ergänzendes, tieferes Verständnis der im ersten Teil angesprochenen Themen. Aber vor allem lassen diese Briefe auch jene ›zu Wort‹ kommen, die vor langer Zeit verstarben und deren Vermächtnis dennoch bis heute fortbesteht.

Ruth Bader
Canberra, Australien
Juli 2009

Stammbaum

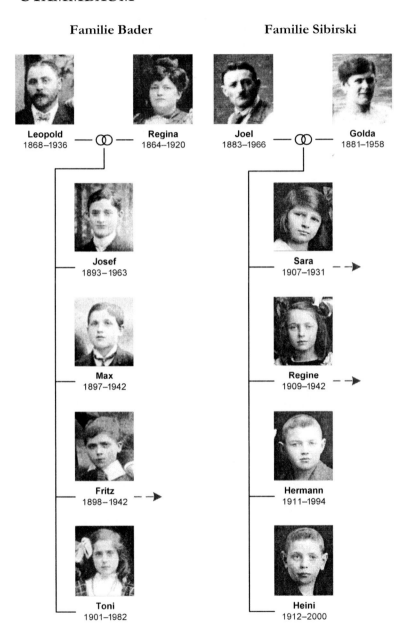

Familie Bader

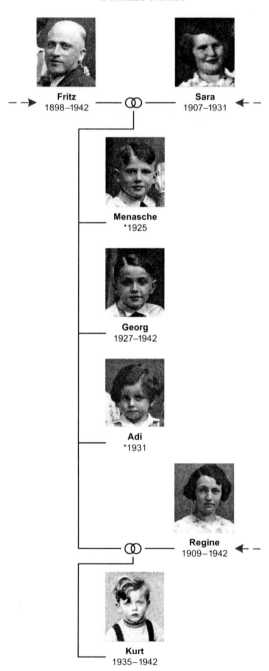

ENTSPRUNGEN

Familie Bader
Adi
Mein Vater wurde 1898 als Friedrich Löser Bader in Köln geboren. In der Familie und unter Freunden wurde er Fritz, im jüdischen Umfeld vor allem Fischel genannt. Er hatte zwei ältere Brüder, Josef und Max, und eine jüngere Schwester, Antoinette, die Toni genannt wurde. Irgendwann vor der Geburt meines Vaters muss die Familie auch mal in Frankreich gelebt haben, denn mein Onkel Josef wurde, wie ich vor einigen Jahren herausfand, dort in Belfort geboren. Mein Onkel Max lebte in den 20er Jahren zwischenzeitlich wohl in Berlin und war dort auch verheiratet, aber mir sind darüber keine genaueren Details bekannt. Meine Tante Toni wurde 1916 oder 1917, mit kaum 16 Jahren, in die Schweiz verheiratet, wo ich sie als kleines Kind noch besuchte.

Menasche
Damals suchten die jüdischen Herren nach jüdischen Mädels. In der Schweiz gab es nicht genug jüdische Mädchen. Also schaute man sich in Deutschland nach ihnen um. Ich weiß nicht, wie Tante Tonis Heirat zustande kam, aber das war ganz bestimmt eine arrangierte Ehe.

Adi
Mein Großvater väterlicherseits hieß Leopold und kam ursprünglich aus Galizien. Er starb 1936 im Alter von 68 Jahren in Köln. Er ist dort auf dem jüdischen Friedhof in Bocklemünd begraben. Ich habe wiederholt versucht, Näheres über unsere galizischen Wurzeln herauszufinden. Es gab wohl eine Familie Bader in Polen, die fünf Söhne hatte, von denen zwei oder drei nach Frankreich und die übrigen nach Deutschland gingen. Ich denke mir, dass mein Großvater Leopold einer von diesen Söhnen war.[1]

Man hat mir mal erklärt, dass sich unser Nachname aus drei hebräischen Buchstaben zusammensetzt, ב, ד und ר, also den Lauten ›B‹, ›D‹ und ›R‹. Diese waren angeblich die Abkürzung für eine bestimmte Form der Anrede eines Rabbiners. Aber auch darüber habe ich nichts Genaueres herausfinden können. Es gibt natürlich auch nicht-jüdische Leute mit unseren Nachnamen, aber

17

der hat dann meistens den Ursprung in der Berufsbezeichnung des Barbiers. Das ist bei uns wohl nicht der Fall.

Menasche

Ich kann mich noch ganz gut an meinen Großvater Leopold erinnern. Mein Vater Fischel hatte keine besonders gute Beziehung zu ihm, weil mein Opa sich wohl gegen die zweite Heirat meines Vaters ausgesprochen hatte. Mein Vater ging meinen Opa selten besuchen, aber mein Bruder Georg und ich gingen ab und zu zu ihm.

Als ich ein Kind war, wurde unser Opa krebskrank und lag monatelang im Krankenhaus in der Kölner Ottostraße, wo mein Vater dem Pförtner Mück noch Geld gab, damit er meinem Großvater jeden Tag Kaffee und Tabak brachte. Mein Opa war ein starker Raucher, auch mein Vater rauchte. Ich weiß noch, wie meine Mutter Mahlzeiten zubereitete, die wir dann mit ins Krankenhaus nahmen und dort mit unserem Großvater aßen. Dann starb mein Opa.

Mir ist nicht viel über die Geschwister meines Großvaters bekannt, aber er hatte auf jeden Fall einen Bruder, der Schlomo hieß. Denn der war der Mann von Tante Frimet, die ich in meiner Kindheit in Köln oft sah und die später mit ihrer einzigen überlebenden Tochter Dora in Israel lebte, ganz in unserer Nähe.

Adi

Über meine Großmutter väterlicherseits weiß ich nur, dass sie Regina hieß und eine geborene Garbinski[2] war. Auf ihrem Grab auf dem jüdischen Friedhof in Bocklemünd las ich, dass sie 1864 geboren wurde und 1920 im Alter von 56 Jahren in Köln verstarb. Es gibt auch ein Foto von ihr, aber mehr kann ich über sie nicht sagen.

Menasche

Auch mir sind keine Einzelheiten über unsere Großmutter Regina bekannt. Ich habe probiert, über einen entfernten Verwandten, auch ein Garbinski, der in Köln lebte, mehr über diese Verbindung herauszufinden, aber es ist mir nicht gelungen.

Familie Sibirski

Adi

Meine Mutter Sara wurde 1907 in Köln geboren. Sie war das erste Kind von David Sibirski[3] und seiner Frau Golda, einer geborenen Jakubowicz, die beide aus Polen stammten. Zwei Jahre nach Saras

Rechts außen auf dem Schaukelpferd Fischel, daneben (v. r. n. l.) stehend seine Brüder Max und Josef, sein Vater Leopold; vorne links neben Fischel seine Schwester Toni, daneben sitzend seine Mutter Regina. Links neben Leopold sein Bruder Schlomo mit dessen Frau Frimet (sitzend), auf der linken Hälfte des Fotos Reginas Bruder Hermann Garbinski mit seiner Familie.

*Leopold mit seiner Tochter Toni und deren Tochter Aidy
in der Schweiz, Anfang der 30er Jahre.*

Geburt kam ihre Schwester Regine zur Welt und 1911 folgte ihr Bruder Hermann, dann 1912 noch ein Bruder, Heini. Die Familie lebte damals in Köln in der Alexianerstraße.

David Sibirski hieß eigentlich Joel Blas, aber er hatte seinen Namen geändert, bevor er nach Deutschland kam.[4] Golda kam aus einer Rabbiner-Familie, die in Lodz lebte.[5]

Ilana[6]

Goldas Vater, ein Witwer, war gegen ihre Hochzeit mit meinem Großvater Joel gewesen. Da liefen die beiden einfach weg. Ihr Vater saß daraufhin für sie *Schiwe*[7], als ob sie gestorben wäre. Als mein Vater Hermann ein Kind war, besaß Golda in Köln einen Laden für Waren aus zweiter Hand. Aber sie konnte weder Deutsch lesen noch schreiben, sondern nur Jiddisch. So kaufte sie unwissentlich Hehlerware. Joel wurde deshalb von der Polizei ins Gefängnis Klingelpütz gesteckt, weil das Geschäft auf seinen angenommenen Namen, also ›David Sibirski‹, eingetragen war. Eine Frau konnte damals ja kein Geschäft besitzen.

Mein Vater Hermann fuhr jeden Sonntag mit dem Fahrrad zum Gefängnis und brachte Joel Zigaretten und Brote. Nachdem mein Großvater dann entlassen worden war, sagte er zu seiner Frau Golda, dass er nicht noch einmal für sie ins Gefängnis gehen würde. Als sie danach wiederum mit Hehlerware erwischt wurde, floh Joel nach Holland.

Zweimal versuchte er, seine Frau und die Kinder nachzuholen. Daran erinnerte sich mein Vater noch. Aber sie wurden beide Male an der Grenze von den Holländern zurückgewiesen. Das hatte mit den Feindseligkeiten des Ersten Weltkriegs zu tun. Joel emigrierte schließlich in den frühen 20er Jahren über England, wo er Verwandte hatte, nach Kanada. Meiner Oma Golda war später zwar bekannt, wo mein Großvater sich aufhielt. Aber sie wollte ihm nicht nach Kanada folgen. Die Scheidung von Golda und Joel trat 1929 in Kraft. Mein Opa heiratete schließlich erneut und bekam mit seiner zweiten Frau einen weiteren Sohn.

Menasche

Meine Großmutter Golda konnte ihre Kinder kaum ernähren. Ihr Mann Joel war ja nach Kanada gegangen und hatte ihr gesagt, er würde sie nachholen. Aber das tat er nie. Sie war deshalb eine verbitterte Frau, der man nichts gut genug machen konnte. Erst viele Jahre später stellte sich heraus, dass ihr Mann sie gar nicht hatte verlassen wollen. Ilana weiß darüber mehr.

Ilana

Erst viele Jahre nachdem mein Großvater die Familie verlassen hatte, erfuhr mein Vater, was genau passiert war. Die Sibirskis teilten sich damals mit Nachbarn, der Familie B., Küche und Bad. Frau B. las Golda immer die Post vor, weil meine Oma Analphabetin war. Ihre Tochter Toni erzählte meinem Vater in den 50er Jahren, dass damals von Joel aus dem Ausland Briefe eingetroffen wären. Ihre Mutter, so sagte sie, hätte diese Briefe gelesen und danach einfach weggeschmissen. Meiner Oma Golda hätte sie nichts davon erzählt. Toni B. und mein Vater waren als Kinder sehr gut befreundet und blieben auch später noch in Kontakt.

Adi

Meine Großmutter Golda war eine einfache Frau, aber sehr sauber, und sie konnte im *Sidur*[8] und somit Hebräisch lesen.

Ida[9]

Damals glaubten alle Kölner, Joel hätte Golda mit vier kleinen Kindern sitzen lassen. »Die arme Golda«, sagten die Leute. Dabei hatte er ihr die Papiere geschickt, damit sie nachkommt, und sie wollte einfach nicht.

Ilana

Mein Vater fand meinen Opa Joel Jahrzehnte später in Kanada wieder. Er fragte ihn, warum er die Familie nicht nachgeholt hatte. Joel antwortete ihm darauf nur vage auf Jiddisch: »Ich hob gehobt a froi, ist geweisen sehr frum, die Golda.« Aber er war geistig schon nicht mehr ganz dabei und konnte nicht mehr dazu sagen. Mein Vater sah Joel zweimal, bevor mein Großvater starb.[10]

Nachdem Joel Deutschland verlassen hatte, kamen mein Vater und sein Bruder Heini für längere Zeit ins Kinderheim von Mengeringhausen.[11]

Menasche

Mein Großvater Leopold, der seit 1920 verwitwet war, hatte wohl auch mal die Idee, meine Großmutter Golda zu heiraten. Aber sie hatte offenbar kein Interesse an ihm.

Kinderjahre

Adi

Ich wurde im Februar 1931 als Adolf Bernhard Bader in Köln-Lindenthal geboren. Mein Rufname war schon immer Adi. Ich war das dritte Kind von Fischel Bader und Sara, geborene Sibirski. Meine Eltern waren seit Februar 1925 verheiratet und hatten be-

Joel (Mitte) und Golda Sibirski (links neben ihm), 1917. Rechts außen Sara, daneben Hermann, links außen Heini. Links neben Golda eine Freundin der Familie.

*Golda im Eingang ihrer »Alt-Handlung« in Köln, ca. 1910.
Die beiden Kinder auf den Stufen sind vermutlich Sara und Regine.*

*Die Geschwister Sibirski, 1919 (v. l. n. r.):
Heini, Sara, Regine und Hermann.*

Sara als Jugendliche.

reits zwei Söhne: Martin, der im Dezember 1925 geboren wurde, und Georg, der im Oktober 1927 zur Welt kam. Meine Mutter Sara starb wenige Wochen nach meiner Geburt. Nach ihrem Tod wurde ich zunächst in einem Kinderheim untergebracht, ich glaube, für zwei oder drei Jahre. Später heiratete mein Vater nach jüdischer Tradition die Schwester meiner Mutter, meine Tante Regine. Aus dieser Ehe ging 1935 mein jüngerer Bruder Kurt hervor.

Ilana

Meine Mutter Rosa erzählte mir manchmal von ihrem letzten Krankenbesuch bei Adis Mutter Sara. Meine Mutter war damals bereits mit meinem Vater Hermann verlobt. Als sie am Schabbat im Krankenhaus eintraf, fand sie an Saras Bett Fischel, Leopold sowie Adis Brüder Georg und Martin vor. Alle saßen betrübt beisammen, als plötzlich eine Fliege durch das Zimmer flog. Daraufhin sagte Leopold: »Kiek, der Malchemuwes kimmt.«[12]

Meine Mutter nahm Georg und Martin schnell an die Hand und verließ mit ihnen das Zimmer. Wenige Stunden später starb Sara an einer schweren Lungenentzündung. Das gab es damals oft, dass Frauen daran im Kindbett erkrankten und starben.

Ich meine, dass mein Vater erzählte, Adi wäre nach seiner Geburt eineinhalb Jahre im Heim gewesen. Als Kind fragte ich meine Eltern immer, warum denn der Adi ins Heim musste. Warum konnten unsere Großmutter Golda und Tante Regine nicht einfach helfen?

Menasche

Ich wurde im Dezember 1925 als Josef Martin Bader in Köln geboren. Mein Rufname war Martin, und mein jüdischer Name war schon immer Menasche. Ich entschied mich als Jugendlicher, dass ich nur noch so genannt werden wollte.

Ich kann mich noch an meine leibliche Mutter Sara erinnern und daran, sie gesehen zu haben. Ich habe eine winzige Erinnerung, wie sie meinen Bruder Georg auf dem Arm trug. Und ich habe noch bildlich vor mir, wie sie in unserer Küche am Herd stand und Milch kochte. Aber ich weiß keine Einzelheiten mehr, zum Beispiel nicht, wie sie uns erzog. Ich weiß auch nichts darüber, wie sich mein Vater und meine Mutter verstanden. Ansonsten kenne ich meine Mutter nur von Fotos.

Als Adi geboren wurde, wohnten wir in Köln am Trutzenberg. Kurz bevor meine Mutter starb, das war wenige Wochen vor Pessach, sah ich sie noch an ihrem Krankenbett. Dann nahm Tante

Rosa Georg und mich bei der Hand und verließ mit uns das Krankenhaus. Wir gingen dann mit ihr spazieren, damit wir nicht miterleben mussten, wie unsere Mutter starb.

Adi war nach seiner Geburt ungefähr eineinhalb Jahre lang im Waisenhaus. Er war so ein schönes Baby, dass ein Foto von ihm in der Zeitung erschien. Daraufhin kamen Grafen aus Berlin und wollten ihn kaufen. Wenn wir zur Synagoge gingen, sprachen die Leute dort meinen Vater an: »Nu, Fischel, was ist?« Ich habe das nicht aus der Luft gegriffen, es war wirklich so damals.

Adi

Die Geschichte, dass mein Foto in der Zeitung stand, kenne ich nur von Menasche, das hat er mir mehrfach erzählt. Ich denke, dass ich als Nesthäkchen wohl eine besondere Rolle in der Familie hatte, das lag sicherlich auch am Verlust meiner Mutter kurze Zeit nach meiner Geburt.

Menasche

Wir gingen übrigens am Rothgerberbach zur Synagoge, da waren zwei große Betsäle. Mein Vater war dort auch im Vorstand. Wir waren aber nicht besonders fromm zuhause. Mein Vater arbeitete zum Beispiel am Schabbat, weil es nötig war, um die Familie zu ernähren. Trotzdem gingen wir zu den hohen Feiertagen in die Synagoge. Und wir pflegten auch ansonsten jüdische Bräuche.

Ich weiß noch, wie wir am Schabbesmorgen[13] immer Eiersalat aßen, als eine besondere Mahlzeit, nur samstagmorgens gab es das bei uns. Und der Familienvater bekam immer das größte Stück vom Fleisch, oder den Kopf vom Fisch, das gehörte sich so.

Jeden Sonntag kam der *Schames*[14] der Synagoge, ein Herr Silberberg, zu uns nachhause und rechnete mit meinem Vater ab, was die verschiedenen Gemeindemitglieder beim Aufrufen zur *Torah*[15] gespendet hatten. Später verschwand Herr Silberberg aus Köln, aber ich weiß nicht, wohin. Er hatte zwei Kinder und war ein sehr, sehr armer Mann.

Ich kannte vielleicht zehn oder fünfzehn Mitglieder der Synagoge namentlich. Bei den meisten weiß ich nicht, was später mit ihnen geschah. Nur einen traf ich mal Jahre später in Tel Aviv, wo er ein Eisenlager besaß. Ich weiß noch, dass sein Schwager ein Jakubowicz war, aber ich weiß nicht, ob dieser Mann irgendwie über meine Großmutter Regina mit uns verwandt war. Aber dieser Herr Jakubowicz war auf jeden Fall in Köln mit meinem Vater sehr gut befreundet gewesen.

Fischel Bader.

Fischels erste Frau Sara, geb. Sibirski, mit Menasche.

Aus Holland kam jede Woche Kantor Fleischmann nach Köln, um in der Gemeinde vorzusingen. Er gab mir auch später Unterricht für meine *Bar Mitzwah*.[16] Er sang sogar damals im Radio Luxemburg, das war etwas ganz besonderes. Meine *Bar Mitzwah* fand dann in der Rheinlandloge in der Cäcilienstraße in einer improvisierten Synagoge statt. Die richtigen Synagogen waren ja zu dem Zeitpunkt schon alle zerstört.

Adi

Als ich aus dem Kinderheim zurück zu meinem Vater und seiner neuen Frau, meiner Tante Regine, kam, wohnten wir in der Engelbertstraße. Wir lebten dort auf jeden Fall 1934 und 1935, später zogen wir um in die Alexianerstraße. Beide Adressen sind mir noch vertraut.

In der Engelbertstraße gab es auch einen »Eier-Bader«, schräg gegenüber von unserem Haus. Im Schaufenster dieses Geschäfts gab es ein Bild von einem riesigen Ei. Ich meine, dass »Eier-Bader« irgendwie Verwandtschaft war, aber ich weiß nicht, was die Verbindung war.[17] Ich weiß auch überhaupt nicht, was mit diesen Baders geschah, weil wir ja dann aus der Engelbertstraße wegzogen. Aber dieses Riesenei sehe ich bis heute vor mir, das beeindruckte mich als Kind sehr. An den Umzug kann ich mich übrigens überhaupt nicht mehr erinnern.

Aus der Engelbertstraße ist mir noch unvergessen, wie ich mir eines Tages meinen Fuß sehr verbrannte. Meine Stiefmutter war gerade mit meinem kleinen Bruder Kurt beschäftigt. Von der Küche aus gab es Zugang zu einem kleinen Balkon. Darauf stand ein Kochtopf, in dem meine Stiefmutter Wäsche gekocht hatte. Ich sehe den Topf heute noch vor mir, das war so ein Zinktopf mit zwei Griffen. Darüber hatte sie einen Aufnehmer gelegt. Ich quengelte und wollte unbedingt vom Balkon aus in den Garten im Hinterhof schauen. Ich weiß nicht mehr, ob meine Tante mich rausließ oder ob ich selbst irgendwie die Tür öffnete. Auf jeden Fall sah ich nicht, was sich da unter dem Aufnehmer befand, und stellte mich direkt in die kochend heiße Wäsche. Natürlich hatte ich schwere Verbrennungen am Fuß, ich weiß noch, dass ich die Knochen sehen konnte, und bis heute kann man die Narben erkennen, wo sich ringsum Blasen gebildet hatten.

In der Zeit zwischen dem Tod meiner Mutter und der Heirat meines Vaters mit Regine hatte er, so meine ich, erst noch Interesse an einer nicht-jüdischen Frau gehabt. Dies soll eine Frau gewesen sein, die damals meine Brüder Georg und Menasche versorgte. Er hatte sie wohl sogar heiraten wollen. Ich weiß nicht mehr, wer mir davon erzählt hat, ich denke, es war entweder Onkel Hermann oder Onkel Heini.

Ich muss sagen, dass ich mich mit wenig Herzlichkeit an meine Stiefmutter erinnere. Ich weiß noch, dass sie mich einmal schlug, und auch, dass sie mich in einen Schrank sperrte, um mich zu bestrafen.

Menasche

Ich erinnere mich noch, wie Georg und ich in den Kindergarten gingen, bevor mein Vater nach dem Tod unserer leiblichen Mutter wieder heiratete. Er brachte uns jeden Morgen dorthin und begann erst danach seine Arbeit als Vertreter.

Ich glaube, dass die jüdische Hochzeit meines Vaters und meiner Tante Regine bereits 1932 stattfand. Das kann ich daran erkennen, dass auf meinen Schulzeugnissen von 1932, die ich heute noch besitze, die Engelbertstraße als unsere Adresse angegeben ist. Dort wohnte unsere Tante mit uns, das weiß ich genau. Sicherlich hätte unsere Großmutter Golda niemals zugelassen, dass ihre Tochter mit unserem Vater zusammenlebte, ohne mit ihm verheiratet zu sein. Auch für die Leute in der Gemeinde wäre das vollkommen unmöglich gewesen, das war ganz anders als heutzutage. Am 11. November 1934 fand dann ihre standesamtliche Trauung statt. Ich war selbst nicht dabei, aber das Datum ist mir immer in Erinnerung geblieben.

Ida

Obwohl ich damals sehr jung war, kann ich mich noch an die *Chalitzah*[18] erinnern. Bevor Fischel seine Schwägerin heiraten konnte, musste er ihr einen Schuh hinwerfen. Denn nach dem jüdischen Gesetz muss ein Mann, der seine Frau verliert, wenn er seine unverheiratete Schwägerin heiraten möchte, einen Schuh ausziehen und ihn vor sie werfen. Das machte Fischel damals, und die ganze Familie schaute bei diesem Ritual zu.

Menasche

Die Engelbertstraße ist übrigens eine Parallelstraße zur Roonstraße, wo die große Kölner Synagoge ist. Bei uns im Haus wohnte auch eine jüdische Familie Meier. Das waren »richtige Deutsche«, wie man so sagte, also Leute, die seit Generationen in Deutschland lebten. Gegenüber von uns wohnten zwei jüdische Familien, eine hieß Dschenscharsky. Die Dschenscharskys flohen später nach Brüssel. Die Familie war ziemlich wohlhabend, sie hatte eine Eisen-

Eines der ersten Fotos von Adi, im Oktober 1931 aufgenommen, als er siebeneinhalb Monate alt war.

Georg (l.) und Menasche (r.), 1931.

handlung. Der Name der anderen jüdischen Familie fällt mir nicht mehr ein. Damals hat man auf solche Details gar nicht geachtet, man wusste ja nicht, wie wichtig das eines Tages mal sein würde.

»Eier-Bader« war nicht mit uns verwandt, mein Vater hatte auch nie Kontakt mit ihm. In unserem Haus gab es auch einen Eier-Laden, der von der Familie S. betrieben wurde. Das waren auch Juden.

Ich verstehe nicht, warum Adi glaubt, man hätte ihn zuhause nicht geliebt. Wie kommt er nur auf diese Idee? In der ganzen Familie war bekannt, dass man Adi kein Haar krümmen durfte, weil er das Nesthäkchen war. Das kann man sich überhaupt nicht vorstellen. Außerdem war er ohnehin immer so brav, dass es gar keinen Grund gab, auf ihn böse zu sein. Der einzige, der frech und ungezogen war, das war ich. Und ich hab die *Makkes*[19] bekommen, und wie! Unsere Mutter fuhr doch sogar mehrfach mit Adi in die Schweiz, aber mit mir nur einmal.

Selbst wenn Adi ein Prozent recht hätte mit seiner Erinnerung, dann muss man das Folgende bedenken: Unsere Stiefmutter musste unseren Vater nach dem jüdischen Gesetz heiraten. Und so hatte sie auf einmal drei Kinder, die sie erziehen musste. Dabei war sie doch selbst noch ein junges Mädchen!

Für uns war es damals so, als ob unsere Tante Regine unsere richtige Mutter war. Wir riefen sie auch »Mutter«. Deshalb gab ich später, wenn ich Formulare ausfüllte, fast immer ihren Namen und nicht den Namen meiner leiblichen Mutter Sara an.

Meine Mutter Regine arbeitete in einer Schokoladenfabrik, bei Stollwerk, als ich ein Kind war, zusammen mit ihrer Freundin Netta. Diese Freundin lebte später in Israel im Kibbuz. Ansonsten war meine Mutter eine Hausfrau. Manchmal sang sie und war lustig. Aber nach der Geburt von Kurt hatte sie große Schwierigkeiten mit dem Stillen, was sie sehr mitnahm. Aber sie war wirklich eine gute Mutter.

Meine Eltern sprachen übrigens Hochdeutsch, aber sie konnten auch Kölsch sprechen. Nur mit meiner Oma Golda sprachen sie Jiddisch.

Adi

Auch mein Vater war recht streng. Wenn wir Kinder mit ihm irgendwo eingeladen waren, durften wir nie etwas, das uns angeboten wurde, akzeptieren, zum Beispiel Süßigkeiten. An der Miene unseres Vaters konnten wir ablesen, dass dies auf keinen Fall in Frage kam. Erst wenn mein Vater anfing, auf eine ganz bestimmte Art mit seinen Wangenmuskeln zu zucken, wussten wir, dass es uns nun gestattet war, etwas zu probieren.

Menasche bekam wirklich eindeutig am meisten *Makkes*. Ich war auch oft dran, Georg viel weniger, er wurde geschont. Georgs jüdischer Name war übrigens Goddel, das hatte auch irgendwie mit einem Verwandten zu tun, aber ich weiß nicht, mit wem genau.

Mir ist in Erinnerung, dass Martin, Georg und ich am Freitagabend in die Synagoge in der Roonstraße gingen. Später gingen wir in ein polnisches *Stiebele*.[20] Mein Vater war ein *Gabbe*.[21] Er organisierte auch oft die *Schalosch Se'udot*,[22] also die drei Mahlzeiten, die am Schabbat eingenommen werden.

Menasche

Mein Vater war ein Veteran des Ersten Weltkriegs. Er war mit sechzehn Jahren Kriegsfreiwilliger gewesen. Er wurde in Frankreich am Fuß verletzt, weshalb er ein bisschen hinkte. Er hatte auch das Eiserne Kreuz verliehen bekommen. Später erzählte er nie vom Ersten Weltkrieg. Damals sprachen die Eltern auch nicht mit ihren Kindern über so etwas. Außerdem hatte mein Vater keine Zeit, sich damit zu befassen, er hatte schließlich vier Kinder zu ernähren. Er war größtenteils gar nicht zuhause.

Dennoch war mein Vater ein Familienmensch. Er war für jeden da, hatte einen sehr starken Familiensinn. Wir bekamen oft Besuch von Verwandten, und jeden Sonntag machte unser Vater mit Georg und mir eine Runde bei verschiedenen Familienmitgliedern. Zum Beispiel kannte ich damals die Storosum-Jungen sehr gut. Die Familie war sehr religiös, und die Kinder gingen in eine andere Schule als wir. Vor einigen Jahren besuchte ich Chaim Storosum in Amsterdam. Wir wissen beide, dass wir miteinander verwandt sind, aber wir wissen nicht genau, wie. Ich habe probiert, es herauszufinden, aber es ist mir nicht gelungen. Ich weiß nur, dass mein Vater zur Großmutter vom Chaim »Tante« sagte. Sie kam oft zu uns, und wir gingen auch häufig zu ihrer Familie.[23]

Eine andere Verwandte, Tante Frimet, war damals bereits Witwe und wohnte am Kleinen Griechenmarkt im ersten Stock über einem Gemüsegeschäft. Wenn wir zu ihr kamen, gab es bei ihr auf dem Tisch immer Früchte oder Kuchen oder Bonbons. Und wir saßen da, zehn Minuten lang, zwanzig Minuten lang, manchmal eine halbe Stunde lang, bis sie schließlich zu meinem Vater sagte: »Na, gib den Jungen doch endlich ein Zeichen!« Denn wir durften nichts anrühren, bis mein Vater nicht ein Zeichen gab. Und wenn wir dann etwas nahmen, dann war es nur von oben das Allerkleinste. Das hat mich später gerettet, als ich nach Palästina kam, denn ich konnte, wenn ich bei Leuten zu Besuch war, einfach da sitzen, ohne jemals etwas zu erwarten oder anzunehmen.

Zu uns Kindern war mein Vater tatsächlich insgesamt sehr streng. Wenn wir uns mucksten und meine Mutter ärgerten, so wie es Jungen ja oft machen, dann verpasste mein Vater uns Ohrfeigen und versohlte uns den Hintern, weil wir nicht brav waren. Und er schrie uns an, wenn er wütend war. Damals war es natürlich normal, dass Kinder so erzogen wurden, da war mein Vater keine Ausnahme. Auch in der Schule wurden wir bestraft, beispielsweise indem wir mit einem Rohrstock geschlagen wurden, ganz offiziell. Das passierte mir zwei-, dreimal. Unser Vater gab uns auch als Strafe Hausarrest.

Ich kann mir vorstellen, dass es Kinder gab, die nicht mit so viel Schlägen und so viel Strenge behandelt wurden. Mein Vater hatte einfach immer das Gefühl, dass wir uns gegenüber unserer Mutter viel besser hätten benehmen müssen. Schließlich hatte sie ja die Belastung von drei Kindern auf sich genommen. So sehe ich das rückblickend, als Kind war mir das natürlich nicht bewusst. Ich war auch wirklich ein sehr ungezogener Junge. Aber nicht in der Schule, da war ich nicht frech, störte nur manchmal in der Klasse.

Ruthi[24]

Mein Vater war genauso streng, hat genauso viel geschlagen, und er hatte keinen Grund dafür. Das war einfach die Art damals, das war die deutsche Disziplin. Aber ich machte es meinem Vater auch nicht leicht, genauso wie Menasche.

Menasche

Ansonsten war mein Vater sehr pflichtbewusst und sehr beliebt, weil er sich sehr um die Gemeinde und selbst um fremde Menschen kümmerte. Er war nicht nur im Vorstand der Synagoge, sondern ging auch in den *IGK*, den *Israelitischen Gesellschafts-Klub*. Damals war Jupp Goldschmied, der dann später unter Adenauer die Synagoge in der Roonstraße wieder aufbaute, der Vorsitzende des Klubs.

Von Beruf war mein Vater selbständiger Vertreter von zwei Textilherstellern und reiste per Zug von Ort zu Ort. Meistens kam er abends nachhause, manchmal war er aber die ganze Woche unterwegs und kam erst freitags zurück.

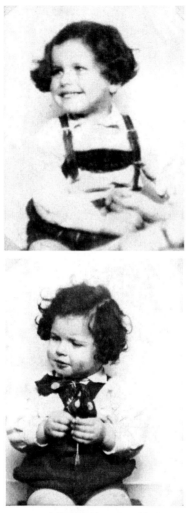

Adi als Kleinkind im Juni 1933.

Saras Schwester Regine und Fischel am Tag ihrer standesamtlichen Trauung, 1934.

Chaim

Als Kind begegnete ich Fischel Bader mit seinen beiden Söhnen Martin und Georg oft in Köln bei meinen Großeltern Aharon und Tova Storosum.

Fischel nannte Großmutter »die gute Fee«, denn sie war immer guter Laune und gab guten Rat. Auch war sie spontan bereit, jeden Wunsch zu erfüllen, obschon Fischel aufbrausend und jähzornig war, reizbar wie ein Choleriker.

Adi

Sowohl mein Bruder Menasche als auch ich waren als kleine Kinder mehrmals in der Schweiz zu Besuch, Menasche häufiger als ich. Ich war 1934 und 1935, eventuell auch 1936, dort. Ich erinnere mich, dass meine Tante Toni und ihr Mann Bernard ein schönes Haus hatten, und auch an den Geruch ihres neuen Autos. Bis heute muss ich, wenn ich diesem Geruch von neuem Leder begegne, an damals denken.

Menasche

Adi war zweimal in der Schweiz bei unserer Tante Toni. Einmal war ich auch dort, als ihre Kinder Aidy und Georges noch klein waren. Wenn ich lieb war, was ich meistens nicht war, dann bekam ich von ihr etwas Schokolade, bevor ich ins Bett ging.

Tante Toni war auch zweimal während meiner Kindheit in Köln. Einmal war es, als der Großvater schwer krank war und man schon glaubte, er würde sterben.

Wir Brüder waren sehr unterschiedlich. Ich war sehr, sehr frech. Georg dagegen war sehr still, zurückhaltend und folgsam. Adi war das Nesthäkchen und wurde von allen gehegt und gepflegt. Als Kurt dann später geboren wurde, waren die Zeiten natürlich ganz anders. Da gab es viele Schwierigkeiten für unsere Eltern.

Ich erinnere mich noch daran, wie wir drei Brüder, Georg, Adi und ich, zusammen spielten. Einmal legten Georg und ich Adi in einen Kinderwagen. Dann setzten wir zwei uns auf jeweils eine Seite und führten mit dem Kinderwagen ein Wettrennen durch. Wir ahmten damit den damals berühmten Rennfahrer Caracciola nach, den wir sehr bewunderten.

Adi

Ich weiß nicht genau, ob ich für ein oder zwei Jahre in Köln zur Schule ging. Aus dieser Zeit sind mir vor allem zwei Personen in Erinnerung geblieben. Da war zum einen Frau Winter, die ihr graues Haar in einem Dutt zusammenhielt und die ich durch mein spitzbübisches Benehmen verrückt machte, zum Beispiel indem ich mich unter ihrem Pult versteckte. Und zum anderen gab es den Lehrer David, der uns Kinder zu bestrafen pflegte, indem er uns mit einem Bambusstock auf die Handinnenflächen schlug.

Nur ein anderes Kind ist mir aus meiner Kölner Schulzeit bis heute in Erinnerung geblieben. Es war Günther Berger, den ich nach meiner Rückkehr nach Deutschland in den 50er Jahre suchte, aber nie fand.

Menasche

Ich ging auch zur jüdischen Schule. Ich ging gerne zur Schule, aber ich konnte sie ja leider nicht zu Ende besuchen. Ich habe vor einigen Jahren eine Liste der Namen erstellt, an die ich mich aus der Schulzeit und ansonsten noch aus meiner Kölner Kindheit erinnern kann. Rolli, mit dem ich zur Schule ging, starb erst vor ein paar Jahren. Was aus den meisten anderen Schulkameraden wurde, weiß ich nicht, ich sah sie nie wieder.

Von meinem Schulkameraden Viktor, der aus einer polnischen Familie kam, lernte ich damals, wie wichtig es ist, Zeitung zu lesen und sich für Politik zu interessieren. Denn eines Tages fragte uns Lehrer Grünebaum irgendetwas in einer Unterrichtsstunde, und nur Viktor wusste genau Bescheid. Das beeindruckte mich sehr.

Bis es verboten wurde, war ich Mitglied in der Stadtbibliothek und ging damals oft dorthin. Ich verschlang die Bücher, die ich mir dort auslieh. Besonders gerne las ich historische Bücher und Kriegsbücher. Auch Karl May mochte ich und »Emil und die Detektive«, eben all die typischen Bücher für Jungen. Auch später habe ich immer gerne und viel gelesen.

Als ich mir eines Tages in der Schule einen Fuß brach, wurde aus Berlin Doktor Josef, der ein bekannter Chirurg war, zu uns ins Haus geholt, um den Fuß zu operieren und zu schienen. Der Bruch war das Ergebnis einer Prügelei, in die ich in der Schule geraten war. Wir hatten damals einmal pro Woche Turnunterricht beim Lehrer Grünebaum. Nachdem wir uns umgezogen hatten, mussten wir in unseren Trikots in die Turnhalle einmarschieren. Dabei gab es unter uns Jungen eine große Konkurrenz, denn ich trug ein Trikot vom *Hakoah*[25] und ein anderer Junge, Werner, hatte vom *RJF* ein Trikot, also vom *Reichsbund Jüdischer Frontsoldaten*. Die waren eher assimiliert, während wir im *Hakoah* eher zionistisch waren. Werner wohnte in Sülz in der Nähe des Lehrers, und er war eigentlich immer der Erste, der in die Turnhalle einmarschierte. Aber eines Tages entschied ich mich, dass ich jetzt mal an der

Ein Familienspaziergang im Juli 1934. Hinten (v. l. n. r.) Golda, Regine, Fischel; vorne Georg, Adi und Menasche.

Reihe sein wollte. Aus Wut darüber, dass ich ihm seinen Platz genommen hatte, stupste Werner mich so, dass ich fiel und mir dabei das Fußgelenk brach. Was später aus Werner wurde, weiß ich nicht.[26] In der Schule war ich besonders mit Walter befreundet und in seine Schwester Hannelore verliebt. Die Familie wanderte dann nach Südafrika aus, nachdem der Vater kurz zuvor gestorben war. Von Palästina aus hatte ich später noch längere Zeit Briefkontakt mit Walter und seiner Familie.

Mein Schulkamerad Arthur ist mir in Erinnerung, weil er mich als Junge in alle sexuellen Dinge einweihte, und zwar unter dem Bett mit dem Sohn vom Rabbiner Dr. Kober. Denn Arthur hatte Schwestern, also kannte er sich aus und klärte uns auf. Sein Vater war Jude, seine Mutter Christin. Sie waren später auch in irgendeinem Lager.

Als ich in den 60er Jahren erstmals wieder nach Köln kam, fand ich heraus, dass Arthur ein Fotogeschäft hatte, aber als ich ihn dort aufsuchte, hatte er kein Interesse an mir. Vor zehn Jahren war ich wieder einmal in Köln und rief Arthur an und verabredete mich mit ihm. Aber wir hatten uns nicht viel zu sagen. Er war offenbar nach dem Krieg Fotograf bei der jüdischen Gemeinde gewesen, bis ein Rabbiner eines Tages sagte, er wäre doch gar kein Jude.[27] Daher hatte er wohl später kein großes Interesse mehr an einem Kontakt.

Im selben Haus in der Engelbertstraße, also in derselben Straße wie wir, wohnte auch der Rosenduft, auch ein Junge aus meiner Schulzeit. Und dann gab es in der Schule noch Schloimele Rotmann, ein Enkel von meiner Großtante Frimet, der wohl nach seinem Großvater Schlomo benannt worden war. Mein Bruder Georg war gut mit Schloimele befreundet.

Viele unserer Lehrer kamen um. Aber der Religionslehrer, den wir damals hatten, überlebte und wohnte später in derselben Straße wie ich in Holon bei Tel Aviv. Und Lehrer Grünebaum ging nach Amerika. Als er sich damals von uns verabschiedete, sagte er: »Ich bin Deutscher mosaischer Abstammung, aber heute, wo ich nach Amerika auswandere, muss ich mich korrigieren und sagen, dass ich jüdischer Abstammung bin und in Deutschland lebe.« Das war acht Tage bevor er mit seinem Sohn nach Amerika auswanderte. Ich hatte später noch mit ihm Kontakt. Außer dieser Zeit in der Schule habe ich nichts gelernt. Das Leben hat mich den Rest gelehrt.

Adi

Mir war damals bewusst, dass ich als jüdisches Kind eine andere Stellung in der Gesellschaft hatte, aber ich begriff nicht, was das genau bedeutete. Ich erinnere mich auch, dass von einer bestimmten Zeit an ›Zigeuner‹-Kinder in unsere Schule aufgenommen wurden.

Gegenüber der Synagoge in der Roonstraße gab es einen kleinen Park mit Vitrinen, in denen Zeitungsseiten ausgehängt waren. Ich weiß noch, dass ich dort die Abbildungen »hässlicher« Juden sah, mit krummen, langen Nasen. Vom Inhalt der Artikel verstand ich nichts, dafür war ich zu jung.

Ich meine, es gab in unserem Haus in der Alexianerstraße, wo wir in meinen letzten Jahren in Köln wohnten, einen Nachbarn, einen Herrn R., der ein Freund meines Vaters war, aber auch ein ›großes Tier‹ in der NSDAP. Dieser Mann versprach meinem Vater, ihn zu beschützen.

Menasche

Wir waren weder besonders wohlhabend, noch besonders arm. Wir hatten ursprünglich eine christliche Haushaltshilfe, Frau W., die jahrelang bei uns mehrmals in der Woche arbeitete. Dann bestimmten die Nazis, dass Juden keine nicht-jüdischen Haushaltshilfen mehr haben durften, und mein Vater musste Frau W. entlassen. Diese verklagte ihn daraufhin. Als mein Vater bei Gericht vorstellig wurde, erklärte er dem Richter, dass es ihm doch gar nicht erlaubt wäre, Frau W. weiterhin bei uns zu beschäftigen. Der Richter stimmte ihm zu und entschied zu seinen Gunsten. Doch Frau W. war immer noch nicht zufrieden. Sie ging zur Gestapo, deren Hauptquartier sich in dem Gebäude in der Elisenstraße befand, in dem heute das NS-Dokumentationszentrum ist.

In Köln wusste damals jeder, dass niemand aus dem Hauptquartier der Gestapo zurückkehrte. Alle sprachen nun davon, dass Fritz Bader bei der Gestapo vorgeladen war. Zu unserer großen Überraschung und Erleichterung kehrte mein Vater jedoch von dort zurück, nachdem er selbst der Gestapo hatte erfolgreich erklären können, dass er keine andere Wahl gehabt hatte, als Frau W. zu entlassen. Ich denke, diese Frau W. meinte das noch nicht einmal böse, sie wollte einfach ihre gute Stellung nicht verlieren. Sie bekam ja Essen bei uns und wurde bei uns nicht geschlagen, was in vielen anderen Haushalten vorkam.

Ich selbst war mir der Bedrohung durch die Nazis damals sehr bewusst. Ich las schon als Kind die Zeitung, und das stand ja alles da. Und es gab auch die ganzen Gesetze, wodurch klar war, was wir alles nicht machen durften. Also wussten wir, wie die Situation war. Es gab in unserer Straße einen Nazi, Herrn L., mit dem mein Vater ursprünglich zur Schule gegangen war. Dessen Sohn verprügelte ich eines Tages, nachdem er mich »Jüdd« gerufen hatte. Herr L. erstattete aber keine Anzeige. Unten in unserem Haus hatte der nicht-jüdische Friseur Worthoff sein Geschäft. Er schnitt immer unsere Haare. Mein Vater verstand sich sehr gut mit ihm. Frau Worthoff und meine Mutter bekamen ihre Kinder am selben Tag und entschieden sich beide für denselben Vornamen, Kurt.

Es waren damals so schwere Zeiten, und es gab auch nicht viel Geld. Ich musste beispielsweise für meinen Vater eines Tages seinen Siegelring ins Pfandhaus bringen, als das Geld zu knapp wurde. Später holte ich ihn dort wieder ab. Wir bekamen nur selten Taschengeld, und es war etwas Besonderes, wenn ich zehn Pfennig zusammensparte, um meiner Mutter eine Kleinigkeit zum Muttertag zu kaufen.

Aber fast jeden Sonntag gingen wir dennoch ins Hänneschen-Theater,[28] nachdem wir zunächst im Volksgarten spazieren gegangen waren. Das Hänneschen-Theater war in der Sternengasse. Davor wohnte übrigens auf der rechten Seite ein Vetter meines Vaters, Schmiel Garbinski, das weiß ich noch genau. Mit ihm und seiner Frau Mariechen verstand mein Vater sich sehr gut. Mariechen war eigentlich eine Christin, aber sie war im Grunde sehr jüdisch.

Manchmal gingen wir auf der Weyerstraße ins UFA-Kino, was damals zwanzig Pfennig kostete. Vor jedem Spielfilm gab es immer die »Tönende Wochenschau« und einen Kulturfilm. In einem solchen Film wurde damals gezeigt, wie aus dem Mittelmeer Wasser in die Sahara abgeleitet wurde. Das beeindruckte mich sehr, deshalb habe ich es nie vergessen.

Adi

Idas Bruder John, der damals Jakob hieß und auch in Köln wohnte, hat erzählt, er könne sich daran erinnern, meinen Vater mit einem Auto gesehen zu habe. Aber ich glaube nicht, dass das richtig ist. Ich glaube noch nicht einmal, dass mein Vater einen Führerschein hatte. Schmiel Garbinski und Onkel Hermann hingegen konnten Auto fahren. Ich meine, sie waren zu viert, da gab es noch einen Mann, den ich als »Isi« in Erinnerung habe. Die reisten gemeinsam als Vertreter. Schmiel hingegen erzählte mir später mal, dass er der Erste in Köln war, der ein Auto hatte. Das war damals noch recht ungewöhnlich. Vielleicht dachte John ja an Schmiel, als er das sagte.

Schmiel hatte übrigens zwei Kinder, einen Sohn, Hermann, der später noch in Köln lebte, und eine Tochter mit meinem Namen, Adi. Ich meine, sie ging später nach Amerika.

Menasche

Irgendwann durfte mein Vater nicht mehr arbeiten. Aber er schickte für andere jüdische Leute Kisten ins Ausland. Er hatte gute Beziehungen zu den Leuten vom Zoll, die bestochen wurden, damit sie die Sachen durchließen. Denn zu diesem Zeitpunkt durfte man gar nichts mehr schicken. Dass die meisten Sachen, die nach Holland und Belgien, auch nach Frankreich geschickt wurden, verloren gingen, das ist eine andere Sache. Aber mit dieser Beschäftigung befasste mein Vater sich eine Zeit lang, das wusste ich. Es half ihm auch ein junger Mann dabei, ein Wiener, der mit seiner Schwester nach Köln gekommen war. Wie die Verbindung zu meinem Vater zustande kam, weiß ich nicht. Ich erinnere mich noch, dass der junge Wiener nur einen Fuß hatte, auf der anderen Seite hatte er ein Holzbein.

Die Schwester dieses Manns half bei uns im Haushalt, als meine Mutter zur Geburt meines kleinen Bruders im Krankenhaus war. Ich habe sie noch als eine hübsche Frau in Erinnerung, mit pechschwarzen Haaren. Aber Sauberkeit war nicht ihre Stärke. Einmal ertappte ich sie dabei, wie sie im Schlafzimmer den ganzen Dreck unter das Bett kehrte. Daraufhin schmiss ich sie an Ort und Stelle raus. Ich war eigentlich nur ein junger Schnösel, aber ich machte das trotzdem.

Am Nachmittag kam mein Vater nachhause, und ich erzählte ihm, was passiert war. Die Wohnung der Familie Worthoff vom Friseurgeschäft unten im Erdgeschoss befand sich oberhalb unserer Wohnung. Von der Küche aus konnte man zu uns ins Schlafzimmer hineinsehen. Frau Worthoff berichtete meinem Vater, sie hätte geglaubt, meine Mutter sei nachhause gekommen, denn sie hätte eine Frau in ihrem Morgenrock im Schlafzimmer stehen sehen. Doch das war auch die Wienerin gewesen, die ich aus unserer Wohnung geworfen hatte!

Regine mit Kurt (auf dem Arm) und Adi im Juli 1936.

Abschiede

Menasche

Noch bevor Adi, Georg und ich Deutschland verließen, machten sich mehrere Verwandte auf die Flucht. Onkel Heini war bereits 1933 nach Palästina ausgewandert und wurde dort Mitglied im Kibbuz Ein Harod.[29]

Ilana

Meine Eltern Hermann und Rosa verließen Köln im März 1933 und reisten zunächst nach Paris. Dort heirateten sie und hielten sich danach bis zu ihrer Weiterreise in Metz auf. Im Dezember 1934 gelangten sie nach Palästina. Meine Mutter Rosa kam aus einer alteingesessen jüdischen Familie in Palästina. Ihre Eltern waren vor ihrer Geburt nach Deutschland gezogen, um dort gegen den Baron Rothschild ein Gerichtsverfahren einzuleiten. Denn der Vater meiner Mutter hatte sich in einem Betrieb der Rothschilds in Palästina verletzt und dabei einen Arm verloren. Der Rechtsstreit dauerte Jahre und endete zu Ungunsten der Familie.

Ida

Als Hitler an die Macht kam, sagte Hermann sofort: »Dann ist hier kein Platz mehr für mich.« Er ging nach Paris und versprach Rosa, sie nachzuholen, sobald er eine Unterkunft und Arbeit gefunden hätte. Und so war es auch. Hermann erkannte auch, dass es für sie in Frankreich ebenfalls keine Zukunft geben würde. Er war ein kluger Mann.

Menasche

Meine Eltern brachten Hermann und Rosa damals zur Grenze in Saarbrücken, als sie über Frankreich nach Palästina flohen. Mein Vater und Hermann hatten ein sehr enges Verhältnis. Zum Beispiel kauften sie sich zur gleichen Zeit genau dieselben Ringe. Den einen habe ich noch. Ich weiß nicht, wie ursprünglich der Kontakt zwischen den Baders und den Sibirskis zustande gekommen war, aber ich denke mal, es war einfach so, dass eben Juden andere Juden zum Heiraten suchten.

Tante Frimets Tochter Dora heiratete irgendwann in der zweiten Hälfte der 30er Jahre. In der Nacht vor ihrer Hochzeit schliefen sie und ihr frischvermählter Gatte in meinem Bett, und ich musste zu meinen Eltern ins Zimmer. Am nächsten Abend, nach der Hochzeit, brachte mein Vater die beiden zu einem Frachtschiff in Duisburg, mit dem sie nach Holland oder Belgien flohen.

Mein Vater war in Köln im Vorstand vom Maccabi Boxen und nahm mich ein- oder zweimal mit zu Boxkämpfen. So war ich auch dabei, als sich 1937 oder 1938 Tante Rosas Bruder John, der damals in der Rheinlandloge boxte, direkt vom Boxring zum Bahnhof aufmachte, um Deutschland in Richtung Australien zu verlassen.[30] Ob mein Vater selbst mal als junger Mann geboxt hatte, weiß ich nicht.

Ida

Mein Bruder John verließ Köln im Herbst 1937. Unsere Tante kam damals aus Australien nach Deutschland und brachte Einreisepapiere für ihn mit. Dabei war er eigentlich auf *Hachscharah*[31] in Deutschland und wollte nach Palästina. Doch als sich plötzlich die Gelegenheit der Auswanderung nach Australien ergab, entschied sich mein Bruder einfach dafür.

Menasche

Bis 1938 war unsere Oma Golda noch in Köln. Mein Vater ernährte sie, als sie noch in der Alexianerstraße wohnte. Sie besuchte uns oft. Durch seine Mitgliedschaft im Kibbuz gelang es meinem Onkel Heini dann, seine Mutter nach Palästina nachzuholen.

ENTRISSEN

Flucht
Adi

Ich dachte eigentlich, ich wäre im Herbst 1938, als ich etwa sechseinhalb Jahre alt war, mit einem Frachtschiff von Duisburg nach Antwerpen geschmuggelt worden. Aber es war wohl, wie ich heute weiß, ein Jahr später.

Ich wurde damals von einer Frau Fuchs, einer deutschen Jüdin, begleitet, die ich ansonsten nicht kannte und auch später nie wieder sah. Den Abend vor der Abreise verbrachten wir in einem Hotelzimmer in Duisburg. Gegen Mitternacht weckte mein Vater uns und brachte uns zu einem Schiff, das am Rhein angelegt hatte. Am Kai gab mein Vater mir noch mit auf den Weg, dass ich mit dem Flämischen in Belgien keine Probleme haben würde. Denn es klänge, so sagte er, ganz wie Kölsch Platt. Ich sollte einfach auf Platt reden, und die Belgier würden mich schon verstehen.

Um auf das Schiff zu gelangen, musste ich vom Kai über eine Planke laufen, wovor ich große Angst hatte. Es war für mich schrecklich, als ich mich von meinem Vater verabschieden musste, und ich weinte sehr. Für mich begann in diesem Moment das Empfinden, meinen Eltern entrissen worden zu sein. Ich fühlte mich von nun an wie ein Waisenkind.

Auf der Schiffsreise gab der Kapitän mich als seinen Sohn aus. Frau Fuchs blieb während der gesamten Fahrt in einer Kajüte, wo sie sich im Bettkasten versteckte. Morgens machte das Schiff in Emmerich Halt, der letzten deutschen Anlegemöglichkeit vor Belgien. Dort nahm mich der Kapitän mit an Land, und wir gingen zu einer Metzgerei, während der Zoll den Frachter inspizierte. Frau Fuchs erzählte uns später, dass ein Zollbeamter sie fast entdeckt hätte, als er unter das Bett gereicht und an einem ihrer hohen Schuhabsätze gezogen hatte.

Im Bug des Schiffs wohnte übrigens ein Paar, was mich als Kind besonders beeindruckte. In Antwerpen eingetroffen, hatte ich erneut, wegen der Distanz zwischen dem Ufer und dem schief liegenden Schiff, große Angst beim Aussteigen. Ich weiß gar nicht mehr, wie ich an Land gelangte.

Mein Vater hatte Frau Fuchs die Antwerpener Adresse meines Onkels Max gegeben und auch die von seinem Vetter Schmiel. Der lebte mittlerweile mit seiner Frau und seinen zwei Kindern in der Carnotstraat in derselben Gegend, wo auch Onkel Max wohnte. Vier Tage lang bemühte sich Frau Fuchs vergeblich, Max ausfindig zu machen. Er war einfach wie vom Erdboden verschluckt. So ließ sie mich zunächst bei Schmiel, bis mein Onkel endlich auftauchte. Meine einzige Erinnerung an mein Zusammentreffen mit ihm ist, dass er stets im Bett lag und entzündete Zehen hatte. Und ich weiß auch noch, dass er gerne Karten spielte. Denn er war, wie er mir selbst sagte, ein richtiger »Kartenzocker«.

Einer der Spielkumpanen von Onkel Max war ein geschiedener Tscheche, dessen zwei Kinder jedes Jahr zur Erholung zu einer nicht-jüdischen Pflegemutter aufs Land geschickt wurden. Dieser Freund schlug meinem Onkel nun vor, er sollte mal probieren, mich bei dieser Pflegemutter, einer Frau Lommers, die in Kapellen wohnte, unterzubringen. Mein Onkel fuhr daraufhin mit mir nach Kapellen, einem Vorort von Antwerpen. Frau Lommers sagte Onkel Max zu, mich für 125 Franken bei sich aufzunehmen. Er schenkte ihr auch Stoff für ein Kleid, dunkelblau oder schwarz mit kleinen weißen Punkten.

Menasche

Ursprünglich hatten unsere Eltern vor, mit uns in die USA zu fliehen, nachdem Verwandte meiner Oma Golda von dort versucht hatten, uns anzufordern. Wir reisten deswegen auch im Sommer 1937 oder 1938 nach Stuttgart, um uns einer ärztlichen Untersuchung zu unterziehen. Nachdem der Arzt bei Kurt eine Mittelohrentzündung feststellte, forderte der amerikanische Konsul eine zusätzliche Bürgschaft über 200 US-Dollar. Unsere Verwandten in Amerika waren nicht in der Lage, dieses Geld aufzutreiben.

Als das Gesetz herauskam, dass Juden nur noch in jüdischen Häusern wohnen durften, mussten wir in die Alexianerstraße umziehen, wo wir nur zwei Zimmer und eine Küche hatten. Georg war da schon nicht mehr da, und nachher Adi auch nicht mehr.

Ich meine, Georg verließ als Erster von uns Deutschland und wurde nach Belgien geschickt. Als Nächster gelangte Adi auf dieselbe Weise, also per Schiff, dorthin. Ich glaube, dass das im September 1939 war, denn ich erinnere mich noch daran, im Radio die Nachricht vom Kriegsbeginn mit Polen gehört zu haben. Wenige Monate später begann nur ein paar Tage nach meinem vierzehnten Geburtstag am 11. Dezember 1939 meine Reise nach Palästina, nachdem Onkel Hermann mich von dort angefordert hatte. Bevor ich abreiste, ging mein Vater mit mir auf den jüdischen Friedhof zum Grab meiner Mutter Sara, und wir sagten gemeinsam das *Kaddisch*.[32]

Ich war ganz offiziell ein Teil der Jugendalijah und fuhr zunächst per Zug mit einer Gruppe anderer jüdischer Kinder nach Triest.

(V. o. n. u.) Menasche, Georg und Adi im Juni 1938.

(V. o. n. u.) Fischel, Regine und Kurt, 1939.

Von dort aus gelangten wir nach Palästina. Von unterwegs schickte ich meinen Eltern mehrere Postkarten und Briefe.

Als ich Deutschland verließ, gab mein Vater mir ein Notizbuch mit, in das er mir eine Adressen-Liste von Verwandten und Bekannten eintrug, zum Beispiel die Adressen von Adi und Georg in Belgien, aber auch die von Verwandten in Amerika und anderswo im Ausland. Ich weiß selbst nicht, wann diese Verwandten und Bekannten jeweils ausgewandert waren, und ob sie davor überhaupt mal in Deutschland gelebt hatten.

Mein Vater schrieb mir auch in dieses Notizbuch, welche Dinge er in Kisten ins Ausland verschickt hatte. Er hatte vor allem Goldsachen nach Amerika geschickt, aber auch Anzüge und andere Dinge. Als die Familie S. aus unserem Haus Deutschland verließ und nach Amerika floh, gab mein Vater ihr Schmuck mit. Die Mutter von Frau S., eine Frau Schönfeld, wurde nach Polen abgeschoben. Sie kam deshalb zu meinem Vater und borgte sich Geld. Das sollte Herr S. meinem Vater später zurückgeben. Weder den Schmuck noch das Geld sahen wir je wieder.

Eine der wichtigsten Personen, an die ich mich wenden sollte, um an die Sachen zu gelangen, war die beste Freundin meines Vaters, Paula Kalmann. Sie war eine geborene Kriegstein und auch eine weitläufige Verwandte. Ursprünglich wohnte sie in einem reichen Vorort von Köln, daran erinnere ich mich noch. Die Kriegsteins waren nämlich wohlhabende Leute. Paula war dann nach Amerika ausgewandert, hatte zwei Töchter, war aber inzwischen verwitwet. Kurz nach meinem Eintreffen in Palästina begann ich damit, mich darum zu bemühen, mit ihr und anderen, die mein Vater als Empfänger unserer Sendungen erwähnt hatte, Kontakt aufzunehmen. Doch es sollte Jahre dauern, bis ich damit Erfolg hatte.

Ich benutzte das Notizbüchlein, das ich heute noch besitze, um mir genau die Daten aller Postkarten und Briefe aufzuschreiben, die ich seit meiner Abreise aus Deutschland an meine Eltern und Geschwister und an Verwandte und Bekannte im Ausland schrieb. Ich schrieb auch auf, wann ich selbst Post von ihnen erhielt. Auch die Uhrzeit und das Datum aller Zwischenstationen meiner Reise nach Palästina trug ich ein.

Ich bin mir nicht sicher, wie ich damals als Junge darauf kam, mir diese ganzen Details so genau aufzuschreiben. Ich denke nicht, dass ich das zuhause so gelernt hatte. Ganz im Gegenteil erinnere ich mich noch an einen Spruch meines Vaters, den ich bis heute manchmal benutze, wenn es darum geht, wohin man etwas legen soll: »Wohin kommt das? Zu den Akten ins Feuer!« Zugleich herrschte bei uns zuhause in Köln immer Ordnung, das war sicherlich ein wichtiger Einfluss.

Viele der Briefe aus den Jahren nach meiner Abreise besitze ich heute noch, das eine oder andere Schreiben ist natürlich abhanden gekommen. Kurz nach meinem Eintreffen in Palästina fing ich auch damit an, von allen Briefen und Karten, die ich losschickte, eine Abschrift oder einen Durchschlag zu behalten. Ich schickte auch zig Briefe an das Rote Kreuz und andere Organisationen auf der Suche nach meinen Eltern und Geschwistern. Das habe ich ebenfalls alles aufbewahrt. Ich denke, ich hielt damals alles so genau fest, weil ich meinen Eltern später, wenn wir wieder zusammen sein würden, zeigen wollte, wie gewissenhaft ich mich um alles gekümmert hatte.

Mein Vater gab mir auch sein silbernes Zigarettenetui mit. Ich schenkte es Jahre später meiner Tochter. Wenn man das Etui aufklappte, konnte man auf jeder Seite Bilder reinstecken. Und ich habe noch ein Foto von Leuten aus unserer Kölner Synagoge, das mein Vater mir ebenfalls beim Abschied anvertraute. Ich erkenne darauf nur zwei Personen: meinen Religionslehrer Reinhardt und den *Schächter*[33] Neugeboren. Herr Reinhardt kam aus einer Familie, die seit Generationen deutsch war, während Herr Neugeboren aus Polen stammte. Ich weiß nicht, wer die anderen Leute auf dem Foto sind und auch nicht, warum mir mein Vater eigentlich dieses Bild mitgab. Aber einen alteingesessenen, deutschen Juden zusammen mit einem ›Ostjuden‹ auf demselben Foto zu sehen, das ist auf jeden Fall etwas Besonderes. Ich nahm von zuhause auch ein Album mit, von dem ich heute nur noch den vorderen Teil des ledernen Umschlags besitze. Darin bewahrte ich Fotos unserer Familie auf. Auch Postkarten von Köln nahm ich mit und andere Karten, die mir damals etwas bedeuteten, zum Beispiel von der »Liliputstadt«.

In meinem Koffer hatte ich damals auch einen Pullunder, den meine Mutter für mich vor meiner Abreise gestrickt hatte. Ich trug ihn nach meiner Ankunft in Palästina noch jahrelang.

Unterschlupf
Adi

Bei Frau Lommers, die ich bald »Moe« nannte, die flämische Kurzbezeichnung für Mutter, lebte ich mich schnell ein. Ich schlief im ersten Stock im Bett ihres Sohns René, der sich beim Militär befand. Er war das einzige Kind von Moe und damals 18 Jahre alt.

1 Gummituch	3 Schürzen.
2 Diwandecken.	50 Schl. Anzüge
6 Biberbettücher.	7 Servietten.
12 Bettücher.	20. Nachthemd.
12 Plümos.	2p.D. Handschuh
8 Frottiertücher.	5 Waschlappe
8 Kissenbezüge.	25 Gebetbücher
9 Tischdecken.	5 Schlafanzug
15 Rollaux.	1 Schlafjacke.
1 Trottel.	4 K. Nachthemd.
1 H. Schlafanzug.	5. K. Hosen.
16 H. Oberhemden.	1 Sommerjäckch.
22 H. Kragen.	1 " Anzug.
1 H. Sportgurtel.	2 K. Schürzen.
1 K. Capes.	1 Leibchen.
8 p. Socken.	4 Hosen.
1 Rolle mtr. mahs.	6 Decken 4St. 2 Kl.
1 Elast. Binde.	1 Aufnehmer
2 Lufthös'chen.	5 Unterröcke.
1 D. Kittel.	20. Hemden.
bitte oben weiter	

Die erste Seite der Liste der nach Belgien geschickten Kleidungsstücke und Gegenstände, die Fischel für Menasche in das erwähnte Notizbuch eintrug.

Dieses Foto gab Fischel Menasche mit auf den Weg nach Palästina. Vorne der 3. von links: Religionslehrer Reinhardt, der 1. von rechts: »Schochet« Neugeboren. Die Namen der übrigen Personen sind leider nicht bekannt.

Die Familie lebte in recht einfachen Verhältnissen. Moes Ehemann Lodewig fuhr täglich mit dem Rad nach Antwerpen, um dort als Tagelöhner Kohle von den Schiffen zu entladen. Zuhause trank er viel. Kapellen war ein Ort von etwa 10.000 Einwohnern. Wir wohnten in der Nieuwe Wijk, einer kleinen, sehr ruhigen Straße. Die Verhältnisse in Kapellen waren im Vergleich zu meinem Elternhaus in Köln eher ärmlich. Es gab keinen Strom und kein fließendes Wasser. Licht wurde durch Gas hergestellt, indem man Netze, die wie Glühbirnen verwendet wurden, erleuchtete.

Eine Besonderheit an Kapellen war die Burg, um die herum es Grachten mit Wasser gab. Der Zufahrtsweg zu dieser Burg war mit *Makadam* beschichtet, das war damals die modernste Straßenoberfläche. Es war die einzige flache, moderne Straße in ganz Kapellen.

Einmal in der Woche kam ein Mann auf einem Fahrrad nach Kapellen und verkaufte frische Krabben. Nie wieder habe ich so viele Krabben geschält und gegessen wie damals.

Moe wusste natürlich, dass ich ein jüdisches Kind war. Aber außer ihr wurde niemand in Kapellen eingeweiht. Auch dass ich ein deutsches Kind war, wurde niemandem verraten. Ich glaube sogar, dass selbst ihre Familie nicht wusste, welches Risiko Moe da einging. Soweit mir bekannt ist, war ich das einzige jüdische Kind, das damals im Ort versteckt wurde.

Abends sprach ich vor dem zu Bett gehen zwei hebräische Gebete, die ich zuhause gelernt hatte. Das eine war das *Schmah Jisrael*,[34] das andere das *Mode-ani*.[35] Lange Zeit weinte ich mich jede Nacht in den Schlaf.

Zum Glück fand ich mich im Flämischen bald sehr gut zurecht. Als ich einen Schulfreund zuhause besuchte, waren seine Eltern verblüfft, wie gut ich den Sinn eines Spruchs verstand, der bei ihnen an der Zimmerwand angebracht war. Davon erzählten sie noch viele Jahre später.

Etwa einen Kilometer von unserem Haus entfernt war meine Schule, die »Gemeentelijke Lagere Jongenschool«. Fast drei Jahre lang besuchte ich sie, von Ende Oktober 1939 bis Anfang Juli 1942. Das weiß ich so genau, weil ich eine Bestätigung vom September 1979 habe, die mir von der Gemeinde Kapellen ausgestellt wurde. Darin wurde mir auch bescheinigt, dass ich in dieser Zeit ein Pflegesohn von Moe war. Dadurch bestätigt sich wohl auch, dass ich ab Herbst 1939 in Belgien war.[36]

Mir ist aus meiner Schulzeit in Kapellen nur sehr wenig vom Erlernten in Erinnerung geblieben. Allerdings weiß ich noch genau, dass uns viel über den Katechismus beigebracht wurde. Jeden Mittwoch gingen wir Schulkinder zur Kirche, um zu beichten. Zu Anfang meiner Zeit in Kapellen schloss ich mich den anderen Kindern einmal ganz unbedarft an, als sie vor dem Beichtstuhl eine Schlange bildeten. Schließlich kam auch ich an die Reihe. Entsprechend dem wohl üblichen Ritual forderte der Pastor mich auf, ihm von meinen »Missetaten« zu berichten. Doch mir fielen keine Sünden ein. Der Pastor war sehr überrascht, als ich ihm dies verkündete, und hakte nach, wie es denn bloß sein könnte, dass ich nichts zu beichten hätte. Da fing ich an zu weinen und erklärte ihm, dass ich der Sohn von Luise Lommers war. Der Pastor schickte mich daraufhin zurück zur Schule, besuchte jedoch einige Tage später Moe, um sie zur Rede zu stellen. Als ich nachhause kam, erklärte sie mir, dass ich von nun an nicht mehr zur Beichte gehen müsste. Sie selbst war zwar katholisch, aber nicht gläubig und ging nie zur Kirche. Daher hatte der Pastor wohl akzeptiert, dass er sich von ihrem Sohn genauso wenig Kirchentreue erhoffen konnte wie von ihr.

Mein Lehrer im zweiten oder dritten Schuljahr war ein Herr Voet, der mir als etwas eigenartig in Erinnerung geblieben ist. Er legte immer seinen linken Fuß auf das Lehrerpult. Am linken Bein hatte er eine tiefe Narbe, die er sich durch Schrapnellgeschosse im Ersten Weltkrieg zugezogen hatte. Er kratzte sich immer an dieser Wunde, und die Muskeln und Knochen waren zu sehen.

Menasche

Ich gelangte Ende 1939 mit dem letzten Schiff, der »Gallilea«, über Italien nach Palästina. Wir waren unterwegs drei Tage lang in Triest. Das war zu der Zeit, als das deutsche Schlachtschiff »Graf Spee« vor Montevideo versenkt wurde.[37] Am 19. Dezember traf ich nach einer Zwischenstation in Haifa mit den anderen Jugendlichen in Tel Aviv ein. Wir wurden nach ein paar Tagen auf unsere Verwandten in der Umgebung verteilt. Mein Onkel Hermann holte mich ab, und ich verbrachte einige Tage bei ihm und seiner Familie. Meine Großmutter Golda kam aus Ein Harod nach Tel Aviv, um mich zu sehen.

Nach nur fünf Tagen wollte ich nur noch weg, also rannte ich davon. Erst schlief ich am Meer. Ich baute mir dort aus den Liegestühlen einen Windschutz. Dann schnappte mich eine englisch-jüdische Patrouille. Die Soldaten fanden bei mir eine Uhr und dachten, sie hätten einen kleinen Ganoven gefangen. Also brachten sie mich zur Polizeiwache. Am nächsten Tag holten sie Onkel Hermann. Der sagte daraufhin, er könnte mich nicht behalten. Die Leiterin der Jugendalijah in Tel Aviv brachte mich daraufhin bei Pflegeeltern unter. Die Familie hatte eine Tochter und noch einen anderen Jungen als Pflegekind. Bei ihnen blieb ich etwa vier Wochen lang. Ich wollte nie mehr zu Hermann zurück. Dann kam ich für einige Monate zu Onkel Heini nach Ein Harod, aber die Kinder in den Jugendgruppen dort waren alle zwei oder drei Jahre älter als ich, sodass ich dort nicht langfristig aufgenommen werden konnte. Ab 1940 war ich dann für einige Jahre im Jugendheim.

Ida

Ich war sechzehn Jahre jünger als meine Schwester Rosa, sie war für mich wie eine Mutter, und ich lebte auch bei ihr und Hermann, als Menasche nach Palästina kam. Er ist nur ein Jahr jünger als ich. Als er damals bei uns lebte, kriegte er immer ganz schön was ab. Mich rührte mein Schwager Hermann nie an. Doch wenn Menasche etwas tat, was Hermann nicht gefiel, dann war er dran. Mich verteidigte Hermann sogar, wenn ich Krach mit Rosa hatte: »Was willst du von dem Kind? Lass sie in Ruhe.«

Deshalb wollte Menasche nichts mehr von Hermann und Rosa wissen, Hermann war einfach sehr streng zu ihm. Aber für Rosa gab es keinen Unterschied zwischen Menasche und mir, ich bekam nichts Besseres als er, bekam nicht mehr zu essen, nicht mehr an Kleidung.

Ilana

Meine Eltern hatten damals so viele Schwierigkeiten und setzten sich so sehr für die Verwandten auf beiden Seiten der Familie ein. Deshalb fällt es mir schwer zu hören, dass Menasche meint, er wäre nicht gut genug behandelt worden und dass Ida bevorzugt worden wäre.

Menasche erwartete wohl, dass meine Eltern für ihn wie die eigenen Eltern sein würden. Aber wie hätten sie das sein können? Sie konnten ja schon kaum für meinen Bruder und mich da sein. Selbst Adi sagte mir später, er hätte sich von meinem Vater immer erhofft, dass er für ihn wie ein Vater sein würde. Doch meine Eltern arbeiteten ja unentwegt. Und dann kamen die Eltern meiner Mutter und Ida noch dazu. Und alle lebten zusammen in einem Zimmer!

Menasche in Palästina, wahrscheinlich kurze Zeit nach seiner Ankunft dort.

Ida

Meine Schwester Rosa fuhr damals nach Jerusalem und sagte: »Ich gehe hier nicht weg, bis ich ein Visum für meine Eltern und meine Schwester erhalte. Die reichen Leute kriegen alle Zertifikate, weil sie Kapitalisten sind. Meine Eltern sind nicht reich, aber sie wurden hier geboren, also haben sie auch ein Recht darauf zurückzukehren!«

Rosa hatte mit dieser Vorgehensweise Erfolg und schickte uns die Unterlagen sofort per Einschreiben nach Deutschland. So haben wir überlebt. Ganz Köln wusste, dass Familie Cohen Papiere nach Palästina bekommen hatte. Alle kamen sie zu meinem Vater: »Herr Cohen, wollen Sie die Papiere verkaufen? Ich gebe Ihnen tausend amerikanische Dollar.«

Mein Vater gab der Versuchung fast nach, weil er dachte: »Mir wird Hitler nichts tun, ich hab' nichts verbrochen. Ich habe mein Geld ehrlich verdient, war ein ehrlicher Bürger. Ich habe meine Steuern gezahlt.«

Ohne Rosa wären wir alle im Konzentrationslager gelandet. Und Hermann wandte sich an das Rote Kreuz und an die UNRA, er tat alles, um die Jungen zu finden.

Adi

Am 10. Mai 1940 marschierten die Deutschen in Belgien ein.[38] Ich erinnere mich noch, wie wir nachts die Flugzeuge über Kapellen hörten. Die Deutschen warfen als Puppen oder anderes Spielzeug getarnte Minen aus den Flugzeugen, und einige Kinder kamen durch diese Minen um.

In der hintersten Ecke des Gartens hinter Moes Haus befand sich eine Luftschutzgrube. Mindestens zweimal nahmen wir in dieser Grube Zuflucht. Dann flohen wir zu Fuß, mit Fahrrad und Schubkarre, vor den nahenden deutschen Truppen. Moes Sohn René war noch immer in der belgischen Armee, aber seine Frau Gabi begleitete uns auf unserer Flucht. Nach einiger Zeit gelangten wir nach Sint Niklaas, wo wir in einer Schule übernachteten. Am nächsten Tag ging es weiter Richtung Gent.

Mit zahlreichen anderen fliehenden Menschen und belgischen Soldaten liefen wir gemeinsam die Landstraßen entlang, auf der Suche nach einem sicheren Ort. Immer wieder wurden wir von deutschen *Stukas*, den deutschen Sturzkampfbombern, angegriffen, die im Tiefflug über uns hinwegrasten. Noch heute höre ich die lauten Sirenen und das Peitschen der Maschinengewehrschüsse. Oft warfen wir uns zum Schutz in den nächsten Straßengraben.

Schließlich erreichten wir über Lokeren den Ort Oostakker, etwa zehn Kilometer westlich von Gent gelegen. Dort fanden wir auf einem Bauernhof in einer Scheune Unterschlupf. Doch nicht lange danach trafen die Deutschen auch in Oostakker ein.

Aus der Zeit unserer Flucht erinnere ich mich noch an eine besondere Begegnung mit einem deutschen Soldaten. Auf einem mir damals riesig erscheinenden Pferd ritt er mir eines Tages entgegen, als ich einen Landweg entlang lief. Er hielt mich an und fragte, woher ich denn käme. Ich erklärte ihm, dass ich vom Bauernhof käme. Daraufhin begleitete mich dieser Soldat zurück zu der Scheune, in der wir Unterschlupf gefunden hatten. Dort bat er Moe, dass sie mich ihm zur Adoption überlassen sollte. Doch Moe stimmte dem nicht zu.

Nach einigen Wochen in Oostakker machten wir uns wieder auf den Weg nachhause. Gerüchteweise war uns zugetragen worden, dass die Deutschen Kapellen vollkommen zerstört hätten. Wir machten uns also auf einiges gefasst. Als wir eintrafen, stellten wir jedoch überrascht fest, dass das Dorf keinen großen Schaden davongetragen hatte. Aber fünf Belgier aus dem Ort, denen die Deutschen vorgeworfen hatten, Wohnungen geplündert zu haben, waren erschossen worden. Kreuze standen nun zur Mahnung dort, wo die Exekution stattgefunden hatte.

Das Leben in Kapellen verlief trotz der deutschen Besatzer recht normal. Eine Truppe der deutschen »Organisation Todt«[39] war in der Akkerstraat einquartiert worden, gleich um die Ecke von uns. Der Anblick dieser Soldaten in brauner Uniform und mit Schaufeln statt Waffen über die Schultern ist mir unvergesslich. Ihre Hauptaufgabe bestand darin, Schützengräben auszuheben. Ich half auch mit, diese Schützengräben in unserer Straße zu graben.

Die Deutschen hatten auch eine Feldküche und gaben sogar der belgischen Bevölkerung von ihren Mahlzeiten ab. Mit einem Eimer spazierte ich immer wieder zur Feldküche und bettelte dort erfolgreich um Suppe. Noch kühner war ich, als ich gemeinsam mit einem anderen Kind direkt in die Unterkünfte der Soldaten ging. Wir schmeichelten uns bei ihnen ein, und zum Lohn überließen sie uns das eine oder andere Kommissbrot. Noch dazu beauftragten sie uns hin und wieder, ihnen Limonade zu besorgen, und erlaubten uns sogar, das Flaschenpfand zu behalten.

Sowohl Moes Mann als auch ihr Sohn waren während der deutschen Besatzungszeit Zwangsarbeiter in Deutschland. René arbeitete auf Helgoland, wo er militärische Befestigungsanlagen verstärken musste. Er erhielt nach dem Krieg eine Zwangsarbeiterrente. Moes Eltern zogen, als die deutsche Besatzung begann, vom nahegelegenen Brasschaat nach Kapellen. Dort starb Moes Vater, und ich weiß noch, dass ich damals zum erstenmal sah, was geschah, wenn in Belgien jemand starb. Die Rollos des Hauses wurden heruntergelassen, und draußen vor dem Fenster des Zimmers, in dem sich der Tote befand, wurde ein großes Kreuz aufgestellt.

Einleben

Adi

Ich fühlte mich bei Moe in Kapellen wohl, und bis heute verbinde ich mit den Kindheitsjahren, die ich dort verbrachte, ein Gefühl des Zuhauseseins. Für mich war Moe tatsächlich wie eine Mutter, auch wenn ich zu ihrem Mann und Sohn kein inniges Verhältnis entwickelte. Dennoch war ich fraglos ein Teil der Familie geworden.

Doch obwohl ich mich in Kapellen wohlfühlte, vermisste ich natürlich meine Eltern und Geschwister sehr. Ich wusste nichts darüber, wie Georg nach Belgien gelangt war. Aber wie groß war meine Freude, als er mich einige Male in Kapellen besuchte! Er war in einem christlichen Waisenhaus in der Durletstraat in Antwerpen untergekommen. Der Leiterin des Heims war wohl bekannt, dass er Jude war.

Als er mich in Kapellen bei Moe aufsuchte, brachte er mir das Bastelspiel »Mekano« mit. Das beeindruckt mich noch heute. Wie war es ihm bloß in diesen schweren Zeiten gelungen, an dieses beliebte Spiel zu kommen? Ich sehe Georg vor mir stehen, in schwarzer Hose und Jacke und einem weißen Hemd. Er war zu diesem Zeitpunkt 15 oder 16 Jahre alt.

Menasche

Georg war zuerst privat untergebracht, später war er in einem Kinderheim oder Waisenhaus. Ich schrieb von Palästina aus mehrfach an ihn und auch an Adi. Aus dem Notizbuch, das mein Vater mir mitgab, kann ich ersehen, dass ich Adi beispielsweise am 3. Januar und am 8. Februar 1940 schrieb. Ich weiß auch noch, dass bei mir im Mai 1940 noch einmal eine Postkarte von Georg eintraf. Von Adi erhielt ich keine Antwort.

Luise Lommers, Adis »Moe«.

Adi

An manchen Tagen wanderten wir Kinder aus Kapellen in einen nahe gelegenen Wald. Bei einer dieser Gelegenheiten fanden wir dort einen Koffer voller Zigaretten! Einige Kinder rauchten eine Zigarette. Aber ich hielt davon nichts, denn Moe hatte mir erzählt, dass Zigaretten ungesund waren und zu Durchfall führten. Also ließ ich mich nicht dazu verleiten, das Rauchen auszuprobieren. Besonders gerne ging ich ins Kino. Dort sah ich Tarzanfilme mit Johnny Weissmüller und Cowboyfilme. Oft gab es auch die deutsche Wochenschau. Eine Ausgabe davon, in der ein Foto von Max Schmeling, als Fallschirmjäger neben einem Flugzeug stehend, gezeigt wurde, beeindruckte mich tief. Immer wieder sprang ich danach in unserer Straße von einem kleinen Mäuerchen und stellte mir dabei vor, ich wäre Schmeling, der aus einem Fluzeug springt.

In den Sommerferien 1941 begannen einige von uns Kindern aus der Nachbarschaft damit, uns regelmäßig heimlich über die grüne Grenze nach Holland zu begeben. Wir liefen dort von einem Bauernhof zum nächsten und bettelten um Essen. Zunächst nahmen wir die Straßenbahn nach Putte. Dort überquerten wir unbehelligt die Grenze.

In Holland liefen wir von Ort zu Ort, oft bis zu vierzig Kilometer am Tag. Wir erbettelten ein paar Butterbrote hier und einige Naturalien, wie Kartoffeln oder Zwiebeln, dort. Bei Ossendrecht drang uns der heftige Zichoriegestank in unsere Nasen, da dort dieser Zusatzstoff für Kaffee hergestellt wurde. Unsere erbettelten Schätze trugen wir zurück nach Kapellen und präsentierten sie zuhause stolz unseren Familien.

Als ich wieder mal mit den anderen Kindern aus der Nieuwe Wijk in Holland unterwegs war, gingen wir auf unserem Rückweg in Bergen op Zoom in ein Spielwarengeschäft und baten die Frau hinter der Theke um etwas Essen oder Trinken. Als sie in einem Hinterraum verschwand und lange weg blieb, stahl ich eine Spielzeug-Eisenbahn aus Blech, die ich von ihrem Gleis auf einer Metallplatte nahm, und rannte schnell weg. Moe erfuhr nie etwas von diesem kleinen Diebstahl.

Moe beschloss eines Tages, uns auf einem unserer illegalen Ausflüge zu begleiten. Sie nahm mich auf ihrem Fahrrad mit. Gemeinsam mit anderen Frauen und Kindern radelten wir gerade über die grüne Grenze, als plötzlich ein holländischer Grenzpolizist vor uns stand. Er war fein rausgeputzt in einer Uniform mit metallenen Knöpfen und Kettchen. Als Moe ihn mit einem freundlichen »Goeden Dag« grüßte, horchte er auf. Denn das flämische »Dag« klingt viel kürzer als dasselbe Wort in der niederländischen Aussprache. Sofort war dem Polizisten klar, dass hier nicht alles mit rechten Dingen zuging, und er forderte Moe auf, ihm ihre Papiere zu zeigen. Sie antwortete ihm, dass sie gar keine Papiere bei sich hätte. Da fuhr der Grenzpolizist sie an, wir sollten schnellstens wieder nach Belgien zurückkehren.

An einem anderen Tag, der mir als besonders schön in Erinnerung geblieben ist, reisten wir Kinder nach Vlissingen in Zeeland. Dort gab uns ein Bauer die Erlaubnis, seine Äcker nach Kartoffeln abzusuchen. Wir steckten so viele Kartoffeln, wie wir finden konnten, in Jutesäcke und machten uns damit auf unseren Heimweg. Als wir so die Felder entlang spazierten, wurden wir plötzlich auf ein Auto aufmerksam, das uns in hohem Tempo entgegenkam. Dann hielt es direkt neben uns an und ein deutscher Offizier stieg aus. Rückblickend habe ich seine Uniform genau wie die in Erinnerung, die ich später auf Fotos von Adolf Eichmann sah.

Der Deutsche fragte uns, was wir denn in den Säcken hätten. Ich antwortete ihm, wir hätten Kartoffeln gesammelt. Kaum hatte ich das ausgesprochen, da donnerte mir der Soldat eine Ohrfeige auf die Wange. Offenbar glaubte er mir nicht. Als Nächstes befühlte er die Jutesäcke und war sich wohl sicher, darin Zwiebeln ertasten zu können. Dann forderte er uns auf, ihm den Inhalt der Säcke zu zeigen. Als sich herausstellte, dass ich die Wahrheit gesagt hatte, meinte er nur, wir sollten sofort verschwinden. Wir rannten schnell davon.

Menasche

Ich blieb etwa anderthalb Jahre lang im Jugendheim in Tel Aviv. Es war vom Sozialamt der Stadt für Jugendliche eingerichtet worden, die aus schwierigen wirtschaftlichen Verhältnissen kamen und die oft auch schon ein wenig auf die schiefe Bahn geraten waren. In der Nähe des Heims gab es eine Tischlerei, in der man sich ausbilden lassen konnte. So wählte ich diesen Beruf.

Der Leiter des Jugendheims lebt heute noch und ist mittlerweile 94 Jahre alt. Einige von uns Jungen von damals treffen uns immer noch regelmäßig und haben auch mit dem Leiter den Kontakt aufrechterhalten. Zuletzt sah ich ihn vor zwei Jahren. Einer der ehemaligen Jungen des Heims arbeitete später zwanzig Jahre lang für mich. Die Jahre im Heim waren eine sehr, sehr schwere Zeit für mich, aber zum Glück waren der Heimleiter und seine Frau für mich damals so etwas wie Eltern, und ohne sie wäre ich wohl kriminell geworden und ›unter die Räder‹ gekommen. Die Frau des Heimleiters hieß Sara, wie meine Mutter, und starb auch am selben Tag wie meine Mutter, nach jüdischem Datum. Wenn ich Jahrzeit[40] habe, fahre ich immer zu ihrem Grab.

Im Jugendheim gab es auch einen jungen Mann aus Wien, der ebenfalls keine Eltern hatte und sonst nirgendwo hatte unterkommen können. Wir sprachen miteinander Deutsch, alle anderen sprachen nur Iwrit.[41] Ich lernte Iwrit damals nur vom Hören, ich traf ohne jede Sprachkenntnisse in Palästina ein.

Irgendwann störte es mich sehr, dass ich im Heim nicht genug zu essen bekam. Das war so im Herbst 1941. Da kam ich auf die Idee, in einen Hungerstreik zu treten, einfach nur ich ganz alleine. Der Heimleiter holte daraufhin Onkel Hermann, der mit seiner Frau Rosa ins Heim kam. Hermann verpasste mir zwei Ohrfeigen, wodurch ich meine Meinung erst recht nicht änderte. Also hungerte ich weiter. Schließlich sagte der Heimleiter zu mir: »Es tut mir leid, aber du musst das Heim verlassen.«

Ich kannte einen Jungen, der am Yarkon[42] bei einem Segelverein auf die Boote aufpasste. Einige Wochen lang übernachtete ich auf den Segeln liegend. Dann beschloss die Stadtverwaltung, dass ich nicht weiter in der Tischlerei des Heims arbeiten dürfte, wenn ich nicht auch im Heim wohnte. Da wäre ich natürlich aufgeschmissen gewesen. Der Leiter der Sozialabteilung, er kam selbst aus Berlin, legte mir nahe, ich sollte einen Entschuldigungsbrief mit Bitte um Wiederaufnahme in das Heim schreiben.

Ich bin noch heute stolz darauf, dass das Schreiben, durch das ich in das Jugendheim zurückkehren konnte, nirgendwo eine tatsächliche Entschuldigung enthielt. Ich habe eine Durchschrift des Briefs und frage mich jetzt noch, woher ich den *Sechel*[43] nahm, so etwas zu schreiben. Vielleicht hätte ich doch Rechtsanwalt werden sollen. Später, als Besitzer einer Tischlerei, ließ ich es mehrfach fast bis zum Rechtsstreit kommen, wenn ich mir sicher war, dass meine Interpretation der Gesetze die richtige war. Und jedes Mal wurde mir Recht gegeben. Ich hatte eigentlich Architekt werden wollen, oder eben Rechtsanwalt, und das Tischlerhandwerk hatte zumindest indirekt mit Architektur zu tun. Ich begann damals auch, sehr aktiv im Sportverein Maccabi zu sein und trainierte nach einiger Zeit auch Kinder. In Köln hatte ich nie geturnt. Ich war nur ein bisschen im *Hakoah* aktiv gewesen.

Adi

Zu Anfang meiner Zeit bei Moe hatte es wohl eine Verabredung über ihre Bezahlung gegeben. Doch dann trafen bei ihr keine weiteren Zahlungen mehr aus Köln ein. Dennoch behielt sie mich bei sich. Nur ein einziges Mal erwähnte sie mir gegenüber diesen Mangel an finanzieller Unterstützung durch meine Eltern. Dies geschah, als ich einen der Holzschuhe, die ich täglich trug, zerbrach. Denn nur zu ganz besonderen Anlässen trug ich meine Sonntagsschuhe. Ansonsten lief ich in Holzschuhen herum, und die hielten im Allgemeinen auch sehr lange und verkrafteten selbst das Fußballspielen, zu dem wir Kinder sie benutzten, ohne darüber nachzudenken. Aber eines Tages brach einer der beiden Holzschuhe entzwei. Moe machte sich nun Sorgen, wie sie bloß neue Schuhe finanzieren könnte. Allein aus diesem Grund ermunterte sie mich, meinem Vater zu schreiben und ihn um Geld zu bitten.

Ich hatte von meinen Eltern eine Postkarte mit Rückantwortschein erhalten und schrieb nun meinem Vater mit der Bitte um Geld. Die Antwort, die ich erhielt, sollte das letzte Lebenszeichen von ihm sein. Er teilte mir darin mit, dass er mir im Moment nicht helfen könnte, da er im Gefängnis in Müngersdorf bei Köln wäre. Erst nach dem Krieg erfuhr ich, dass es sich hierbei um das Deportationssammellager in Köln handelte.[44] Die Karte, die mein Vater mir damals schickte, besitze ich leider nicht mehr.

Menasche

Ich bemühte mich während meiner Anfangsphase in Palästina darum, Kontakt zu anderen Verwandten aufzunehmen. So lief ich eines Tages auf der Straße einem weitläufigen Vetter meines Vaters aus dem Kriegstein-Zweig der Familie über den Weg. Als ich mich ihm zu erkennen gab, sagte er zu mir: »Ich lade dich zum Schabbes zu uns ein.«

Die Adresse, die er mir nannte, in der Nähe vom *Habima*,[45] war damals in der teuersten Gegend von Tel Aviv. Er lud mich für elf, halb zwölf ein. Wegen der Uhrzeit vermutete ich, dass ich zum Mittagessen eingeladen werden würde. Als ich jedoch dorthin kam, saß ich ein halbe Stunde oder noch länger bei ihm, ohne dass mir auch nur ein Glas Wasser angeboten wurde. Ich weiß nicht mehr, worüber wir sprachen. Um halb eins verabschiedete ich mich und entschloss mich nach dieser Erfahrung, dass ich keinen Kontakt mehr zu diesen Verwandten haben wollte.

Ich habe von keinem je etwas bekommen, mir hat keiner geholfen. Aber ich sage dennoch niemandem etwas nach. Heute probiere ich, dieses unfreundliche Verhalten von damals zu entschuldigen, indem ich mir sage, dass es sicherlich auch für sie eine schwere Zeit war.

Adi

Im Juni 1942 bestimmten die Nazis, dass alle Juden in Belgien ab sofort einen »Judenstern« an ihre Kleidung heften mussten. Moe befürchtete daher, dass sie mich nicht länger würde beschützen können. Und auch sie selbst und ihre Familie waren ja gefährdet. Es gab keine absolute Gewissheit, dass niemand im Ort wusste, dass ich ein jüdisches Kind war. In ihrem Bemühen, mich dennoch bei sich zu behalten, wandte Moe sich an den Bürgermeister von Kapellen, Jean Speth, und erklärte ihm, dass sie mich gerne adoptieren würde.

Der Bürgermeister sagte ihr zwar grundsätzlich zu, sie in ihrem Vorhaben zu unterstützen. Doch dann warnte er sie, dass sie mich nur adoptieren könnte, wenn meine Eltern verstorben wären. Er fragte sie direkt, ob dies der Fall wäre. Moe antwortete ihm ehrlich, und somit konnte er ihrer Bitte nun doch nicht entsprechen. Nach dem Krieg erfuhr ich, dass dieser Bürgermeister Speth wohl selbst jüdische Vorfahren hatte und aus Nazi-Sicht ein »Achtel-Jude« war.[46]

Moes Hoffnung, mich zu adoptieren, hatte sich somit zerschlagen. Nun gab es aus ihrer Sicht nur noch einen Ausweg. Sie musste mich in die Obhut der jüdischen Gemeinde geben. Eines Tages machte sie sich mit mir, der völlig ahnungslos war, auf den für sie ungewohnten Weg in die Innenstadt von Antwerpen auf. Sie plante wohl, mich im Sekretariat der jüdischen Gemeinde in der Lange Leemstraat zurückzulassen. Offenbar hatte sie sich entschieden, dass dies am besten ohne jegliche Ankündigung oder Verabschiedung zu bewerkstelligen wäre. Und so merkte ich erst nach etwa einer Stunde, dass Moe, die mir im Büro der Gemeinde gesagt hatte, ich sollte mich hinsetzen und warten, nicht zurückkommen würde. In Panik sprang ich vom Stuhl auf und rannte auf die Straße. Ich lief hin und her, aber nirgends war meine Moe zu sehen.

Als ich verzweifelt und weinend auf dem Bürgersteig stand, sprach mich ein Mann auf Flämisch an und fragte, was denn los wäre. Ich erklärte ihm, dass ich meine Mutter, Moe war ja für mich wie eine Mutter, verloren hatte und dass ich nicht wusste, wo ich war. »Wo wohnst du denn?«, wollte er als nächstes wissen. Ich erklärte ihm, dass ich in Kapellen zuhause war. Da erwiderte der Mann: »Das ist ja wunderbar, denn ich selbst bin auf dem Weg nach Kapellen. Da kann ich dich dorthin begleiten.«

Kurz darauf saß ich gemeinsam mit dem freundlichen Fremden in der Straßenbahn, die zum nord-östlichen Teil von Kapellen fuhr, eine etwa dreißigminütige Fahrt damals. Unterwegs fragte der Mann mich weiter aus: »Wie heißt du denn? Woher kommst du denn?« Ich war mit meinen Antworten sehr vorsichtig, gab nur so viele Details preis, wie es unbedingt nötig war.

Dann sagte der Fremde plötzlich zu mir: »Du musst keine Angst vor mir haben.« Im nächsten Moment hob er mit einer Hand das Revers seines Jacketts. Erschrocken entdeckte ich darunter eine Anstecknadel der Gestapo. Nun war mir endgültig klar, dass ich mit diesem Mann nichts zu tun haben wollte. Als wir in Kapellen eintrafen, versicherte ich ihm eifrig: »Von hier aus kenne ich den Weg!« An der Ecke Antwerpsteenweg sprang ich aus der Straßenbahn und rannte schnell nachhause.

Als ich unerwartet wieder zuhause in der Nieuwe Wijk eintraf, war Moe natürlich erschrocken und konnte kaum fassen, dass sie mich wieder vor sich stehen sah. Ich erzählte ihr alles. Da sagte sie traurig zu mir: »Du kannst nicht bei mir bleiben.« Wenige Tage später klopfte es an der Tür und der ›nette‹ Mann stand vor Moe. Ihr gelang es, ihn davon zu überzeugen, dass wir uns in der Stadt einfach aus den Augen verloren hatten und sonst nichts dahinter steckte. Trotzdem kam er danach eine Zeit lang jede Woche bei ihr vorbei und probierte, Näheres über mich herauszufinden. Er drohte ihr sogar damit, dass sie bestraft werden würde, falls ich ein jüdisches Kind wäre.

Durch dieses Abenteuer gelang es mir, drei weitere Monate, als von Moe eigentlich geplant, in Kapellen zu bleiben. Dann aber machten wir uns eines Morgens erneut auf den Weg in die Lange Leemstraat. Dieses Mal wusste ich, was mir bevorstand. Im Sekretariat der jüdischen Gemeinde übergab Moe mich einem anderen Kind, das auf mich aufpassen sollte. Es war der drei, vier Jahre ältere Alfred aus Berlin, der keine Eltern mehr hatte. Gemeinsam warteten wir bis zum Nachmittag, als ein Mann kam, der uns nach Brüssel begleitete. Die Reise endete im jüdischen Kinderheim in der Rue des Patriotes im Stadtteil Schaerbeek.

Umgewöhnung
Adi

Das jüdische Kinderheim, in dem ich nun zuhause sein sollte, befand sich in einem dreistöckigen Haus.[47] Wir waren dort zu etwa dreißig Kindern. Die meisten von uns waren Flüchtlinge aus Deutschland. In der obersten Etage waren die ältesten Kinder untergebracht. Im selben Stockwerk hatte Abraham ein Zimmer für sich alleine, weil er Bettnässer war, weswegen es dort immer furchtbar nach Urin stank. Im zweiten Stockwerk waren die Mädchen untergebracht. Mir selbst wurde ein Bett im Jungen-Schlafsaal in der ersten Etage zugewiesen.

Ich sehe Herrn Tiefenbrunner, den Leiter unseres Heims, noch vor mir stehen. Er war damals um die dreißig, auf der Nase trug er immer eine randlose Brille und auf dem Kopf eine *Kippah*.[48] Im Heim wurden alle jüdischen Feiertage eingehalten, und an jedem Schabbat segnete Herr Tiefenbrunner jeden von uns. Damals sah ich im Hinterhof des Heims meine erste *Sukkah*.[49] Regelmäßig kam Herr Katzenellenbogen, ein *Melamed*,[50] um uns Religionsunterricht zu geben. Ich hatte bei ihm Bibelkunde und lernte auch, aus dem *Sidur* zu lesen.

Herr Tiefenbrunner selbst war ein frommer Mann, dem ich von Anfang an wohl nicht ausreichend religiös war. Als er mich nach den ersten Tagen im Heim ermahnen musste, bei der *Brachah*[51] vor dem Essen eine *Kippah* zu tragen, wurde ich wütend und schmiss meine *Kippah* voller Zorn auf den Boden. Sofort verpasste mir der Heimleiter eine Ohrfeige, und ich lernte schnell, wie ernst ich diese Dinge von nun an nehmen musste. Herr Tiefenbrunner hatte eine harte Hand, war insgesamt sehr streng, sicherlich auch aufgrund der Zeit, die ja sehr schwierig war. Aber er war eigentlich ein sehr netter, sehr gerechter Mann.

Ich kehrte in meiner Zeit bei Herrn Tiefenbrunner nach mehreren Jahren erstmals wieder zum jüdischen Glauben und den jüdischen Bräuchen zurück. Der Schabbat war uns heilig, wir machten kein Licht an, wir zerrissen auf der Toilette kein Papier. Ich kannte die jüdischen Traditionen eigentlich von zuhause. Aber durch meine Zeit in Kapellen hatte ich das meiste vergessen.

In der *Jeschivah*[52] des Heims wurde uns auch Hebräisch und Jiddisch beigebracht und zwar auf die traditionelle Weise, indem wir immer ein paar Worte Hebräisch aufsagten, dann denselben Text im Jiddischen vortrugen. Verstehen konnte ich damals nichts

Die Kinder der Rue des Patriotes im April 1943.
Adi ist vermutlich der Junge links außen in der 4. Reihe von vorne.

Jonas Tiefenbrunner mit seiner Frau Ruth, 1946.

von dem Hebräischen. Ich lernte es einfach auswendig. Bis heute klingt mir dieser Singsang des Gebetsunterrichts im Ohr.

In meiner Zeit in Kapellen hatte ich durchweg Flämisch gesprochen und mich recht schnell in die Sprache eingelebt. Nun musste ich mich plötzlich auf Französisch einstellen. Dies fiel mir zum Glück nicht allzu schwer, da wir Heimkinder zusammen die zweisprachige christliche Schule Nr. 9 in unserem Stadtteil Schaerbeek besuchten. Hier konnte ich mich langsam an das Französisch gewöhnen. Ich meine, dass Herr Tiefenbrunner, der selbst ein deutscher Jude war und kein Flämisch sprach, mit mir zunächst noch auf Deutsch sprach, bis meine Französischkenntnisse besser wurden. Meine Muttersprache Deutsch vergaß ich dann bald vollkommen. Ich erinnerte mich nur an ein Wort, »Hose«, alles andere war mir vollkommen abhanden gekommen.

Ich fühlte mich in dieser Zeit nie alleine. Das lag sicherlich auch daran, dass das Personal des Heims sich ständig darum bemühte, uns abzulenken und zu beschäftigen. Aber uns war trotzdem klar, dass es eine stetige Gefahr gab. Dennoch hatte ich nur selten wirklich Angst.

Wir aßen immer recht früh unser Abendbrot, und danach spielten wir noch. Es gab verschiedene Gemeinschaftspiele. Ein Ereignis aus meiner Zeit in der Rue des Patriotes ist mir besonders lebhaft in Erinnerung geblieben. Ich spielte gerne mit einem anderen Kind im Hinterhof des Heims das »Kastanienspiel«. Dazu durchbohrten wir erst zwei Kastanien. Dann zogen wir durch jede eine Kordel und verknoteten sie, sodass die Kastanie nicht heruntergleiten konnte. Jeder von uns hielt so eine aufgehängte Kastanie in der Hand. Unser Spiel bestand darin, die Kastanien solange gegeneinander zu schmettern, bis einem von uns die Kastanie zerbrach. Der hatte dann verloren.

Als meine Kastanie eines Tages bei diesem Spiel zu Bruch ging, schleuderten die Stücke direkt gegen die bleiverglaste Hinterhoftür des Heims und zerschlugen eine kleine Scheibe. Ich lief ins Haus und gestand Frau Tiefenbrunner meine Tat. Sie schickte mich zur Strafe erstmal in mein Zimmer. Eine halbe Stunde später traf Herr Tiefenbrunner ein. Wie ich schon befürchtet hatte, wurde ich vom Heimleiter für meine Tat ordentlich verdroschen. Dann sagte er mir, dass ich für den entstandenen Schaden aufkommen musste. Bis heute weiß ich, dass die Reparatur 625 belgische Franken kostete. Als zusätzliche Strafe musste ich ein paar Wochen lang im Keller Holzstämme zerkleinern. Das Kleinholz, wir nannten es »Pickelhout«, benötigten wir zum Anstecken des Ofens. In den

Zimmern des Hauses gab es Heizkörper, unten im Keller war der Heizofen. Was Herr Tiefenbrunner nicht wusste, war, wieviel Spaß mir diese Strafe bereitete. Denn handwerkliche Tätigkeiten lagen mir sehr. Es gab auch Kohle, mit der ich häufig den Ofen anfüllte.

Eine besonders negative Erinnerung habe ich an einen der älteren Jungen, der mich in der Rue des Patriotes missbrauchte. Er war damals vielleicht fünfzehn oder sechzehn und ich etwa elf Jahre alt. Ich bin überzeugt davon, dass ich im Heim nicht der einzige Junge war, dem so etwas widerfuhr. Aber wir Kinder sprachen natürlich nie miteinander darüber, wir waren viel zu naiv um zu verstehen, was da mit uns geschah. Ich habe bis vor kurzem nie jemandem davon erzählt. Es gibt verschiedene Dinge aus meiner Kindheit, die ich bis heute geheim halte. Darüber zu reden, würde mich nicht erleichtern. Aber es ist trotzdem ein Teil meiner Geschichte. Ich glaube aber nicht, dass das, was mir passierte, ungewöhnlich ist. Später hörte ich mal, dass dieser Junge nach Kanada auswanderte.

Ich lebte etwa ein halbes Jahr lang im Kinderheim in der Rue des Patriotes. Da ich blond und blauäugig war, konnte ich mich unauffälliger auf der Straße bewegen als die anderen Kinder. Herr Tiefenbrunner war bestimmt auch von meiner Gewitztheit im Umgang mit den Gefahren außerhalb des Heims beeindruckt. Auf dem Weg zur Schule trug ich zwar einen Judenstern, aber ich verdeckte ihn mit meinem Schulranzen. Somit erhielt ich die besondere Aufgabe, der Essensbeschaffer für das Heim zu sein. Ich wurde auf den Markt von Schaerbeek geschickt und kaufte dort Obst und Gemüse ein. Wir hatten immer genug zu essen, und ich musste auch in meiner restlichen Zeit in Belgien nie Hunger leiden. Beim jüdischen Bäcker Monk kaufte ich unser Brot. Bei meinen Einkäufen im Stadtteil trug ich keinen Judenstern und tat so, als ob ich ein nicht-jüdisches Kind war.

Die Gestapo führte immer wieder Razzien durch, um zu schauen, ob es unter uns Kinder gab, die älter als siebzehn Jahre alt waren. Eines Tages bekam Herr Tiefenbrunner einen Bescheid der Jüdischen Gemeinde, dass sich die fünf ältesten Kinder, vier Jungen und ein Mädchen, die diese Altersgrenze überschritten hatten, ins Arbeitslager zu melden hätten. Sie sollten Kleidung mitbringen und Brot für acht Tage. Ich weiß noch, wie ich zum Bäcker Monk ging, um für diese Kinder einen Sack Zwieback zu holen. Dann half ich ihnen beim Packen und versteckte in ihren Strümpfen Büchsen mit Sardinen. Die fünf Jugendlichen wurden deportiert, aber damals wussten wir nicht, was mit ihnen geschehen würde. Später sagte man mir, dass nur ein Junge überlebte. Die Namen dieser Jugendlichen sind mir leider entfallen.

Im selben Herbst klingelte es eines Nachts an der Haustür des Heims und es erklangen Rufe: »Aufmachen, hier ist Wezembeek!« Mehrere deutsche Wehrmachtsautos standen vor dem Haus. Aus ihnen stiegen die Kinder eines anderen jüdischen Heims im Brüsseler Vorort Wezembeek.[53] Wie sich herausstellte, hatten die Nazis alle Kinder des Heims in das Sammellager Malines[54] transportiert. Doch dank des Einsatzes der belgischen Königin Elisabeth waren sie wieder freigelassen worden.[55] Neun weitere Kinder, die sich bereits im Sammellager befunden hatten, waren zu den Befreiten hinzugeschmuggelt worden. Jedes von uns Kindern nahm nun eins der fremden Kinder im eigenen Bett auf. Ich teilte mir mein Bett mit Moses, der vor Aufregung oder Unterernährung schrecklichen Durchfall hatte und mich damit die ganze Nacht lang wach hielt. Am nächsten Morgen reisten die Wezembeeker Kinder wieder ab und kehrten in ihr Kinderheim zurück.[56]

Auch mich schickte Herr Tiefenbrunner nach etwa sechs Monaten nach Wezembeek, nachdem wir die Schule in Schaerbeek nicht mehr besuchen konnten. Mir sind viele kleine Details aus meiner Zeit bei Herrn Tiefenbrunner im Gedächtnis geblieben. Zum Beispiel waren es vierhundert Meter vom Heim zum Bäcker. Meine Wäschenummer war die Nummer 18. Ich habe auch noch eine Liste, auf der ich die Namen der meisten anderen Heimkinder festhielt. Bei manchen kann ich mich nur des Vornamens entsinnen, bei ein paar fallen mir die Namen gar nicht mehr ein, obwohl ich sie noch heute vor mir stehen sehe. Ich erinnere mich auch noch an Herrn Pferdmann, der wohl das ganze Heim finanzierte. Das war ein korpulenter Mann, mit einer goldenen Brille und Halbglatze.

Im Wezembeeker Heim waren wir knapp 100 jüdische Kinder. Die Jüngste unter uns, Reisele, war gerade zwei Jahre alt. Sie war eines der Kinder, die aus dem Sammellager in Malines geschmuggelt worden waren. Die Ältesten waren bereits junge Erwachsene, achtzehn, manche sogar neunzehn Jahre alt. Ein Wezembeeker Kind, Abaham, litt sehr unter Diabetes, was sich natürlich unter den damaligen Umständen noch verschlimmerte.

Hier ging es insgesamt viel weniger religiös zu als zuvor bei Herrn Tiefenbrunner.[57] Wir feierten zum Beispiel nur ab und zu Schabbat. Aber bei jeder Mahlzeit saßen wir zusammen und sangen. Ein paar Kinder, vor allem Moische und seine Geschwister, waren sehr gläubig. Manche machten sich deswegen über Moische lustig, zogen ihm sogar seine Mütze – er trug *Kippah* und Mütze – vom Kopf. Moische erzählte mir irgendwann davon, dass sein Großvater vorausgesagt hatte, der Messias würde in einem bestimmten Jahr kommen und der Krieg dann beendet werden. Unser Kinderheim befand sich in der Chaussée de Malines. Die Leiterin war Madame Albert. Ihr damaliger Verlobter und späterer Mann, Monsieur Blum, war damals Mitglied des belgischen »Judenrats«.[58] Madame Albert war allgegenwärtig, streng und gerecht zugleich. Sie strahlte auch eine mütterliche Wärme aus. Ihr Haar trug sie immer nach hinten, wie eine Krankenschwester.

Aus meinen ersten Monaten in Wezembeek hat sich mir besonders die Zeit kurz nach Pessach 1943 eingeprägt. Damals legte sich eine tiefe Trauer über unser Heim, nachdem der einmonatige Aufstand der Juden im Warschauer Ghetto von den Deutschen niedergeschmettert worden war. In der Nähe des Heims befand sich ein Flughafen. Oft fielen dort Bomben und wir hörten dieses unheimliche Pfeifen, bevor sie einschlugen. Die Flugzeuge erschienen mir damals wie kleine Vögel.

Wir Kinder waren in sechs, sieben Gruppen eingeteilt. In meiner Gruppe, *Kwutzah*[59] Jehuda, befanden sich zwölf Kinder. Unser *Rosch*[60] war Harry, der aus Belgien stammte. Tagsüber nahmen wir an *Peulot*[61] teil, in denen uns jüdische Kultur, zum Beispiel in Form hebräischer Lieder, beigebracht wurde. Bei Madame Albert lernten wir auch alte jiddische Lieder. Und wir spielten viele Gemeinschaftsspiele, die oft einen Pfadfinderhintergrund hatten, zum Beispiel Sternenkunde, Knotenbinden und Hürdenspringen. Auch mit Brettspielen vertrieben wir uns die Zeit. Ich langweilte mich nie und machte auch keinen Blödsinn.

Wir hatten auch in diesem Heim immer genug zu essen, aber die Mahlzeiten waren recht eintönig. Wir aßen zum Beispiel immer wieder Kohleintopf. Aber darunter litt ich nicht. Jeden Abend führten wir einen *Mifkat*[62] durch, bei dem Madame Albert die Reihen entlang lief. Hier und da machte sie eine Bemerkung über das Erscheinungsbild eines Kindes, wenn ihr irgendetwas auffiel. Am Ende des Appells sangen wir gemeinsam die *Hatikwa*.[63] Obwohl die jüdische Erziehung in Wezembeek eher zionistisch als religiös geprägt war, wurde mit uns damals nie über *Alijah*[64] gesprochen.

Es gab in Wezembeek keinen regelmäßigen Schulunterricht, und wir hatten nur ab und zu in einem Anbau des Heims Schulstunden. Am beeindruckendsten fand ich unsere Lehrerin Frau Lehmann, die sieben Sprachen beherrschte. Sie übersetzte für uns die Märchen von Christian Andersen direkt aus dem Dänischen ins Französische. Noch heute sehe ich sie in ihrem blau-weiß gestreiften Rockkostüm vor mir stehen. Es ist mir unvergesslich, wie sie uns diese Märchen damals spontan vortrug. In ihrem Aufbauunterricht lernte ich nun ordentlich Französisch. Aus Brüssel kam hin und wieder ein Herr Salomon, um uns ebenfalls Unterricht zu erteilen. Ich meine, die Lehrer und Lehrerinnen wurden später deportiert, aber ich weiß es nicht genau.

Im Erdgeschoss des Heims gab es einen großen Saal, der hauptsächlich zum Einnehmen der Mahlzeiten, aber auch für andere Aktivitäten genutzt wurde. In einer Ecke befand sich, abgetrennt durch eine Tür mit Bleiverglasung, unsere kleine Synagoge. In einer anderen Ecke war unsere Bibliothek. Eine Zeit lang war ich gemeinsam mit Edith, die aus Wien stammte und deren Mutter ich noch vor ihrer Deportation kennen lernte, für die Bibliothek verantwortlich. In dieser Zeit las ich viel, am liebsten waren mir Abenteuerromane von Jack London, Cowboybücher und Nick-Knatterton-Geschichten. Oben im Gebäude des Heims gab es zwei große Schlafsäle, einen für die Jungen, einen für die Mädchen. Später wurden beide Säle nochmals unterteilt, damit die älteren Jungen und Mädchen jeweils einen eigenen Schlafbereich hatten.

Es gab auch eine Krankenabteilung im Heim, mit fünf oder sechs Zimmern, die durch Glaswände abgetrennt waren. Dort lag ich einmal mit Bernhard, einem Jungen, mit dem ich mich angefreundet hatte. Wir hatten gleichzeitig eine Mittelohrentzündung, was im Heim häufig vorkam. Zwei Nächte lang lagen wir gemeinsam in der Krankenabteilung und krochen vor Schmerz ›die Wände hoch‹.

Besonders eng war ich mit einem Jungen namens Maurice befreundet, der sich mit seiner Schwester Sara im Heim befand. Die beiden waren in Antwerpen geboren, aber ihre Eltern stammten aus Polen, und bei ihnen zuhause war nur Jiddisch gesprochen worden.

Ab und zu suchte die Gestapo unangekündigt das Kinderheim auf. Dann mussten wir Kinder uns mit ausgestreckten Armen auf unseren Betten hinlegen, und die Deutschen zählten uns ab, um sicherzustellen, dass sich nicht andere als die offiziell mitgeteilten Kinder im Heim befanden. Das war eine der seltenen Situationen, in denen ich wirklich Angst hatte.

Maurice und ich versprachen einander, gemeinsam wegzulaufen, falls die Deutschen nochmal versuchen würden, die Wezembeeker Kinder zu deportieren. Er sprach fließend Französisch, ich fließend Flämisch, und wir sahen beide ›nicht-jüdisch‹ aus. Deshalb waren wir davon überzeugt, dass wir uns schon irgendwie gemeinsam durchschlagen könnten. Angst hatte ich, wie gesagt, selten damals, aber ich verstand in dem Alter auch nicht wirklich vollends, was da um uns herum geschah.

Unter den Erziehern hingegen herrschte sicherlich immer die Angst vor einer unerwarteten Deportation. Die Untergrundbewegung riet ihnen dazu, sich mit uns möglichst viel außerhalb des Heims aufzuhalten. So gingen wir stundenlang im Wald spazieren und spielen. In unsere gelb-grünen Uniformen gekleidet, die kleinen Umhänge am Kragen mit einem Kettchen zusammengehalten, sahen wir aus wie Pfadfinder, wenn wir uns auf den Weg entlang der Hauptstraße von Wezembeek zum Wald aufmachten. Auf unseren Umhängen trugen wir den Judenstern. Auf dem Weg liefen wir jedes Mal an der deutschen Luftwaffenkaserne vorbei. Wir sangen dabei Pfadfinderlieder.

Mir gefielen diese Spaziergänge überhaupt nicht. Deshalb war ich froh, dass es mir manchmal gelang, im Heim zurückzubleiben. Ich hatte immer eine gute Ausrede, zum Beispiel, dass mir meine Ferse schmerzte. Im Heim machte ich mich dann aber gerne auf allerlei Art nützlich. So freundete ich mich mit unserem Hausmeister, Herrn Schindler, an. Von ihm lernte ich in dieser Zeit, wie man Schuhe repariert. Auch die Schuhe der anderen Kinder stellte ich ordentlich in einer Reihe auf und putzte sie sogar.

Ein anderes Mal fand ich im Keller einen alten Filmprojektor und machte mich daran, ihn zu reparieren. Auch auf dem Dachboden des Heims betätigte ich mich, indem ich ihn aufräumte. Das war ein besonderes Abenteuer, weil ich vorsichtig von Balken zu Balken balancieren musste, um nicht den Stuck an der Zimmerdecke im Stockwerk unter mir zu beschädigen.

Bereits 1943 wurde mein Freund Bernhard von Madame Albert in einem Kloster untergebracht. Bernhard kam ebenfalls ursprünglich aus Köln, war aber fast zwei Jahre jünger als ich. Er war eines der Lieblingskinder der Directrice, und sie sorgte sich sicherlich, dass er durch seine pechschwarzen Haare besonders auffällig und daher gefährdet war.

An einem regnerischen Tag im Jahr 1944 wurde ich dann mit neun anderen Jungen von einem fremden Mann erst nach Brüssel und von dort aus weiter nach Louvain[65] begleitet. Mein bester

Die Kinder und Erzieher von Wezembeek nach ihrer Rückkehr aus dem Sammellager Malines, also mehrere Monate vor Adis Zeit in diesem Heim. Sein Freund Bernhard ist der 6. von links in der 2. Reihe von vorne; Madame Albert steht mit weißem Kopftuch und Umhang in der Mitte der hinteren Reihe.

Freund Maurice war mit dabei. Unterwegs machten wir in einer großen Kirche Zwischenstation. Ich habe nie verstanden, warum wir uns dort aufhielten. Es fand gerade eine Messe statt, als wir eintrafen. Als ich im Kirchenschiff nach oben blickte, entdeckte ich zu meinem Erstaunen im Dach hebräische Buchstaben, den Namen Gottes.[66] Das erschütterte mich damals. Nach dem Ende der Messe gingen wir zu Fuß weiter zu unserem Zufluchtsort, dem Kloster »Bethlehem«. Abgesehen von uns zehn Jungen, wurden im Kloster auch zehn Wezembeeker Mädchen versteckt, die wir jedoch bis nach unserer Befreiung nie zu sehen bekamen. Ich weiß bis heute nicht, wie das Ganze damals ›eingefädelt‹ wurde, aber ich vermute, dass Madame Albert dabei sicherlich eine wichtige Rolle spielte.[67]

Vor unserer Abreise aus Wezembeek waren uns Kindern Deckidentitäten gegeben worden. Die ganze Sache wurde uns sehr kurzfristig angekündigt. Mehrere Tage lang studierten wir unsere neuen Namen und Adressen gewissenhaft ein. Wie in einem Verhör fragten wir uns gegenseitig ab. Mein Deckname war »Jean Brinant«, meine Deckanschrift »Rue de la Commune 15, Tassignies«. Immer wieder konfrontierten wir einander mit diesen Fragen: »Wie heißt du? Wo wohnst du?« Zum Schluss konnte jeder von uns die Antwort wie aus der Pistole geschossen geben. Wir sprachen uns auch nur noch mit unseren Decknamen an.

Im Kloster angekommen, teilten wir Neulinge uns mit anderen Kindern einen Schlafsaal. Es gab nur Einzelbetten, die wir jeweils zu zweit benutzten. Wir Jungen aus Wezembeek probierten, immer nebeneinander zu bleiben. Jeden Tag ging es in die Kirche zum Beten. Auch besuchten wir eine Schule innerhalb des Klosters. Hier versuchten wir Wezembeeker Kinder ebenfalls zusammenzubleiben. Wir verließen das von einer Mauer umgebene Anwesen des Klosters bis zur Befreiung nie.

Ich bin mir nicht sicher, ob außer der Klosteroberin damals überhaupt jemand wusste, dass es sich bei uns um jüdische Kinder handelte. Ein Priester, den ich dort kennen lernte, Abbé Joseph, fand besonderen Gefallen an mir und wollte mich dazu bewegen, in seinem Kirchenchor mitzusingen. Ich sang eigentlich sehr gerne und hatte wohl auch ein gewisses Talent. Wenn wir in Wezembeek vor dem Essen und bis das Essen auf dem Tisch stand, hebräische und jiddische Lieder gesungen hatten, hatte meine Stimme über die aller anderen herausgeragt.

Doch ich war misstrauisch und sträubte mich dagegen, im Kloster im Chor zu singen. Abbé Joseph wollte unbedingt verstehen, warum ich mich nicht dem Chor anschließen wollte. Eines Tages sagte er zu mir, dass ich mich ihm wirklich anvertrauen könnte: »Selbst wenn du nicht katholisch bist, wir glauben an den gleichen Gott.« Aber ich blieb vorsichtig und verriet ihm nichts über meine wirkliche Identität. Als ich in den 80er Jahren erstmals zum Kloster zurückkehrte, erzählte mir eine Nonne dort, dass sich nach dem Krieg herausgestellt hatte, dass Abbé Joseph ein aktives Mitglied des Widerstands gewesen war.

Louvain wurde am 4. September 1944 befreit. Etwa ein halbes Jahr lang waren wir im Kloster versteckt gewesen. Die letzten drei oder vier Tage vor der Befreiung hatten wir in einem Keller verbracht, der normalerweise zur Lagerung von Wein und Brot benutzt wurde. Jetzt war er in einen Luftschutzkeller umgewandelt worden, in dem wir auf einfachen Brettern schliefen. Ich kann mich noch gut an diesen unangenehmen, engen Raum erinnern und auch daran, dass am Tag der Befreiung morgens noch Artilleriebeschuss zu hören war und das Geräusch vorbeifahrender Lastwagen.

Gegen Mittag verklangen die Kriegsgeräusche plötzlich. Dann kam jemand und rief, Louvain wäre befreit. Erst wagte sich niemand hinaus. Einige Zeit verging, bevor wir endlich den Keller verließen und zum ersten Mal vor das Kloster traten. Dort begegneten wir englischen Soldaten, die in Panzerwagen die Straßen entlang fuhren. Auf den Bürgersteigen stand die Bevölkerung und jubelte ihnen zu.

Am Abend der Befreiung baten wir Jungen die Klosteroberin darum, im Waschraum eine kleine Feier abhalten zu dürfen. Gemeinsam wuschen wir uns. Dann stellten wir uns in einer Reihe auf und sangen die *Hatikwah*.

Ruthi

Ich war fünfzehn Jahre alt, als ich Menasche 1942 kennen lernte. Er war siebzehn Jahre alt. Wir begegneten uns im Maccabi, im Sportverein. Menasche war dort *Madrich*.[68] Eine Freundin von mir, die auch Ruth hieß, hatte mir von zwei netten Jungen erzählt, die ich unbedingt kennen lernen müsste. Das waren Menasche und sein Freund Ernst.

Meine Eltern waren schon früh, noch vor Hitler, nach Palästina gekommen, bereits 1932. Ich war damals knapp fünf Jahre alt. Sie hatten sogar aus Frankfurt ein Kindermädchen für mich und meine jüngere Schwester mitgebracht. Die Leute in Deutschland hatten meinem Vater gesagt, dass er nicht normal wäre, mit zwei kleinen

Kindern in die Wüste zu ziehen. Aber so wurde unsere Familie gerettet.

Wir zogen gleich zu Anfang nach Tel Aviv. Meine Eltern arbeiteten immer, und so verlernte ich zunächst vollkommen mein Deutsch, weil ich nur noch Iwrit sprach. Mit 13 ½ oder 14 Jahren fing ich dann an, bei einer Frau zu arbeiten, die Deutsch sprach. So hörte ich meine Muttersprache wieder und langsam kamen meine Kenntnisse zurück.

Menasche

Am Anfang waren Ruthis Eltern sehr gegen unsere Verbindung. Ruthi lernte bei der Familie Strauss, mit denen ihre Familie bereits in der Zeit in Deutschland befreundet gewesen war, Schneiderin. Die hatten einen Sohn und erhofften sich, dass aus den beiden ein Paar werden würde. Und ich war natürlich keine gute Partie. Es dauerte sehr lange, bis die Eltern von Ruthi mich etwas lieb gewannen. Später akzeptierten sie zumindest, dass wir zusammen waren.

Ruthis Vater sagte damals in der Anfangszeit wohl als Zeichen seines Misstrauens mir gegenüber: »Nur zu deiner Information, ich gebe dir keine Bürgschaft!« Einige Jahre später kam er dann aber zu mir und sagte: »Hör zu, ich gebe dir eine Bürgschaft, falls du sie brauchst.«

GERETTET

Lebenszeichen
Adi

Nach der Befreiung von Louvain blieben wir noch etwa eine Woche lang im Kloster. Dann wurden wir abgeholt und wieder nach Wezembeek gebracht. Von den 99 Wezembeeker Kindern hatten 98 überlebt und kehrten nun nach und nach zurück ins Heim. Nur einer von uns war umgekommen, Felix, der einer der Gruppenleiter gewesen war. Er hatte sich siebzehnjährig in eine Ärztin des Kinderheims verliebt, die damals Ende zwanzig gewesen sein muss. Die beiden waren eines Tages in Richtung Schweiz verschwunden, hatten es aber nicht bis dorthin geschafft. Er wurde, so erfuhr ich später, deportiert und kam um. Ich habe gehört, dass ein Koffer mit seinem Namen auf einem Foto in einer Dokumentation über Auschwitz entdeckt wurde. Die Doctoresse, die seine Geliebte gewesen war, wurde auch verhaftet und in ein Konzentrationslager deportiert, aber sie überlebte. Sie wanderte später nach Israel aus, und ich besuchte sie dort mehrere Male.

Nach unserer Rückkehr nach Wezembeek wurden manche Kinder von Familienmitgliedern, die ebenfalls überlebt hatten, abgeholt. Ich erinnere mich zum Beispiel an einen Jungen, dessen Bruder aus Buchenwald zurückkam. Die meisten von uns hatten jedoch Eltern, Geschwister und oft die meisten anderen Verwandten verloren. Kaum einem Dutzend war das Glück beschieden, mit dem Vater oder der Mutter, oder mit einem Onkel oder einer Tante wiedervereint zu werden. Ich war sehr unglücklich, denn ich hatte niemanden mehr, und ich war auch etwas neidisch auf die, deren Familienmitglieder aus einem Lager oder Versteck kamen, um das Kind abzuholen. Dennoch machte ich natürlich ›gute Miene zum bösen Spiel‹.

Es gab auch Kinder, die nun Briefe von Leuten erhielten, die sie gar nicht kannten. Diese Leute sollten ihre Patenfamilien sein. Mir schrieb eine deutsch-jüdische Familie, die in den USA lebte, die Riesenfelds aus Springfield. Sie schickten mir sogar Geschenke. Besonders erfreuten sie mich mit meinem ersten Fußball. Ich besitze noch einige Teile der Briefe, die sie mir damals schickten.[69] Mein Problem war, dass ich diese auf Deutsch geschriebenen Texte nur mit Ach und Krach verstehen konnte und dass das Zurückschreiben in meiner Muttersprache, die mir vollkommen fremd geworden war, mir noch schwerer fiel. Aber das waren wirklich herzliche Leute, das habe ich nie vergessen. Leider habe ich sie nie persönlich kennen gelernt.

Damals gab es im Kinderheim eine Madame Hilda, die aus Wien stammte und mit mir Deutsch sprach. Ich denke, sie half mir wahrscheinlich auch, die Briefe der Familie Riesenfeld zu verstehen und ihnen zurückzuschreiben. Es gab auch eine andere Frau aus Deutschland, Mademoiselle Brigitte, aber sie mochte nicht mehr Deutsch sprechen und bevorzugte grundsätzlich Französisch.

Nach unserer Rückkehr übernahm vorübergehend eine andere Frau die Heimleitung von Madame Albert. Es war Madame Blumental, eine jüdische Forscherin, die nicht verheiratet war. Sie war sehr streng, die Aufgabe im Heim war wohl zu viel für sie, denn sie blieb nicht lange. Danach kam eine neue Directrice, eine Madame Benjamin. Sie war Kommunistin und hatte den Krieg in Belgien überlebt. Ihr Mann war auch da, ihn habe ich als sehr cholerisch in Erinnerung.

Erst in der Sicherheit der Nachkriegsmonate wurden mir von Madame Albert Postkarten zurückgegeben, die ich während der Kriegszeit an meinen Bruder Georg geschrieben hatte. Wie ich nun herausfand, waren sie nie abgeschickt worden, weil die Directrice einen Brief bekommen hatte, dass Georg deportiert worden war. Ich weiß noch, dass ich Georg damals auf einer Postkarte geschrieben hatte, er sollte mich unbedingt in Wezembeek besuchen kommen, ich wäre so glücklich, wenn ich ihn sehen könnte. Ich erhoffte mir, ihn bei mir behalten zu können. Dann hätte er überlebt.

Nach unserer Rückkehr konnten wir endlich ganz offiziell eine richtige Schule besuchen. Dazu machten wir uns zu Fuß auf den zwanzigminütigen Weg von Wezembeek nach Stockel in Woluwé Saint Lambert, wo unsere französischsprachige Schule war. Der Unterricht fand jeweils für zwei Schuljahre zusammen statt. Ich wurde zu Anfang in die fünfte Klasse eingestuft. Irgendwann während des Jahres übersprang ich dann eine Klasse und wurde in das siebte Schuljahr aufgenommen.

Auf dem Weg von der Schule zurück nach Wezembeek begegneten mein Freund Maurice und ich eines Tages einem Betrunkenen. Wir waren von seinem Auftreten so peinlich berührt, dass wir einander an Ort und Stelle versprachen, nie im Leben zu rauchen, zu trinken oder Karten zu spielen. Daran habe ich mich später immer gehalten.

Irgendwann kamen die Kinder der Rue des Patriotes uns in Wezembeek besuchen. Das war zu einem besonderen Ereignis, vielleicht einer *Bar Mitzwah*, und wir aßen alle gemeinsam in unserem großen Speisesaal. Im April 1945 feierte ich selbst zusammen mit einigen anderen Jungen, darunter auch Maurice, meine *Bar Mitzwah*. Uns wurde dafür beigebracht, aus der *Torah* vorzusingen.

Das Wezembeeker Heim schloss sich einige Monate nach Kriegsende den belgischen Pfadfindern an. Als eine unserer Aktivitäten machten wir einen Zeltausflug nach Brasschaat, kaum acht Kilometer von Moes Heimatort Kapellen entfernt. Wie gerne hätte ich meine Pflegemutter wiedergesehen, aber es kam nicht dazu, was mich sehr traurig machte.

Als Dank für die Befreiung Belgiens wurde am ersten Jahrestag ein großes Konzert organisiert. Gemeinsam mit über zehntausend anderen Kindern zog ich in das große Stadion der Pferderennbahn in Sterrebeek ein und sang lauthals fünf Hymnen zu Ehren der Alliierten. Ich weiß es noch wie heute, es waren die Hymnen der USA, UdSSR und Niederlande sowie Großbritanniens und Frankreichs.

Eines Tages kam ein Berufsberater in unsere Klasse. Er nahm sich für jeden von uns Zeit und fragte uns nach unseren weiteren Plänen. Ich zeigte ihm meine Zeugnisse und sagte, dass ich gerne Feinmechaniker werden würde. Die Idee war mir gekommen, als ich herausfand, dass man für diesen Beruf die Höhere Berufsschule besuchen musste. Diese Vorstellung gefiel mir.

Menasche

Ab 1945 war ich in der *Haganah*[70] aktiv. Ich ging mit einem Freund da hin und schwor den Eid, aber ich wusste nicht, vor wem. Wir mussten eine Parole benutzen. Dann lernte ich langsam die Offiziere kennen, die mich später unterrichteten, im Schießen und in anderen Dingen. In meinem heutigen Wohnort Holon führten wir in den Dünen Übungen durch. Schließlich wurde ich selbst in der *Haganah* zum Ausbilder. Einer meiner Offiziere war später in der Leibgarde der Knesset.

Adi

Eines Tages erhielt ich Besuch von einem jemenitisch-amerikanischen *Sabre*[71], der mich nach den Namen meiner Verwandten in Palästina fragte, denn ich konnte mich daran erinnern, dass es dort Verwandtschaft gab. Doch als Namen konnte ich ihm nur »Onkel Heini« und »Oma« angeben, ansonsten kannte ich nur noch »Papa«, »Mama« und die Namen meiner Brüder. Ich glaubte damals, dass mein Bruder Martin in Haifa lebte, denn die Post, die ich in den belgischen Jahren von ihm erhalten hatte, war dort abgestempelt worden, das hatte sich mir eingeprägt.

Adi nach seiner Rückkehr nach Wezembeek mit
Herrn Schindler, dem Hausmeister des Heims.

Die Kinder des Tiefenbrunner-Heims nach der Befreiung
anlässlich einer Bar Mitzwah zu Besuch in Wezembeek.

Dieser Soldat reiste kurz danach zum Urlaub nach Palästina und arrangierte dort eine Radiodurchsage, in der nach meinen Verwandten gefragt wurde.

Menasche
Noch bevor der Krieg zuende war, hatte ich damit begonnen, an das Rote Kreuz zu schreiben, um herauszufinden, was mit meinen Eltern und Brüdern geschehen war. Nach dem Krieg, zur Mandatszeit, hörte man hier zwölf Stunden am Tag Radio. Es gab zwei besondere Arten von Sendungen. Eine Art war »Wir suchen...«. In der Sendung ging es um Leute, die nach Verwandten in Europa suchten. In der anderen wurden Listen von Leuten vorgelesen, die im Ausland überlebt hatten und in Palästina ihre Verwandten suchten.

Dann kam eines Tages Tante Frimets Tochter Dora zu mir, als ich noch im Jugendheim war. Sie sagte: »Menasche, ich hab' im Radio gehört, man sucht dich in Ramat Gan, weil man jemanden in Belgien gefunden hat.« Ich hatte damals kein Geld für eine Busfahrt, und so lief ich zu Fuß die zehn, elf Kilometer nach Ramat Gan, um herauszufinden, ob es sich bei diesem Jungen um einen meiner Brüder handelte. In Ramat Gan traf ich auf einen Piloten der amerikanischen Armee, der Israeli war, und der sich freiwillig gemeldet hatte, als der Krieg ausbrach. Dann kam er nach Belgien.»Und da besuchte ich ein Waisenhaus«, sagte er mir, »und ein Junge sagte zu mir, er hätte einen Bruder in Israel, aber die Adresse wüsste er nicht.« So fand ich Adi wieder. Ich schickte ihm sofort ein Telegramm.

Mein engster Freund war damals Ernst. In der Mandatszeit wurden Freiwillige mobilisiert, als Rommel in Afrika war. Tausende Leute gingen mit, Männer und Frauen. Als Teil der inoffiziellen Mobilisation gingen andere zur *Palmach*[72] und zur *Haganah*. Ernst ging zur Jüdischen Brigade, die ein Teil des britischen Militärs war.[73] Als ich von Adis Aufenthaltsort erfuhr, schrieb ich sofort an Ernst, der in Europa war, und bat ihn darum, Adi so schnell wie möglich aufzusuchen.

Adi
Am 15. November 1945 hatte ich nach mehr als sechs langen Jahren den ersten Kontakt mit meinem Bruder Martin, der sich nun nur noch Menasche nannte. In einem Telegramm teilte er mir mit, dass er mein Lebenszeichen erhalten hatte und ich bald von seinem besten Freund, einem Soldaten namens Ernst, hören würde.

Wir Kinder wurden in dieser Zeit regelmäßig von alliierten jüdischen Soldaten, und insbesondere von Soldaten der britischen Jüdischen Brigade, besucht. Diese holten uns auch manchmal zu den jüdischen Feiertagen mit Militärlastwagen ab und fuhren mit uns zum Feiern nach Brüssel. Ich weiß noch, dass ich mit ihnen *Chanukka*[74] und *Simchat Torah*[75] feierte. Die Soldaten brachten uns auch hebräische Lieder bei und beschenkten uns.

Ganz besonders ist mir jedoch Menasches Freund Ernst in Erinnerung geblieben. Er war damals, so sagte er mir später, erst neunzehn Jahre alt. Nachdem ich das Telegramm von Menasche erhalten hatte, kam er mich mehrfach besuchen. Ihm verdankte ich nach dem Krieg meine erste Mundharmonika, meine erste Armbanduhr und mein erstes Taschengeld. Das Geld sparte ich und zum Schluss hatte ich 180 belgische Franken zusammen.

Menasche und ich tauschten miteinander Briefe aus, aber meine wurden lange Zeit nicht von mir selbst geschrieben, denn ich sprach ja zunächst gar kein Deutsch mehr und konnte erst recht nicht schreiben. Daher half man mir damit im Heim. Ich meine, Madame Hilda, die mir bereits mit den Briefen an die Familie Riesenfeld geholfen hatte, war diejenige, die auch jetzt meine Briefe an Menasche übersetzte und tippte. Madame Hilda, die damals etwa dreißig Jahre alt war, brachte uns übrigens auch im Garten hinter dem Heim bei, wie man Turnübungen zu Musik machte. Irgendwie hatte sie mich besonders in ihr Herz geschlossen. Später wechselte sie in ein anderes Kinderheim und lernte dort ihren Mann kennen, mit dem sie zwei Kinder bekam.

Um diese Zeit herum hatte ich eine gleichaltrige Freundin, die Alice hieß und in Belgien geboren war. Ihre Eltern stammten aus Polen oder Russland. Dass wir beide uns mochten, war sonst niemandem im Heim bekannt.

Aufbruch

Adi

Meine Jahre in Belgien endeten im Juni 1946, als ich nach Palästina abreiste. Von meiner bevorstehenden Abreise erfuhr ich, als ich eines Tages aus der Schule kam und die Directrice mir aufgeregt verkündete: »Du darfst nach Palästina fahren!« Sie erkärte mir, dass es eine Belohnung für mein gutes Benehmen war. Für mich war Palästina genauso unbekannt wie Kanada. Ich konnte mir darunter nichts vorstellen. Aber ich freute mich doch irgendwie auf mein neues Leben.

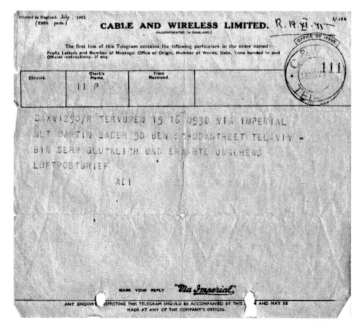

Die ersten Telegramme, die Adi und Menasche austauschten.

Innerhalb weniger Tage wurde mein kleiner Koffer gepackt, und ich wurde nach Brüssel gebracht, wo man mich mit anderen Kindern in einen Zug setzte. Ich glaube, dass mein Onkel Heini meine Einwanderung über seine Verbindungen zur *Sochnut*[76] eingefädelt hatte.

Als ich abreiste, waren immer noch etwa achtzig Kinder im Wezembeeker Heim. Ich hüte noch heute wie einen Schatz das Wörterbuch, das mir einer meiner Lehrer zum Abschied schenkte. Es war für mich sehr schwer, die Wärme des Wezembeeker Heims zu verlassen und somit die Menschen, die wussten und verstanden, was ich während der Nazizeit erlebt hatte.

Menasche

Dass Adi damals innerhalb kurzer Zeit nach Palästina kommen konnte, war zu neunzig Prozent Onkel Heini zu verdanken, weil er in der *Haganah* war. Ich war zwar auch in der *Haganah*, aber es war hauptsächlich Heinis Verdienst.

Onkel Heini war einer der Helden der Haganah. In der Zeit des britischen Mandats wurden von den Engländern Juden als *Gafirim*, einer Art Hilfspolizei, angeworben. In Atlit gab es ein Internierungslager der illegalen jüdischen Einwanderer. Die *Haganah* gab Onkel Heini den Befehl, sich dort bei den Briten zum Dienst zu melden. Und so wurde er als eine Art Wächter eingestellt. Die Leute im Lager sollten bei Nacht befreit werden. Aber es gab außer jüdischen *Gafirim* auch arabische, die ebenfalls Waffen hatten. Onkel Heini manipulierte ihre Gewehre so, dass damit nicht mehr geschossen werden konnte. Als die Insassen des Lagers dann ausbrachen, konnten sie fliehen, ohne Gefahr zu laufen, dass irgendjemand auf sie schießen würde. Jeder kannte diese Geschichte, auch wenn damals offiziell niemand davon sprach. Allerdings gab es vierzig Jahre später einen Artikel darüber in der Zeitung. Im allgemeinen sprach man damals natürlich nicht über solche Dinge.

Adi

Mein Wezembeeker Freund Bernhard, den die Directrice damals frühzeitig in ein Versteck geschickt hatte, war zuletzt in einem Kinderheim in der Chaussée de Fleurgaert untergebracht gewesen. Nun traf ich wieder auf ihn, als wir zu zweit nach Marseille reisten. Dort übernachteten wir unbeaufsichtigt in einem Hotel und mussten auch am nächsten Tag alleine den Weg zu dem Schiff finden, mit dem wir nach Haifa gelangten. Das Schiff hieß »Cairo«, war ein 120-Tonner und hatte eine griechische Besatzung. Es gab etwa 125 Passagiere. Bernhard und ich reisten gemeinsam mit vier Jungen, die die Konzentrationslager überlebt hatten.

Am 22. Juni 1946 trafen wir in Haifa ein. Zunächst wurden wir für zwei oder drei Tage in einer Herberge untergebracht. Dann wurden wir sechs in den Kibbuz Shefayim gebracht und einer Gruppe von Jugendlichen zugeteilt. Der Kibbuz befand sich ungefähr fünfzehn Kilometer nördlich von Tel Aviv und lag direkt am Mittelmeer. Insgesamt gab es etwa vierzig überlebende Kinder in diesem Kibbuz. Manche waren, wie ich, versteckt gewesen, andere hatten Konzentrationslager überlebt. Es war der erste Versuch, die Kinder des Holocaust in die Gesellschaft zu integrieren. Um uns kümmerten sich ein Lehrer und ein paar Frauen. Unser Gruppenleiter war ein *Sabre*. Wir verbrachten unsere Tage mit einigen Stunden *Iwrit*-Unterricht und danach einigen Stunden im Gemüsefeld, wo wir Tomaten, Bananen, Trauben und Gurken pflückten. Diese Feldarbeit ist mir als recht anstrengend in Erinnerung geblieben. Mit ein paar Kindern aus dieser Zeit stehe ich heute immer noch in Kontakt.

Wir waren eine bunte Mischung aus verschiedensten Ländern. Es gab unter uns Kinder aus Belgien, Frankreich, Bulgarien, Polen, der Tschechoslowakei, der Ukraine und aus Ägypten. Manche Jugendliche erkannte ich von der Überfahrt nach Palästina wieder. Ich traf im Kibbuz auch nach kurzer Zeit auf Alice, meine Freundin aus Wezembeeker Zeiten. Zu meinem Erstaunen erzählte sie mir, dass nach meiner Abreise Tante Tonis Tochter Aidy nach Brüssel gekommen war, um mich in die Schweiz mitzunehmen. Ich weinte damals sehr, als ich davon erfuhr. Ich nage noch heute an dieser »verpassten Zukunft«. Später wurden Alice und ihre Schwester Rachel von einer Familie in Kanada aufgenommen. Wir hielten noch über mehrere Jahre den Kontakt zueinander und, ich plante sogar, nach Kanada auszuwandern, um mit Alice zusammen zu sein. Aber es kam nicht dazu, und sie heiratete einige Jahre danach einen Anderen. Viele Jahre später hörte ich nach langer Zeit zum ersten Mal wieder von ihr, als sie von Brüssel aus anrief, wo sie sich während einer Reise nach Skandinavien aufhielt.

Ich hatte auch lange Zeit daran zu ›knacken‹, mich in Palästina einem Vormund unterstellen zu müssen und nicht mehr frei zu sein. Selbst im Kinderheim in Belgien hatte ich, so erschien es mir, mehr Freiheiten gehabt als in meinem neuen Leben in Palästina. In Belgien hatte ich zu Fußballspielen nach Brüssel fahren dürfen, hatte mir Filme im Kino angeschaut, auch wenn ich sehr wenig Taschengeld hatte. Hier gab es diese Möglichkeiten für mich nicht.

Kurze Zeit nach meinem Eintreffen im Kibbuz schrieb ich einen Brief an meinen Bruder Menasche, um ihm Bescheid zu geben, dass ich nun in Palästina angekommen war. Bald danach kam er und verbrachte mehrere Tage mit mir. Er führte mich herum and stellte mich seinen Freunden und Bekannten vor. Auch meine Oma Golda sowie Onkel Hermann und Onkel Heini und ihre Familien traf ich in dieser Zeit erstmals wieder. Doch meine Verwandten waren für mich zunächst wie Fremde, selbst mein eigener Bruder Menasche war für mich am Anfang meiner Zeit in Palästina wie ein Unbekannter.

Menasche

Paula Kalmanns Bruder kam 1945 oder 1946 nach Tel Aviv und brachte mir den Schmuck meiner Eltern, den sie in Amerika aufbewahrt hatte. Er kam aus Australien und sagte mir, er wäre zwei Monate lang unterwegs gewesen. Ich konnte ihm die Schmuckstücke ganz genau beschreiben. Beispielsweise, dass die Uhr drei Deckel hatte und dass die Goldkette an einer Stelle gelötet war, aber nicht mit Gold, weil das damals schon nicht mehr ging.

Ich ließ meine Großmutter Golda von Ein Harod nach Tel Aviv kommen und sie in den dritten Stock auf das Dach steigen, wo ich damals wohnte. Dort sagte ich zu ihr: »Hier, das ist das Erbe meines Vaters. Ich möchte das mit meinem Bruder teilen.« Und sie sagte: »Du bist der Älteste, such du dir zuerst aus, was du haben möchtest.« Aber ich erwiderte: »Nein, er soll zuerst aussuchen.« Und so teilte ich das Erbe. Aus der Uhrkette meines Großvaters Leopold ließ ich meiner Frau ein Armband herstellen.

Paula selbst kam mich auch noch irgendwann in Israel besuchen. Sie erschien plötzlich bei mir in der Tischlerei, eine große Frau in einem hellen Kleid und mit einem großen Hut. Wir weinten und umarmten und küssten uns, ich kannte sie ja aus der Kindheit.

Als mein Vater den Schmuck und die anderen Sachen ins Ausland geschickt hatte, war er davon ausgegangen, dass er später für die entstandenen Kosten aufkommen würde. Dann brach der Krieg aus. Adi schickte nach dem Krieg einer Frau Gola in Belgien, bei der sich Kisten von meinem Vater befinden sollten, einen Brief. Ihre Antwort machte deutlich, dass sein *chuzpaiöses*[77] Schreiben sie sehr verärgert hatte. Denn sie meinte, er hätte ihr unterstellt, sie hätte die Sachen unterschlagen. Ich glaube der Kontakt zu ihr kam ursprünglich zustande, weil mein Onkel Max während seiner Zeit in Belgien bei ihr gewohnt hatte. Ich konnte sie dann mit einem freundlichen Antwortschreiben beschwichtigen.

Adi

Es war meine Großmutter Golda, die mir nach meiner Ankunft in Palästina eines Tages versehentlich eröffnete, dass Regine gar nicht meine leibliche Mutter, sondern meine Tante und Stiefmutter gewesen war. Sie sagte zu mir: »Dein Vater hat mir zwei Töchter genommen!« Sie schien damals zu glauben, dass ich das nicht wirklich verstehen würde, aber ich reimte mir zusammen, was es bedeutete. Geschieden war mein Vater ja nicht gewesen, also musste sich etwas anderes zugetragen haben. So verstand ich, dass die erste Frau gestorben sein musste, und fand später heraus, dass dies kurze Zeit nach meiner Geburt passiert war.

Zu meinem allgemeinen Unwohlsein in Palästina trug bei, dass ich bei meiner Ankunft im Kibbuz kein *Iwrit* verstand, sondern nur die auswendig gelernten, hebräischen Psalme aufsagen konnte. Aus meiner Sicht war ich ein ziemlicher ›Spätzünder‹, was *Iwrit* betraf. Mir fehlte einfach der richtige Anhaltspunkt, um der Sprache mächtig zu werden. Aber wie ich mich fühlte, das konnte ich mit niemandem besprechen. So dauerte es lange, bis ich mich klar artikulieren konnte. Noch dazu sprachen wir Kinder aus Belgien weiterhin untereinander Französisch, mit manchen sprach ich auch Jiddisch. Und mit Menasche verständigte ich mich zunächst nur auf Deutsch.

Im Kibbuz teilte ich mir mit vier anderen Kindern das Zimmer, darunter auch Bernhard, mit dem ich ja seit Wezembeek befreundet und gemeinsam nach Palästina gekommen war. Was uns zusammenhielt, war, dass wir beide recht unglücklich waren. Gleichzeitig ärgerte ich mich manchmal über ihn, weil er recht knauserig sein konnte. So bekamen wir Kinder beispielsweise alle regelmäßig eine bestimmte Anzahl Briefmarken, damit wir mit unseren Verwandten und Anderen den Kontakt aufrecht erhalten konnten. Bernhard, der niemanden hatte, dem er hätte schreiben können, verschenkte seine Briefmarken nie, sondern verkaufte sie an andere Kinder. Das fand ich einfach nicht in Ordnung.

Eine meiner schönen Erinnerungen an die Zeit im Kibbuz ist die damals entstehende Freundschaft mit Chana, die aus Bulgarien kam. Aber wir waren natürlich noch sehr jung, und noch dazu fühlte ich mich als unfertiger Mensch. Ich hatte ihr ja nichts zu bieten, konnte nicht daran denken, eine Familie zu gründen. Chana war nach dem Krieg mit der Jugendalijah nach Palästina gekommen. Ihr Vater und ihre Stiefmutter lebten in Haifa. Vielleicht war dies ein Aspekt an ihr, der mich anzog, nämlich die Hoffnung, irgendwie einen familiären Rahmen zu finden.

Ich freundete mich damals auch sehr mit Abraham an, der aus Belgien stammte. Später wollte ich ihm das Rauchen abgewöhnen, und darüber zerstritten wir uns dann so sehr, dass unsere Freundschaft es nicht überstand. Außerdem fand ich es auch schwierig, mir Bernhard mit Abraham zu ›teilen‹. Ich glaube rückblickend, dass die beiden vielleicht eine bessere ›spirituelle‹ Verbindung zueinander hatten als Bernhard und ich. Vor einigen Jahren hatte ich wieder mit Abraham Kontakt, der nun in Amerika lebt und sehr wohlhabend ist.

Ich hatte von Anfang an das Empfinden, gegen meinen Willen in Palästina gelandet zu sein, und wollte immer nach Belgien zurückkehren. Auch mein Aufenthalt im Kibbuz war gegen meinen Willen zustande gekommen, und ich fühlte mich einfach nicht wohl dort. Dennoch verbrachte ich fast anderthalb Jahre dort. Umso mehr freute es mich, als Menasche mich eines Tages im November 1947, nach siebzehn Monaten im Kibbuz, abholte, um mich zu sich nach Tel Aviv mitzunehmen. Er schien stolz darauf zu sein, mich da zu haben, und nahm mich überall hin mit, stellte mich seinen Freunden vor, auch seiner Freundin Ruthi, die später seine Frau wurde.

Ruthi

Menasche arbeitete damals sehr viel und war oft nicht zuhause, aber ich arbeitete von zuhause aus als Schneiderin. Adi war wie ein Bruder für mich, als er nach Palästina kam. Ich hatte nie einen Bruder gehabt, und er war für mich alles, was ein Bruder mir bedeutet hätte.

Adi

Menasche nahm mich auch mit zu Ruthis Eltern, und ich lernte die ganze Familie kennen. Ruthi hatte noch zwei Schwestern, Miriam und Chava. Insgesamt wurde ich von der Familie sehr herzlich aufgenommen. Als Menasche und Ruthi vorübergehend zu den Eltern zogen, kamen Chava und ich uns etwas näher, aber es wurde nichts Ernsteres daraus.

Menasche

Adi nannte Ruthi damals sogar *Ischti*, das bedeutet: meine Frau. Als er nach Palästina kam, hatte ich so wenig Geld, dass ich nicht genug zu essen hatte. Aber ich kaufte ihm mit dem Wenigen, das

Adi und Menasche in Palästina, kurze Zeit nach Adis Eintreffen dort.

Ernst, Menasches bester Freund, als Soldat der jüdischen Brigade.

Adi und Chana im Kibbuz.

ich hatte, Kleidung, die ich mir für mich selbst nicht leistete. Ein Hemd, eine Hose, ein Jackett – damit stattete ich ihn aus, während ich selbst so etwas nicht besaß.

Ab 1947 wussten wir, dass es zu einem Krieg kommen würde. Ich wurde aufgefordert, an einem dreimonatigen Kurs für Unteroffiziere in Ben Schemen teilzunehmen. Wir wurden in dieser Zeit besser ausgebildet als die Offiziere in der britischen Armee. Eines Tages wurden wir von einer britischen Patrouille verhaftet und nach Lod zur Polizei gebracht. Die britischen Soldaten ritten, und wir mussten die sechs Kilometer zur Polizeiwache zu Fuß gehen. Wir sagten den Soldaten, wir wären bei der *Histadrut*,[78] der Jugendbewegung, und auf der Suche nach einer günstigen Stelle für unser Zeltlager zu *Chanukka*. Auf dem Weg sangen wir laut auf *Iwrit* und zwar mit Worten, aus denen für alle, die uns verstehen konnten, klar wurde, dass man uns verhaftet hatte. Nachdem wir der Polizei vorgeführt worden waren, wurden wir freigelassen mit dem Befehl, dass wir uns am nächsten Morgen um acht Uhr dort wieder zu melden hätten. So wollten die Polizisten sehen, ob wir andere Kleidung tragen würden. Am nächsten Tag gingen wir erneut dorthin, ungewaschen und in derselben Kleidung. Wir wurden von einem Sergeant Major Kelly verhört. Einer nach dem anderen wurden wir zu ihm hereingerufen. Als ich an der Reihe war, sagte Kelly zu mir: »Ich weiß, dass ihr zur *Haganah* gehört. Das spielt keine Rolle.« Dann erschien aus Haifa Aaron Hacohen, das war der Oberste in der *Histadrut*, und wir wurden alle freigelassen, obwohl klar war, dass wir alle von der *Haganah* waren. In der Zeitung stand kurz danach, dass eine Gruppe von Jugendlichen der *Histadrut* verhaftet worden war. Dieser Kelly wusste ganz genau, wer wir waren, aber er war damals auf der Suche nach Leuten der *Etzel*[79] und *Lechi*[80], da waren wir für ihn vergleichsweise uninteressant.

Jeder von uns Kursteilnehmern hatte übrigens die Aufgabe, einen Verteidigungsplan für das Dorf Ben Shemen zu erarbeiten. Das war ein Jugenddorf, das dann tatsächlich auch nach unseren Vorschlägen verteidigt und nie eingenommen wurde. Der Leiter unseres Kurses war später einer der größten Atomforscher Israels, er war ein strategisches Genie. Der Kurs selbst, der intensivste für diesen Rang in der *Haganah*, war nach Panpilov benannt, einem General der russischen Partisanenkämpfer.

Auch meine spätere Frau Ruthi war in der *Haganah*. Eines Tages erhielten wir beide den Befehl, für die folgenden vierzehn Tage in einem bestimmten Café in der Innenstadt von Tel Aviv aufzupassen, damit es, falls die Engländer angreifen würden, verteidigt würde. Das Café gehörte Ruthis Vater! Und der wunderte sich damals sehr, dass wir beide so brav zwei Wochen lang in seinem Café saßen und nirgends hingingen. Wir durften ihm natürlich nichts erzählen. Später stellte sich dann heraus, dass Ruthis Vater selbst auch in der *Haganah* gewesen war, aber das wussten wir damals nicht. Und in seinem Kühlschrank waren illegale Waffen verstaut gewesen. Deswegen waren wir dort stationiert worden, wir verteidigten die Waffen!

Unabhängigkeit
Adi

Menasche hatte meinen Einzug wirklich gut vorbereitet. Er versorgte mich mit allem, was ich brauchte, kaufte mir auch Kleidung, ein Hemd, eine Hose. Er hatte mir sogar bereits einen Arbeitsplatz in der Autowerkstatt »Ben Yehuda« besorgt, die deutschen Juden gehörte. Es gab etwa fünf Leute, die in der Werkstatt arbeiteten. Ein halbes Jahr lang war ich dort der Stift von Chaim, der aus Rumänien stammte. Der Umgang mit ihm frustierte mich sehr, denn er wechselte in den ersten drei, vier Monaten kaum ein Wort mit mir.

Dann erschien eines Tages Onkel Hermann in meiner Arbeitsstätte und fand mich dort »pottschmutzig« vor. Er verkündete mir, dass er eine neue Anstellung für mich gefunden hatte und zwar als Feinschlosserlehrling beim Schlüsselfeinmechaniker Wohlstätter. Kurze Zeit später begann ich dort meine Lehre.

Menasche

Ich hatte Adi einen Arbeitsplatz am Ende der Ben Yehuda Straße besorgt. Da arbeitete er in einer Garage. Für mich war es wichtig, dass er einen Beruf lernte, ich wusste ja nicht, was vielleicht mit mir passieren würde. Als Onkel Hermann hörte, dass Adi in der Garage arbeitete, wollte er seinem Freund, dem Wohlstätter, einen Gefallen tun, indem er ihm einen guten Lehrling gab. Adi wechselte dann dorthin und kleidete sich dort so, wie ich mich nur zu einem besonderen Anlass anzog, denn er trug einen weißen Kittel. Er verdiente zu der Zeit mehr als ich!

Adi

Wiederum hatte ich es mit einem Chef zu tun, der nie mit mir sprach und mir selten erklärte, was ich zu tun hatte. Die einzigen Leute, mit denen dieser Herr Wohlstätter gerne kommunizierte, waren seine ungarischen Landsleute. Mit allen anderen beließ er es bei einem Minimum an Unterhaltung. Ich litt sehr unter dieser

Situation. Herr Wohlstätters strenge Art erinnerte mich auch an die meines Vaters. Andererseits war mein Lohn ausgesprochen gut, ich verdiente wirklich ein ›Schweinegeld‹. Zwei Jahre lang absolvierte ich meine Feinschlosserlehre, allerdings ohne Berufsschule. Als Herr Wohlstätter sich entschloss, den Betrieb an eine andere Adresse zu verlegen, setzte ich mich so sehr beim Umzug ein, dass er mir danach als Dankeschön einen schicken Anzug schenken wollte. Ich fragte Menasche, wo ich denn einen solchen Anzug besorgen könnte. Ich hatte überhaupt keinen Geschmack, was Kleidung betraf, aber Menasche kannte sich aus. Er schickte mich zum Oberbekleidungsgeschäft Goldmann, das in Tel Aviv sehr bekannt war.

Ich hatte damals in Israel drei oder vier gute Freunde, die noch aus meiner Wezembeeker Zeit stammten. Uns allen waren die Jahre in Wezembeek gemein, und die daraus entstandene Vertrautheit verband uns für immer. Diese Freundschaften hatten ganz unterschiedliche Schwerpunkte. Mit dem einen sprach ich viel über seine Probleme. Mit einem anderen sprach ich oft über unsere Directrice, Madame Blum-Albert, und wie gütig sie gewesen war, welche Sorgen sie gehabt hatte. Mit einem dritten Freund sprach ich eher über seine Arbeit im Weizmann-Institut.[81] Er nutzte diese Gespräche als Inspiration für seine Erfindungen.

Eine Freundin aus meiner Kinderheim-Zeit war Edith, mit der ich mich damals um unsere kleine Bibliothek gekümmert hatte. Auch mit ihr hielt ich in Israel weiterhin Kontakt. Sie war nun verheiratet und hatte Kinder. Leider war sie sehr unglücklich mit ihrem Leben und verdammte ihre Mutter regelrecht dafür, jemals geboren worden zu sein, da sie so viel Leid hatte ertragen müssen. Mit einem anderen Mädchen, Georgette, hatte ich eine noch engere Freundschaft. Man hatte uns mal gesagt, wir sähen wie Schwester und Bruder aus, und das hatte eine besondere Bindung zwischen uns erzeugt.

Einige Zeit nachdem ich in Palästina eingetroffen war, kam 1948 auch Maurice, mein bester Freund aus belgischen Zeiten, ins Land. Es war für mich ein schwerer Verlust, als er wenige Monate nach seiner Ankunft im Unabhängigkeitskrieg fiel. Ich erfuhr davon durch einen Brief vom Militär. Er hatte mich wohl als seine Kontaktperson angegeben. Maurice hatte sich, so fand ich nach seinem Tod heraus, von Belgien aus als Freiwilliger zum israelischen Militär gemeldet. Ich selbst hatte ihn während seiner kurzen Zeit in Israel nicht sehen können, und so bleibt mir nur die Erinnerung an unsere gemeinsame Jugend. Maurice' Schwester Sara

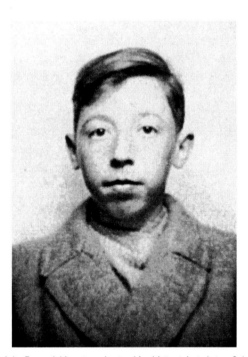

Adis Freund Maurice, der im Unabhängigkeitskrieg fiel.

Adi mit Bella während seiner Zeit im Militär.

Adi mit Bernhard (rechts) und Abraham (Mitte), ca. 1955.

lebt heute noch in den USA. Manchmal sprechen wir am Telefon miteinander.

Menasche

Während der Kriegszeit 1948 war ich zunächst Ausbilder. Später ging ich an die Südfront. Ich hatte den Rang eines Sergeant Major. Der Kommandant des Camps, in dem ich damals nach der Mobilisierung war, ließ zu, dass Adi dorthin zum Essen kommen durfte, als ich ihm erklärte, dass ich sonst nicht wusste, wie ich ihn, ohne zu arbeiten, ernähren sollte.

Eine meiner wichtigsten Aufgaben in der Kriegszeit war es, mit anderen zusammen vor der Attrappe eines Panzerwagens herzulaufen, um sicherzustellen, dass er nicht durch eine Mine in die Luft gesprengt würde. Da waren Menschenleben weniger wert als dieses vorgetäuschte Militärfahrzeug!

Ruthi und ich heirateten 1948, während des Krieges. Sie war damals Offizierin. Natürlich starben auch Freunde von uns im Krieg. Ich kämpfte übrigens in den Kriegen von 1948, 1956 und 1967.

Ruthi

Damals gab es gar nichts bei uns. Die Engländer hatten 1948 gerade das Land verlassen. Da gab es nur auf Punkte etwas, zum Beispiel einmal pro Woche Fleisch auf Punkte.

Aber wenn man heiratete, dann konnte man sich einen Anzug kaufen. Seinen hat Menasche später nie wieder angehabt. Wer trägt in Israel schon einen Anzug? Er bewahrte ihn dennoch viele Jahre lang auf.

Menasche

Es dauerte lange und kostete Ruthi und mich sehr viel Mühe und endlose Arbeit, bis wir uns endlich etwas leisten konnten. Da fällt mir die Schweizer Verwandtschaft ein und ein Spruch, von dem ich aber nicht weiß, woher ich ihn habe: »Auf die Schweizer kann man sich nicht verlassen!« Ich hatte damals die Einstellung, dass unsere Verwandtschaft in der Schweiz während der Nazizeit mehr für unsere Familie hätte tun können. Nach dem Krieg war ich daher zunächst nicht besonders an Kontakt mit ihnen interessiert. Doch was wahr ist, ist wahr, Tante Toni hatte während des Kriegs einige Verwandte in der Schweiz unterstützt.

Ich mied dennoch lange den Kontakt mit der Schweizer Verwandtschaft. Denn nachdem Adi nach Palästina gekommen und der Krieg ausgebrochen war, schrieb ich Tante Toni einen Brief.

Darin erklärte ich ihr, dass Adi nun bei mir wohnte, ich aber nicht zuhause bleiben konnte, da ich bereits mobilisiert worden war. Da ich nicht wusste, was der nächste Tag bringen würde, hatte ich eine Bitte an sie, so schrieb ich ihr. Ich bat sie, dass sie mir eine Summe zur Verfügung stellen sollte, damit Adi davon leben und einen Beruf erlernen konnte. Ich schrieb ihr auch, dass ich, solange ich lebte, für dieses Geld bürgen würde. Das war im Oktober oder November 1947. Ich erhielt keine Antwort auf meinen Brief.

Als ich 1948 irgendwann Urlaub vom Militär hatte, fand ich zuhause einen Brief der Barclays Bank vor, worin stand, dass ich kommen sollte, es wäre Geld für mich da. Als ich in der Bank eintraf, bot man mir dort fünf Schweizer Franken an. Da sagte ich: »Schicken Sie das Geld zurück!« Einen derart lächerlichen Betrag empfand ich als Beleidigung. Dabei hatte mein Vater für den Reichtum, den Tante Tonis Mann Bernard sich erwarb, das Startkapital gegeben! Denn er hatte ihm geholfen, Kristallwaren, die in der Schweiz viel Geld wert waren, dorthin zu schmuggeln. Diese Geschichte hat Toni mir selbst irgendwann mal erzählt.

Adi

Nach meiner Lehre bei Herrn Wohlstätter verbrachte ich zwei Jahre beim Militär, kehrte aber zu ihm zurück, nachdem ich meine Wehrpflicht abgeleistet hatte. Insgesamt arbeitete ich acht Jahre lang für ihn.

Als mir damals erstmals bevorstand, zum Militär eingezogen zu werden, änderte Menasche übrigens auf offiziellen Dokumenten mein Alter, damit es so aussah, als wäre ich erst siebzehn, nicht bereits achtzehn Jahre alt. Dadurch wurde ich erst im März 1950 eingezogen. Menasche war der Meinung, dass es genügte, wenn sich einer von uns gefährdete. Denn er war ja erst im Untergrund gewesen und hatte dann 1948 den Krieg durchstanden.

Zuerst war ich drei oder vier Monate lang in der Rekruten-Ausbildung. Während meiner Zeit beim Militär lernte ich meine erste feste Freundin, Bella, kennen. Ich war jung, kaum 19 Jahre alt, und recht unerfahren. Sie kannte sich schon besser aus, wovon ich durchaus profitierte. Bella und ich dienten in derselben Einheit der Luftwaffe. Sie war in der Bekleidungsabteilung, ich in der Abteilung für Fahrzeuge und Proviant.

Beim Militär machte ich den Lastwagen-Führerschein. Ich liebte es, mit so einem Lastwagen herumzufahren, das würde ich heute noch gerne machen. Damit zu fahren macht viel mehr Spaß als mit einem normalen Auto. Man sitzt da oben und hat so eine phantastische Übersicht.

Einmal waren wir etwa zehn oder vierzehn Tage lang in Beerschebah und hüteten dort einen kleinen Flughafen, etwa zehn Kilometer außerhalb der Stadt gelegen. Eines Tages fuhr ich mit drei anderen nach Beerschebah rein und hielt irgendwo an einer Milchbar. Von Restbeständen, die auf dem Lastwagen waren, nahmen wir etwas Butter für unsere Brote mit. Wir aßen und tranken und stiegen wieder in den Lastwagen. Dann fuhren wir Richtung Tel Aviv los. An der Stadtgrenze von Beerschebah wurden wir plötzlich von der Militärpolizei angehalten. Ich wurde festgenommen und wusste nicht, warum. Im Hauptquartier der Luftwaffe, etwa dreißig, vierzig Kilometer entfernt, wurde ich in eine Zelle gesperrt.

Am nächsten Tag wurde ich zum Verhör geholt. Ich war mir keiner Schuld bewusst. Natürlich machte ich mir Gedanken, ob ich alles vom Flugfeld geräumt hatte, ob ich etwas anderes falsch gemacht hatte. Ich wurde nun gefragt, was ich in der Milchbar in Beerschebah gemacht hätte. Wahrheitsgemäß antwortete ich:»Wir sind da essen gegangen.« Doch ich wurde weiter ausgequetscht: »Was haben Sie da zurückgelassen?« Das verstand ich nicht. Wir hatten doch einfach nur Brote gegessen. Wie sich schließlich herausstellte, standen wir unter dem Verdacht, in der Milchbar Bestände der Luftwaffe verkauft zu haben. Gegen eine Kaution von 45 israelischen Pfund, die Menasche für mich aufbrachte, wurde ich freigelassen. Er musste sicherlich auch für mich bürgen.

Während der Militärzeit hatten wir Soldaten meistens am Wochenende frei. Mit meinem Lastwagen fuhr ich oft andere Soldaten nachhause. Bei dieser Gelegenheit begleitete mich Bella manchmal nach Haifa, wo wir ihre Schwester besuchten, die dort mit ihrem Mann und erstem Kind lebte. Beide Schwestern waren Überlebende eines Konzentrationslagers, ich glaube, es war Buchenwald. Sie hatten diese eintätowierten Nummern auf ihren Armen, aber ich bin mir nicht mehr sicher, ob sie mit»A« oder»B« anfingen. Sie kamen ursprünglich aus Polen.

Ich war etwa anderthalb Jahre mit Bella zusammen. Als die Militärzeit vorbei war, trennten wir uns. Kurze Zeit später begann sie eine Beziehung mit einem Vetter, den sie auch heiratete und mit dem sie vier Kinder bekam. Ein paarmal besuchte sie mich noch in Tel Aviv. Ich war danach jahrelang vollkommen in diese Familie integriert und war bei allen Feierlichkeiten eingeladen, beispielsweise bei der Hochzeit ihrer Kinder.

Verloren

Rückkehr
Adi

1956 kehrte ich erstmals nach Europa zurück, nachdem ich von Moe einen Einladungsbrief erhalten hatte, durch den ich ein Visum ausgestellt bekam. Als ich Herrn Wohlstätter von meinen Reiseplänen erzählte, reagierte dieser mit einem barschen: »Dann kannst du sofort abhauen!« Er selbst hatte interessanterweise zuvor drei Monate in Europa verbracht und dort unter anderem auch Moe einen Besuch abgestattet.

Anfang Oktober traf ich einen Tag vor Beginn der Suezkrise[82] per Flugzeug in der Schweiz ein. Vor meiner Abreise hatte ich in Israel bei jemandem Geld eingezahlt, das mir in der Schweiz von einer anderen Person ausgezahlt wurde. Im Hotel »Le Bon Soleil« in Genf verbrachte ich meine erste Nacht.

Am nächsten Tag rief ich Tante Toni an. Als sie begriff, dass sie mit ihrem Neffen Adi sprach, war sie sehr aufgeregt und lud mich sofort zu sich ein. Ich erinnere mich noch, dass Tonis Mann Bernard empört war, dass mein Zug mit einer Minute Verspätung in Lausanne eintraf. Bernard war Handelsvertreter für ein Unternehmen, das Hotels und Gaststätten mit Wäsche ausstattete, die mit Monogrammen versehen war. Auch zu Aussteuerzwecken wurden diese Waren gekauft.

Ich verbrachte zunächst vier oder fünf Wochen bei Tante Toni und Onkel Bernard und lernte auch den Rest der Familie kennen. Es war unser erstes Wiedersehen, seitdem ich sie als Kleinkind bei einem Besuch mit meiner Stiefmutter gesehen hatte. Tante Toni hatte sich mit Mann und Kindern die gesamte Dauer des Krieges in der Schweiz aufgehalten.

Menasche

Adi verkündete 1956, er würde nach Deutschland fahren, um unsere Eltern und Brüder zu suchen. Aber eigentlich hatte ihm meiner Meinung nach ein Freund den Kopf verdreht, damit er mit ihm nach Deutschland fuhr.

Dann stellte sich heraus, dass Adi über Genf reisen würde. Das war also genau gegenüber von Lausanne, auf der anderen Seite vom See, wo unsere Tante Toni mit ihrer Familie wohnte. Es war ein Prinzip von mir, dass Adi nichts damit zu tun hatte, dass ich mit dieser Familie keinen Kontakt mehr haben wollte. Also sagte ich zu ihm: »Hör zu, wenn du nach Genf kommst, dann ruf in Lausanne an. Und wenn Tante Toni ans Telefon kommt, sie kennt dich ja nicht, dann sag ihr, du bist ein guter Freund vom Adi Bader und sollst ihr nur Grüße von ihm bestellen. Falls sie dann interessiert ist, dann wird sie sicherlich sagen, dass du sie besuchen sollst.« Und so kam es dann auch. Er rief sie an und sagte, er wäre auf der Durchreise und sollte viele Grüße von seinem Freund Adi bestellen. Tante Toni sagte daraufhin, er müsse unbedingt nach Lausanne kommen.

Am Bahnhof erkannte sie Adi dann und sagte kopfschüttelnd über seinen kleinen Streich:»Das ist Menasches Kopf!« Dann war er einige Zeit lang bei Toni, ich weiß nicht wie lange, vielleicht einige Monate.

Adi

Als ich Belgien 1946 verließ, wusste ich nicht wirklich, was mit meinen Eltern und meinem kleinen Bruder Kurt geschehen war. Später war dann klar, dass sie nicht überlebt hatten, aber genauere Details hatte ich zunächst nicht.

Später, nach meiner Rückkehr nach Köln, wandte sich eine Frau Baum an mich und teilte mir mit, dass sie meinen Vater noch im Müngersdorfer Sammellager besucht hätte. Sie hätte auch gesehen, wie er zuvor vor der Rheinlandloge in der Cäcilienstraße auf einen Deportationslaster gestiegen war. Er hätte dabei gesungen:»Ich möch zo Foß noh Kölle jonn.«[83] Frau Baum war mit einem Juden verheiratet, der sich während des Holocaust mit der gemeinsamen Tochter in der Eifel versteckt hatte. Sie sagte, Menasche hätte als Kind mit ihrer Tochter gespielt. Als Dankeschön für ihre Unterstützung hatte mein Vater ihr zum Abschied eine Brosche gegeben. Diese wollte sie mir nun zurückgeben, doch ich verzichtete darauf.

Irgendwann erfuhr ich dann, dass meine Eltern und Kurt am 20. Juli 1942 mit dem Transport VI von Deutz-Tief nach Minsk »evakuiert«[84] worden waren. Als ihre letzte Adresse war offiziell »Caecilienstr 18-22«[85] verzeichnet.[86] Noch genauere Angaben über die Umstände ihres Todes fand ich erst 2008 heraus, nachdem einer meiner Söhne in Minsk ein Archiv besucht hatte. Verwirrenderweise erhielt ich 1957 von der Jüdischen Gemeinde Köln zunächst eine Bestätigung über die Deportation der drei nach Theresienstadt am 15. Juni 1942.[87] Die Gemeinde bezog sich dabei auf eine ihr vorliegende Deportationsliste.[88] Es ist nun klar, dass es sich hierbei um falsche Angaben handelte.

Mir ist auch in Erinnerung, dass ich irgendwann hörte, meine Eltern hätten mit Kurt noch einen Versuch unternommen, über die grüne Grenze nach Belgien zu fliehen. Am Fluss, den sie hierzu hätten überqueren müssen, hätten meine Eltern sich jedoch geweigert, Kurt vorübergehend den Menschenschmugglern zu überlassen, während sie selbst sich auf den Weg an das andere Ufer machen sollten. Daraufhin wären sie nach Köln zurückgekehrt. Ich weiß aber nicht mehr, wer mir davon berichtete.

Menasche

Mein Vater hatte Ende der 30er Jahre noch gehofft, dass ihm mit meiner Mutter und Kurt die Flucht nach Belgien gelingen könnte, aber sie schafften es nicht mehr. Die letzte mir bekannte Adresse meiner Eltern war in der Cäcilienstraße. Später erfuhr ich, dass dorthin viele Juden ziehen mussten. Es handelte sich um ein Gebäude der Jüdischen Gemeinde. Ich besitze noch einen letzten Brief, den meine Eltern mir im Januar 1940 nach Palästina schickten. Ich habe diesen Brief kürzlich nach mehreren Jahrzehnten erstmals wieder gelesen. Ich konnte ihn mir lange nicht anschauen, weil ich nicht wusste, ob ich es verkraften würde. Der Inhalt ist ganz außergewöhnlich, besonders die Dinge, die mein Vater mir darin mit auf den Weg gab. So viele Gefühle zum Ausdruck zu bringen, das war für die damalige Zeit etwas ganz Besonderes, Eltern sprachen damals nie so mit ihren Kindern.

Ich hatte später nie das Bedürfnis, die genauen Details über die letzten Tage meiner Eltern und Brüder herauszufinden, das bereitet mir nur Herzschmerzen. Ob sie an dem einen oder dem anderen Datum ermordet wurden, das macht für mich keinen Unterschied. Niemand kann sich heute noch ein Bild davon machen, wer meine Eltern waren, das versteht keiner.

Adi

Ich habe lange Zeit gehofft, dass ich meinen Bruder Georg noch finden würde. Bereits in Wezembeek war mir nach dem Krieg gesagt worden, dass Georg deportiert worden war. Und im März 1950 hatte ich vom Antwerpener Komitee für die Vertretung jüdischer Belange ein Schreiben erhalten, in dem mir Georgs Deportation bestätigt worden war.[89]

Georg war am 26. September 1942 mit dem Transport XI von Malines nach Auschwitz deportiert worden. Er ist auf einer Seite der Deportationsliste, die mir in Kopie vorliegt, unter den Eintragungen vom 21. September als »Georges Richard Bader«, geboren 26.10.1927, unter Nummer 1350 aufgeführt.[90]

Als ich nach Europa zurückkehrte, wurde mir bei einem meiner Besuche in Belgien erzählt, dass die Heimleiterin Georg und einen »Neger« an die Deutschen verraten hätte. Deshalb wären beide deportiert worden. Aber ich habe darüber nie Näheres herausfinden können, denn das Heim war, wie ich bereits 1950 erfahren hatte, später durch Bomben zerstört worden, und die Leiterin war wohl dabei gestorben.

Menasche

Als jahrelang keine Antwort kam, wurde mir klar, dass es auch für Georg keine Hoffnung mehr gab. 1940 hatte ich Georg noch einen Brief geschrieben, aber keine Antwort darauf erhalten. Wie ich heute weiß, erhielt er den Brief nie, denn er wurde mir 1945 nach Tel Aviv zurückgeschickt.

Eine besonders schreckliche Erfahrung war für mich vor einigen Jahren ein Besuch in einem Dokumentationszentrum in einem ehemaligen Konzentrationslager bei Hannover. Obwohl es Sonntag war, öffnete man für meine Frau und mich das Gebäude und führte uns herum. Plötzlich hörte ich Ruthi aus einem anderen Zimmer aufschreien. Sie hatte in einem fast verbrannten Buch mit Deportationslisten den Namen und das Geburtsdatum meines Bruders Georg entdeckt! Später erklärte mir Onkel Heini, dass dasselbe Lager, in dem wir die Unterlagen fanden, Jahre zuvor von der *Hachscharah* genutzt worden war, also zur Ausbildung von Juden vor ihrer *Alijah* nach Palästina.

Adi und ich sind auch in offiziellen deutschen Listen als Opfer aufgeführt, das habe ich selbst gesehen. Man hielt wohl, so wurde mir dazu erklärt, in den ersten Jahren keine Informationen darüber fest, wer solche Angaben machte, denn man wollte nicht, dass irgendjemand Angst hatte, Details über Opfer zur Verfügung zu stellen. Also muss da irgendwer erzählt haben, dass unsere ganze Familie umgekommen ist. Woher hätten sie das direkt nach dem Krieg auch anders gewusst?

Vor einigen Jahren besuchte ich mit meiner Frau das NS-Dokumentationszentrum in Köln und wurde dort sehr freundlich von Frau Dr. Becker-Jákli empfangen, mit der uns seither eine sehr enge Freundschaft verbindet. Sie hat sich auch mehrfach bemüht, für mich weitere Informationen herauszufinden, beispielsweise über meinen verschollenen Onkel Max. Durch sie wurden vor unserem früheren Zuhause in der Engelbertstraße vor einigen Jahren einige »Stolpersteine«[91] zum Gedenken an meine Eltern und meine Brüder Georg und Kurt gelegt.

Adi

Ich fragte meine Tante Toni, als ich sie nach dem Krieg besuchte, warum sie meine Eltern und Brüder nicht hatte retten können. Sie

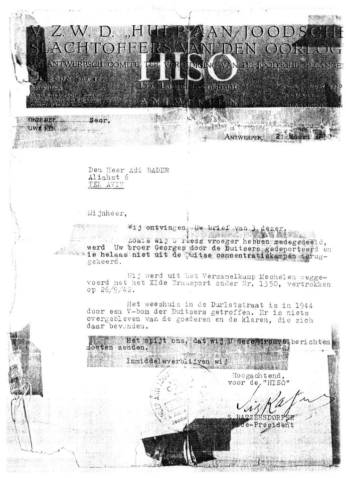

Die Benachrichtigung über Georgs Deportation, die Adi 1950 erhielt.

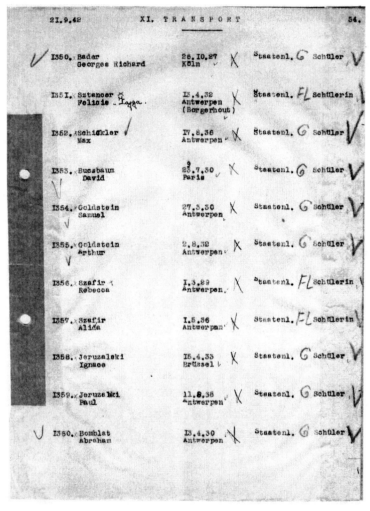

Die Seite der deutschen Deportationsliste mit Georgs Namen an erster Stelle.

antwortete mir, dass sie bereits auf ihren Bruder Josef hatte aufpassen müssen. Außerdem hätte sie Pakete an ihren Vetter Schmiel Garbinski in Belgien gesandt. Und sie hätte selbst ständig Angst gehabt, was noch alles hätte geschehen können, falls die Deutschen die Schweiz überfallen hätten. Mein Onkel Josef lebte bis 1953 in der Schweiz und zog dann zurück nach Köln, wo ich ihn vor seinem Tod zehn Jahre später noch mehrfach sah.

Ruthi

Die Schweizer waren nicht so. Wenn bei uns sieben, acht Leute von der Verwandtschaft auftauchten, dann legten wir einfach Decken auf den Boden, und man schlief darauf. Aber das gab es nicht in der Schweiz.

Menasche

Onkel Josef hieß in Köln »der Graf«. Er trug nur Maßanzüge und Maßschuhe. Mein Großvater und mein Vater waren arme Leute, aber er war »der Graf«, der nie arbeitete und nie in seinem Leben einen Pfennig verdiente. Oft saß er im Café »Riese« in der Schildergasse und spielte dort gratis Klavier für die Leute. Mein Großvater und mein Vater arbeiteten schwer, und sie ermöglichten Josef dieses Leben.

Schon vor dem Krieg zog Onkel Josef dann zu Tante Toni. Als er dort lebte, besuchte ich Tante Toni. Mit einem roten Morgenmantel bekleidet kam Onkel Josef ins Wohnzimmer, und das Dienstmädchen kam und fragte ihn: »Wie gewöhnlich, Herr Bader?« Und dann brachte sie ihm gekochte Eier, die er jedoch dreimal zurückschickte, weil sie ihm nicht genau richtig gekocht waren.

Als ich später bei Adi in Köln war, fand ich heraus, dass Onkel Josef ebenfalls wieder dort wohnte. Ich fragte Adi: »Wie kommt es, dass du ihn, unseren Onkel, nicht freitagabends zum Essen einlädst?« Er gab mir darauf keine Antwort. Ich konnte das nicht verstehen und sagte zu ihm: »Ich will ihn kennen lernen.« Da erklärte Adi mir: »Er ist jeden Tag in diesem Café auf dem Hohenzollernring.« Also ging ich mit meiner Frau dorthin. Wir unterhielten uns einige Minuten lang. Es störte mich, dass er mich noch nicht einmal zum Kaffee einlud. Ich weiß nicht, warum es zu keiner inneren Verbindung kam.

Adi

Mein Onkel Max war, wie ich bereits erwähnte, zunächst nach Belgien geflohen, wo er mich bei meiner Pflegemutter Moe unterbrachte. Er war später noch mit Schmiel Garbinskis Frau Mariechen und ihren Kindern in Marseilles versteckt gewesen, konnte es dann aber nicht mehr in dem Keller, in dem sie sich aufhielten, aushalten und wurde von den Nazis auf der Straße geschnappt und in das Lager von Le Vernet[92] in Südfrankreich gesteckt. Dies erzählte Mariechen mir nach dem Krieg.

Mein Verwandter Chaim, der damals in der französischen Untergrundbewegung »Maquis«[93] aktiv war, erzählte mir später, er hätte Max eines Tages auf einer Deportationsliste entdeckt. Daraufhin hätte er ihm falsche Papiere besorgt. Als diese ihm übergeben werden sollten, stellte sich heraus, dass Onkel Max wenige Tage zuvor deportiert worden war. Nähere Angaben über sein Schicksal sind mir bis heute nicht bekannt, obwohl ich versucht habe, mehr herauszufinden.

Max war wohl Boxer und soll in Berlin jemanden im Streit erschlagen haben. Ich kannte auch, nachdem ich wieder in Köln lebte, eine Frau, die mir manchmal in der Synagoge begegnete und dabei mehrfach Andeutungen machte, dass sie etwas über einen Sohn von Max Bader wusste. Ich rief sogar verschiedene Baders an, die ich in Köln im Telefonbuch fand, um herauszufinden, ob es sich bei ihnen vielleicht um einen verschollenen Vetter, also einen Sohn von Max, handelte. Ich habe auch mal einen Max Bader in Kopenhagen angeschrieben, aber auch dieser war nicht der Richtige.

Menasche

Ich weiß noch, dass Max Bader als das »schwarze Schaf« der Familie galt, unter anderem, weil er seine Frau, mit der er in Berlin verheiratet gewesen war und ein oder zwei Kinder hatte, verlassen hatte.

Negativ ist mir persönlich aus meiner Kindheit in Erinnerung, dass Onkel Max eines Tages zu meinem Vater kam und ihn darum bat, seinen Mantel für eine geschäftliche Besprechung zu leihen. Mein Vater hatte diesen schönen, gelben Mantel. Dann lud mein Onkel mich ein, ich sollte ihn in das Café begleiten, in dem das Treffen stattfinden würde. Doch als wir dort eintrafen, schickt er mich sofort wieder nachhause. Wir sahen ihn danach nie wieder, und mein Vater war wütend, dass sein Bruder mit seinem Mantel verschwunden war.

Auch ich sprach vor Jahren mit unserem Verwandten Chaim und fragte ihn, ob er wüsste, was mit Onkel Max geschehen war. Er sagte mir, dass unser Onkel zunächst der französischen

Fremdenlegion beigetreten war. Dann hätte man ihn jedoch nach dem Zusammenbruch Frankreichs verhaftet und im Lager von Le Vernet interniert. Chaim selber war im Widerstand und ein Meldegänger der »Maquis« gewesen. Dadurch erfuhr er, dass Onkel Max interniert worden war und bemühte sich darum, ihm falsche Papiere zu besorgen, damit er in die Schweiz zu Tante Toni reisen konnte. Aber die Papiere kamen zu spät für meinen Onkel, er war am Vortag deportiert worden.
Ich bemühe mich seit Jahren darum zu erfahren, was genau mit Onkel Max geschah. Leider ist mir dies bislang nicht gelungen. Ich weiß aber auch nur Bruchstücke über ihn, zum Beispiel dass er in Berlin-Charlottenburg geheiratet hatte.[94]

Chaim

In Südfrankreich hörte ich 1942, dass Max Bader als politischer Gefangener verhaftet worden war und sich im berüchtigten Konzentrationslager von Le Vernet befand. Damals war ich in Südfrankreich tätig in der »Maquis« und konnte veranlassen, Max Bader zu befreien. Als die Befreier ankamen, war es leider schon zu spät. Max war bereits, zusammen mit anderen politischen Gefangenen, deportiert worden.[95]

Menasche

Ich meine, Schmiel Garbinski war später im Krieg auch in der Schweiz und war dort interniert. Tante Toni unterstützte ihn. Nach dem Krieg lebten Schmiel und seine Familie wieder in Köln. Leider war sein Sohn Hermann, als ich vor einigen Jahren mit ihm Kontakt aufnahm, nicht sehr an der Familie interessiert.

Auch im weiteren Umfeld unserer Familie gab es schlimme Verluste. Tante Frimet verlor zwei Töchter und deren Familien. Vor einigen Jahren setzten sich die Kinder der einzigen überlebenden Tochter, Dora, mit mir in Verbindung, weil sie plötzlich Interesse an deutschsprachigen Dokumenten von früher hatten und meine Hilfe brauchten. Aber wir haben dann wieder den Kontakt verloren.

Adi

Nach meinem Aufenthalt in der Schweiz reiste ich weiter nach Belgien. Dort verbrachte ich etwa einen Monat bei Moe. Sie mochte Tiere sehr und züchtete inzwischen Kälber und Schweine. Sie päppelte die Tiere auf, bis sie etwa ein Jahr alt waren und verkaufte sie dann. Sie hatte sich nach dem Krieg von Lodewig scheiden lassen und einen anderen Mann geheiratet, mit dem sie schon während des Kriegs ein Verhältnis begonnen hatte. Moe hatte Lodewig nicht heiraten wollen, musste dies jedoch, als sie entdeckte, dass sie schwanger war. Ihrem zweiten Mann brachte sie viel mehr Liebe entgegen. Jahrelang sorgte sie sich um ihn, weil sie davon überzeugt war, dass er an Leukämie erkrankt war. Vor einigen Jahren erfuhr ich, dass dieser Mann immer noch lebt, während Moe bereits 1961 im Alter von nur 58 Jahren verstarb.

Ich besuchte 1958 auch Moes ersten Mann Lodewig noch einmal. Er lebte zu diesem Zeitpunkt in Antwerpen, in derselben Straße, in der Schmiel Garbinski und seine Familie während der Nazizeit vorübergehend Unterschlupf gefunden hatten.

In Woluvé Saint Pierre[96] suchte ich die ehemalige Heimleiterin von Wezembeek, Madame Blum-Albert, auf. Vier Tage lang wohnte ich bei ihr. Ihrem Mann, Alfred Blum, wurde nach dem Krieg vorgeworfen, er hätte mit den Deutschen kollaboriert, indem er ihnen die Adressen jüdischer Gemeindemitglieder übergeben hätte, auf deren Basis die Deportationen durchgeführt werden konnten. Er wurde angeklagt und sollte sogar hingerichtet werden. Ich besitze noch eine Kopie eines Rechtfertigungsschreibens von Monsieur Albert zu diesem Thema. Ich habe auch noch einen Artikel aus einer Brüsseler jüdischen Zeitung, in dem Monsieur Albert vorgeworfen wird, drei Juden »ans Messer« geliefert zu haben. Ich möchte darüber nicht urteilen.

Ich besuchte später auch Frau Tiefenbrunner, die inzwischen verwitwet war. Wie der Zufall es wollte, stellte sich, nachdem ich meine spätere Frau Edith kennen gelernt hatte, heraus, dass deren vorheriger Freund Joseph ebenfalls in genau dem Gebäude wohnte, in dem sich auch die Wohnung von Frau Tiefenbrunner befand.

Meine Zuneigung für Herrn Tiefenbrunner lässt sich nicht mit der vergleichen, die ich heute noch für Madame Blum-Albert empfinde. Ich denke, das könnte daran liegen, dass er mich damals ›vermöbelte‹, als ich die kleine Fensterscheibe mit der Kastanie zerbrach. Aber ich hatte vor einigen Jahren trotzdem mal kurze Zeit Kontakt mit einer Tochter des Ehepaars Tiefenbrunner.

Kurz vor Weihnachten traf ich dann mit Gidon zusammen, der ein Bekannter aus Liège war, den ich durch Herrn Wohlstätter kennen gelernt hatte. Gidon war in Belgien mit einer Jüdin verheiratet. Unvergessen ist mir, dass er mich in ein Restaurant einlud und ich bei dieser Gelegenheit erstmals Spaghetti mit Löffel und Gabel aß. Gemeinsam mit ihm und einem anderen Freund reiste ich durch Südfrankreich, Monaco und Norditalien. Von

Mailand aus fuhr ich schließlich alleine mit dem Zug zurück nach Belgien.

Als ich nach meiner ersten Europareise im April 1957 auf dem Rückweg nach Israel in Rhodos oder Athen Zwischenlandung machte, ging mir plötzlich durch den Sinn: »Adi, du bist doch ein großer Idiot! Du bist doch in Europa viel glücklicher als in Israel.« Nicht lange danach entschied ich mich, nach Europa zurückzukehren.

Ilana

Ich glaube, Adi verließ Israel damals wegen einer unglücklichen Liebe. Aber das sieht er anders. Damals sagte er, er wollte nach Europa reisen, um Georg zu suchen. Und dann traf er dort auf seine spätere Frau Edith.

Ruthi

Adi hatte damals fleißig gearbeitet und sich bei Wohlstätter sehr wohl gefühlt. Er war recht selbständig und hatte einen festen Posten. Daher waren wir sehr überrascht, als er sich entschied, in Deutschland zu bleiben. Er wollte ja eigentlich nur für kurze Zeit dorthin reisen.

In Israel gab es immer wieder sehr schwere Zeiten. Die wollte Adi nicht durchstehen. Aber Israel ist unser Land. Unsere Generation hat das geschafft, für alle anderen haben wir das Land aufgebaut. Die heutige Jugend hat auch nicht mehr diese starke Bindung.

Adi

Nun zog es mich nach Köln. In meiner Anfangszeit dort teilte ich mir am Hohenzollernring ein Zimmer mit meinem Freund Bernhard, der ebenfalls nach Deutschland zurückgekehrt war. Er ging nach einer Weile nochmal nach Israel zurück, heiratete dort und wanderte dann nach Amerika aus.

1957 wurde mir die deutsche Staatsbürgerschaft endlich anerkannt. Im selben Jahr lernte ich in Köln Edith kennen, die mit ihren Eltern nach mehreren Jahren im Konzentrationslager Theresienstadt an ihren niederrheinischen Heimatort zurückgekehrt war. Nun lebte sie in Köln, wo sie den jüdischen Kindergarten leitete und im jüdischen Altersheim wohnte.

Etwas Besonderes an der Beziehung mit Edith war für mich, dass sie, im Gegensatz zu mir, noch ihre Eltern hatte. Wir besuchten ihre Eltern Max und Julie gemeinsam am Niederrhein. Edith führte mich durch ihren Heimatort und erzählte mir davon, wer Nazi gewesen war und wer sich der Familie gegenüber als hilfsbereit erwiesen hatte. Sie berichtete mir auch, was mit den anderen Juden des Ortes geschehen war.

Ende Juni 1959 heirateten Edith und ich in Köln in Anwesenheit zahlreicher Verwandter, Freunde und Mitglieder der jüdischen Gemeinde Köln. Die »Jüdische Allgemeine« berichtete damals auch darüber, den Artikel habe ich heute noch.[97] Unter den Anwesenden waren auch Schmiel Garbinskis Schwester Sarah mit ihrem Mann Adolf. Er hatte meinen Vater gekannt und verhielt sich mir gegenüber sehr väterlich, als ich in den 50er Jahren Kontakt mit ihm aufnahm.

Nachgedanken

Menasche

Bei unserer ersten Reise nach Europa war die Schweiz eigentlich kein Teil meiner Reisepläne. Aber mein Schwiegervater sagte zu mir: »Wenn du rausfliegst, habe ich eine Bitte an dich. Bitte reise nach Zürich. Ich habe dort in den 30er Jahren Silberbesteck hinterlassen. Bring mir das zurück.« Das waren über hundert Teile Silberbesteck. Als Schwiegersohn sagte ich natürlich: »Das ist in Ordnung, dann fahre ich eben als Erstes nach Zürich.«

Dies kam Onkel Hermann zu Ohren, und er bat mich, ich sollte Tante Toni besuchen. Ich sagte, ich wollte nicht, denn seit der Geschichte mit den fünf Franken hatte ich kein Interesse mehr an der Schweizer Verwandtschaft. Daraufhin bekam ich Briefe und Telefonanrufe, damit ich meine Meinung ändern sollte, aber ich blieb bei meinem Entschluss, ich wollte mit den Schweizern nichts zu tun haben.

Dann erhielt ich einen Brief von Tante Tonis Tochter Aidy. Sie schrieb, ich sollte sie unbedingt besuchen, wenn ich nach Zürich käme. Ich hatte die Schweizer ja als Junge gekannt und hatte sie noch in Erinnerung. Da ließ ich mich nun doch umstimmen und sagte zu, dass ich Aidy treffen würde. Tante Toni wohnte ja woanders, nämlich in Lausanne. Fünf oder sechs Tage vor unserer Abreise traf dann plötzlich ein weiterer Brief von Aidy ein. Es täte ihr leid, sie könne uns doch nicht treffen, da sie mit ihrer Familie nach Italien in Ferien fahren würde. Sie hätte für uns aber ein Hotel für unsere Übernachtungen in der Schweiz reserviert. Ich hatte so eine Wut, dass ich bei unserer Ankunft in Zürich meinen Fotoapparat im Flugzeug liegen ließ! Als wir nach zwei Tagen in der Stadt im Hotel bei der Abreise bezahlen wollte, sagte man mir:

Adi nach seiner Rückkehr nach Europa bei einem Wiedersehen mit Moe. Rechts Moes zweiter Mann.

Adi am Grab seiner Mutter Sara auf dem jüdischen Friedhof in Köln-Bocklemünd, 1958.

Adi und Edith im Sommer 1958.

Die jüdische Trauung von Adi und Edith, 1959.

»Es ist schon bezahlt.« Da bekam ich eine noch größere Wut. Aber ich konnte sie an niemandem auslassen. Von Zürich aus fuhren wir nach Köln, um dort Adi zu besuchen. Dort trafen dann lauter Telefonanrufe ein, von Aidy und von Tante Toni. Ich sollte unbedingt zu ihnen nach Italien kommen. Ich dachte nur: »Ich bin doch nicht meschugge, was hab ich in Italien zu tun?« Aber Adi meinte, ich müsste unbedingt nach Italien fahren, weil er selbst dort in Rimini oder Cattolica Ferien machen würde. Ich sollte zu ihm kommen, aber vorher mit Aidy und Toni reden und sie davon überzeugen, ihm dabei zu helfen, mit seiner jungen Familie in die Schweiz zu ziehen. Da sah ich keinen anderen Ausweg, als nach Italien zu fahren.

Adi

Mir war es damals wichtig, dass Menasche Tante Toni besuchte, weil ich mir erhoffte, dass er von ihr vielleicht eine andere Version darüber erfahren würde, warum sie unsere Eltern und Kurt nicht hatte retten können. Sie versuchte ihm dann hin und her zu erklären, warum es nicht ging, widersprach sich aber mit ihren verschiedenen Antworten selbst. Sicherlich war es damals sehr schwierig für Tante Toni und ihre Familie, und doch denke ich, man hätte doch das Unmögliche tun müssen, um die Nächsten zu retten. Viele Leute wurden ja gerettet, indem sie gegen Geld über die Grenze geschmuggelt wurden. Natürlich gab es damals wirklich die Bedrohung, dass Deutschland sich die Schweiz einverleiben könnte. Das stimmt ja. Das Problem war, ob man ihr glauben konnte, dass sie überhaupt etwas unternommen hatte, dass sie beispielsweise, wie sie behauptete, Briefe und andere Dinge geschickt hatte. Ob es so war oder nicht, das kann im Nachhinein niemand beweisen. Georg, den ich ja noch in Belgien sah, erwähnte auf jeden Fall nichts davon, dass er aus der Schweiz Post erhalten hätte, und auch bei mir kam nie etwas an.

Menasche

Kaum waren wir in Italien eingetroffen und gerade dabei, uns in unserem Zimmer etwas frisch zu machen, da kam auch Aidy dort an. Obwohl ich nie geglaubt hätte, dass es so etwas wie eine Blutsverbindung geben könnte, muss ich sagen, dass wir sofort ein Herz und eine Seele waren. Wir fuhren dann auch in die Schweiz und lernten dort Aidys Mann Leo und ihre beiden Söhne kennen. Bis zum Tod von Aidy war das Verhältnis so gut, das kann man sich gar nicht vorstellen.

Was das Schicksal von meinen Eltern und Kurt betraf, so gab mir Tante Toni nur die alte Ausrede: »Wir haben sie gesucht, aber wir haben sie nicht gefunden.«

Ruthi

Toni war eigentlich eine sehr nette Frau. Sie wollte freundlich sein, aber sie hatte diese Schweizer Erziehung. In der größten Hitze fuhr sie mit uns spazieren, obwohl wir sagten: »Es ist doch viel zu heiß!« Onkel Bernard saß dann im Liegestuhl am See und litt, und sie saß daneben in ihren Seidenstrümpfen.

Als sie einmal bei uns in Israel war und wir mit ihr in ein Café gingen, fragte sie, was wir bestellen wollten. Wir sagten, wir hätten gerne Nescafé. Darauf entgegnete sie: »Nescafé? Das kann man doch nicht bestellen, das trinken nur die einfachen Leute.« Das meinte sie nicht böse, für sie war es einfach normal so.

Menasche

Ich hatte lange Zeit gar kein Interesse an Deutschland und fuhr dort nur hin, um Adi zu besuchen. Anfangs hatte ich bei diesen Reisen innerlich das Gefühl, dass ich am liebsten jemandem ›eins in die Fresse schlagen‹ wollte. Ich bekam auch einmal fast die Gelegenheit dazu. Meine Frau und ich reisten damals zunächst nach London und fuhren von dort aus nach Köln. Wir mussten dazu über Belgien reisen, von wo aus wir mit einem Hubschrauber nach Köln flogen. In Köln-Ehrenfeld kamen wir auf einem kleinen Flughafen an. Als wir in den Saal kamen, in dem die Zollkontrolle stattfand, schrie dort ein Mann herum: »Haben Sie was zu verzollen? Haben Sie was zu verzollen?« Als er mich derart anschrie, antwortete ich ihm: »Ich habe vier Kartons Zigaretten!« Und wie er mich dann weiter anschrie, steckte ich ihm den Finger unter die Nase und schrie lauthals zurück: »Was glauben Sie, wer Sie sind? Glauben Sie, Sie sind noch beim Adolf?« Dann kam der Leiter vom Dienst angelaufen. Als er unsere israelischen Pässe sah, wies er den anderen Mann zurecht: »Die Herrschaften kommen aus Israel!« Da ließ er uns in Ruhe.

Ein anderes Mal waren wir in Paris in Notre Dame. Da sprach plötzlich eine Gruppe neben uns Deutsch. Einer von ihnen hörte, dass meine Frau und ich auch Deutsch miteinander sprachen, und verwickelte uns in ein Gespräch. Als wir erzählten, dass wir aus Israel kommen, sagte er, sie wären eine Schulgruppe und rief die Leiterin herüber, um uns vorzustellen. An ihrem Gesichtsausdruck konnte ich gleich erkennen, dass sie nicht begeistert war. Sie war auch im richtigen Alter, um zu den Nazis gehört zu haben.

Die Geschwister Toni und Josef (am vorderen Tisch), Ende der 1950er Jahre

Menasche mit Toni und ihrem Mann Bernard, 1962.

Adi

Menasche kam mich nach meiner Rückkehr nach Deutschland alle paar Jahre besuchen. Bei einer dieser Reisen planten wir zunächst, Frau Baum, die meinen Vater noch vor seiner Deportation gesehen hatte, gemeinsam aufzusuchen. Doch es kam zu einer Meinungsverschiedenheit darüber, ob meine Frau Edith uns begleiten sollte, und so kam es nie zu dieser Begegnung.

Menasche

Ich meine, es war, als Ruthi und ich Anfang der 60er Jahre erstmals wieder in Deutschland waren, dass Adi mir eines Tages einen Brief von dieser Frau Baum zeigte, die in Bad Godesberg lebte. Er erzählte mir, er wäre dieser Frau eines Tages begegnet, und sie hätte ihm gesagt, dass sie unsere Eltern noch, kurz bevor sie abtransportiert wurden, getroffen hätte. Und unser Vater hätte ihr eine Brosche gegeben, und dann wäre sie gekommen, um Adi diese Brosche wiederzugeben. Adi entschloss sich daraufhin, ihr die Brosche zu schenken. Mich bat er davor nicht um Erlaubnis. Schließlich gehörte die Brosche ja nicht nur ihm! Ich hatte nach dem Krieg die Schmuckstücke, die wir von Paula Kalmann zurückerhielten, mit Adi geteilt. Aber über diese Brosche, die Frau Baum ihm zurückgeben wollte, entschied er alleine und meinte dazu noch: »Die ist nichts wert.« Wie konnte er alleine entscheiden, was mit einer Brosche oder irgendeiner Sache unserer Eltern, die umgekommen waren, passieren sollte? Ich verstehe das nicht. Aber das muss man jetzt ruhen lassen.

Adi

Nachdem ich zurück nach Deutschland zog, verlor ich den Kontakt zu den meisten meiner israelischen Freunde und Freundinnen. Ich war für sie eben ›von der Bildfläche‹ verschwunden. Aber ich habe über die Jahrzehnte den Kontakt zu den ehemaligen Wezembeeker Kindern aufrecht erhalten, und mit einigen habe ich mich immer wieder getroffen, oder ich habe mit ihnen telefoniert. Mit ihnen konnte ich immer über unsere Kindheit reden, auch wenn ich ansonsten selten über die damalige Zeit sprach. Ein ehemaliges Wezembeeker Kind zum Beispiel, mit dem ich bis heute mehrmals im Jahr spreche, ist Jeanette, die in Brüssel lebt. Dieser Zusammenhalt entsprang auch besonders dem stetigen Bemühen von Madame Blum-Albert, die selbst nach dem Krieg dafür sorgte, dass wir uns nicht aus den Augen verloren. Sie wurde übrigens in den 90er Jahren sogar vom amerikanischen Senat im

Namen der ehemaligen Wezembeeker Kinder, also auch in meinem Namen, für ihren Einsatz geehrt.[98]

In Israel fand 1995 ein großes Treffen ehemaliger versteckter Kinder statt, an dem ich auch teilnahm. Ich wurde damals sogar von Sylvain Brachfeld[99] ausführlich interviewt, der einige Bücher über unser Schicksal geschrieben hat, die auf Französisch und Englisch veröffentlicht wurden. Sylvain war damals sehr von der Detailgenauigkeit meiner Erinnerungen beeindruckt. Bei einer Versammlung der Teilnehmer des Treffens im Audimax der Universität von Jerusalem erwähnte er vor allen, dass ich durch mein »phänomenales Gedächtnis« wesentlich zu seinen Nachforschungen beigetragen hätte. Darauf bin ich heute noch stolz.

Aus der Zeit bei Herrn Tiefenbrunner blieb ich später nur mit zwei Ehemaligen, den Geschwistern Manfred und Helga, in Kontakt. Ihre Namen fand ich auf einer Liste, die bei dem großen Treffen 1995 ausgeteilt wurde. Herr Tiefenbrunner selbst meldete sich nach dem Krieg nicht bei uns, allerdings verstarb er auch bereits 1962 im Alter von nur 48 Jahren.

Meine Zeit in Wezembeek war natürlich für mich insofern gravierender, als ich dort mehrere Jahre verbrachte, während es in der Rue des Patriotes nur mehrere Monate waren. Noch dazu hatte ich es den Erziehern in Wezembeek zu verdanken, dass sie für uns nicht nur ein Versteck im Kloster fanden, sondern uns auch nach der Befreiung wieder zurück in das vertraute Kinderheim holten. 1990 legte ich in Yad Vashem über meine Kindheitserfahrungen in Belgien auf Französisch Zeugnis ab.

Menasche

Nach dem Krieg wurde unter den Verwandten nicht über das Schicksal meiner Eltern und Geschwister geredet. Was sollte man da auch reden? Meine Generation hatte das große Unglück, dass wir unsere Eltern und Verwandten verloren. Aber wir hatten das große Glück, erleben und mithelfen zu können, als der Staat Israel aufgebaut wurde. Das war für mich die größte Gabe Gottes.

Ich ehre heute noch den Todestag meiner Mutter Sara und gehe zur Synagoge. Das hat aber in meinen Augen nichts mit Frömmigkeit zu tun. Ich faste zum Beispiel am *Jom Kippur*,[100] nur weil ich mir 1945 vornahm, dass ich jedes Jahr fasten würde, wenn ich nur irgendjemand von unserer Familie wiederfinden würde. Und daran halte ich mich bis heute.

Dass viele Leute seelisch kaputt gingen, das ist ganz klar. Andererseits darf man nie das Glas als halb leer sehen. Andere, die

die Todes-Camps überlebten, bekamen wieder Kinder, obwohl sie zuvor Kinder verloren hatten. Aber wer solche Sachen mitgemacht hat, ist ganz klar beschädigt worden.

Solange unsere Kinder nicht groß waren, bin ich nie mit ihnen nach Yad Vashem und zu anderen Gedenkstätten gefahren. Aber dann musste ich, denn es war ein Teil der Erziehung. Sonst wäre ich da nie hingegangen.

Mit meiner Frau bin ich auch dreimal nach Dachau gefahren. Und der liebe Gott hat gesagt: »Nein!« Denn dreimal hat es so stark geregnet, dass wir umkehren mussten. Und ich habe das als Zeichen gesehen: »Du musst nicht da hin.«

Adi

Niemand in meiner verbliebenen Verwandtschaft fragte mich damals, was genau mit mir in den Jahren in Belgien geschehen war. Und niemand sprach mit mir über das Schicksal meiner Eltern und Brüder. Georg, unter dessen Verlust ich bis heute ganz besonders leide, wurde nie erwähnt.

Selbst meiner Frau Edith erzählte ich nur in groben Zügen, was ich als Kind in Belgien erlebt hatte. Auch sie fragte mich nie nach Einzelheiten. Aber sie suchte damals einen jüdischen Mann, der ein ähnliches Schicksal gehabt hatte wie sie. Und mir ging es ganz genauso, auch ich wollte ein jüdisches Mädchen mit einem ähnlichen Schicksal finden.

Was meine Erinnerungen an meine Kindheit betrifft, so muss man bedenken, dass ich einige Jahre jünger als Menasche bin und noch dazu nach meiner Geburt zunächst nicht zuhause lebte. Also ist meine Perspektive dadurch natürlich anders, ich habe ganz andere Dinge wahrgenommen, hatte andere Schwerpunkte.

Briefe

Über die Briefe

Im Dezember 2007 nahm ich erstmals nach mehr als zwei Jahrzehnten wieder Kontakt mit meinem Onkel Menasche auf. Nachdem ich seit 2002 die Kindheits- und Jugenderinnerungen meines Vaters gesammelt und die von ihm verwahrten Fotos, Dokumente und Briefe zusammengetragen hatte, war es mir ein Anliegen, endlich etwas über die Perspektive und Erlebnisse meines Onkels zu erfahren. In den folgenden Monaten erzählte mir Menasche im Verlauf langer Telefonate von seinen Erinnerungen an seine Kölner Kindheit und die Jahre danach in Palästina/Israel. Im Oktober 2008 begab ich mich schließlich auf eine mehrtägige Reise nach Israel, um vor Ort noch ausführlichere Gespräche mit meinem Onkel (und seiner Frau Ruthi) zu führen.

In meinen kühnsten Träumen hätte ich nicht zu hoffen gewagt, welchen Schatz mir mein Onkel anlässlich meines Besuchs – zusätzlich zu seinen aufschlussreichen und oft ergreifenden Erinnerungen – anvertrauen würde. Denn Menasche hatte, wie im ersten Teil dieses Buchs bereits erwähnt wurde, vom Moment seiner Flucht aus Deutschland an nicht nur die Daten sämtlicher Korrespondenz mit seinen Eltern, Geschwistern und Verwandten festgehalten. Er hatte darüber hinaus in den folgenden Jahrzehnten sowohl Durchschriften der von ihm versandten Briefe als auch sämtliche Originale der Korrespondenz, die er selbst in den entscheidenden Jahren erhielt, aufbewahrt.

Nur einen Brief, den Menasche in seinen Erzählungen mehrfach erwähnte, wollte er mir nicht zeigen, nämlich den letzten Brief seines Vaters vom Januar 1940. Mein Vater Adi wusste von der Existenz dieses Briefs, hatte ihn jedoch nie gesehen und hoffte seit Jahren darauf, seinen Inhalt zu erfahren. Als ich in Israel nach einer durchwachten letzten Nacht den Mut aufbrachte, Menasche zu fragen, warum er mir gerade diesen Brief nicht zeigen wollte, erschütterte mich die große emotionale Anstrengung, mit der mein Onkel mir erklärte, er könnte es gegenwärtig nicht verkraften, diesen Brief nach so vielen Jahren wieder zu lesen. Und ohne sich des Inhalts vergewissert zu haben, war es ihm unmöglich, mir das Schreiben meines Großvaters zu zeigen. Umso bewegender war es für mich, als ich, kaum zwei Monate nach meiner Rückkehr nach Australien, aus Israel einen Brief von Menasche mit einer Kopie des letzten Lebenszeichens meiner Großeltern erhielt.[101]

Nach dem Tod ihres Vaters Hermann Ben Yoel (ehemals Sibirski) hatte Ilana, die Cousine meines Vaters und Menasches, in seinem Nachlass einen verschlossenen Umschlag gefunden, auf dem stand: »Nur im Falle meines Ablebens zu öffnen«. In diesem Umschlag lagen Fotos, Briefe und Postkarten, die weder sie noch mein Vater oder Onkel je zuvor gesehen hatte. Ilana stellte diese Dokumente der Familie und für dieses Buch zur Verfügung.

Die im Folgenden wiedergegebenen Briefe stammen fast gänzlich aus Menasches Privatsammlung. Andere stammen aus Hermanns Nachlass oder aus der Privatsammlung meines Vaters. Unter jedem Zitat finden sich Angaben zur Quelle des Briefs.

Die hier wiedergegebenen Briefe wurden von mir an die heutige Rechtschreibung und Zeichensetzung angepasst, um etwaigen Hindernissen beim Lesen entgegenzuwirken. Zugleich entschied ich mich für eine möglichst sanfte Einflussnahme auf den ursprünglichen Inhalt, um diesen so authentisch wie möglich zu belassen. In diesem Sinne wurden zahlreiche stilistische und grammatikalische ›Auffälligkeiten‹ beibehalten, soweit diese das Verständnis nicht beeinträchtigen.

Die Lektüre der Briefe werden manche in zweierlei Hinsicht als Herausforderung empfinden. Einerseits werden in ihnen bisweilen banale Details des Alltags und scheinbar belanglose Neuigkeiten aus dem familiären Umfeld mitgeteilt. Andererseits ist der Inhalt, trotz der vorgenommenen Änderungen, an manchen Stellen nicht unmittelbar verständlich und erfordert bisweilen ein geduldiges Mitdenken. Denn in diesen Briefen spiegeln sich die sprachlichen Auswirkungen von Flucht, Entwurzelung und Verlust wider.

Ich hoffe dennoch sehr, dass diejenigen, die den Erzählungen von Adi und Menasche bis hierher gefolgt sind, auch der zweiten Hälfte des Buchs die Gelegenheit geben werden, sich zu entfalten. Im Folgenden werden nicht nur die wichtigsten der im ersten Teil angesprochenen Themen aus neuer Perspektive beleuchtet. Es werden auch oftmals überraschende Varianten und Details präsentiert, deren Kenntnis für ein tieferes Verständnis des Schicksals der Kölner Familie Bader unumgänglich ist.

1927

Sonntag, den 1. Mai 1927
Joel in Kanada an Hermann in Deutschland
Lieber Sohn
Habe deinen l. Brief erhalten und mit Freude gelesen, dass Du wie auch die l. Sara, Reginchen und Heinchen gesund seid wie auch Eure l. Mutter. L. Sohn, Du schreibst mir, dass Ihr habt gehabt Umstände mit dem Geld heraus zu bekommen. So tut es mir sehr leid, ich wusste das nicht. Das Bild, was Du mir geschickt hast, war sehr schön. Ich danke Dir auch dafür. Du schreibst mir, dass Du niemals keine Antwort bekommst von mir. Das ist richtig. Aber darum, weil ich niemals deine Adresse lesen konnte, [weiß] ich auch nicht, ob dieser Brief ankommen wird. Du darfst verstehen, dass ich kann sehen nicht mehr so gut, schreiben und lesen. Du musst schreiben sehr deutlich in lateinischen Buchstaben. Buchstaben, das welche ich kann lesen und auch Dir Antwort schreiben. Ich habe es diesmal riskiert. Weiter, l. Sohn, schreibst Du mir, wenn Du bist nachhause gekommen, war alles so verändert? Ich weiß es nicht, die Bedeutung zum Guten oder zum Schlechten. Denn ich habe hier eine Nachricht bekommen, dass es geht Euch sehr gut. Eure l. Mutter macht sehr gute Geschäfte, und das Reginchen geht sich in Kürze verloben. Also mithin geht es Euch nicht so schlecht, und das macht mir sehr viel Freude, und mein innigster Wunsch ist, von Euch viel Freude und Glück zu hören.

[H, Q: IR] [102]

1938

Sonntag, den 10. Juli 1938
Fischel in Deutschland an Hermann in Palästina
Unsere Lieben!
Euren lieben Brief nebst Abschrift mit vielem Dank erhalten, und vermögen diese Zeilen Euch nicht mitzuteilen, wie uns dieselben gerührt haben, und ist derselbe gut, sogar sehr gut aufgesetzt und zur vollen Zufriedenheit. Mögen Deine Zeilen in [den] USA denen zu Herzen gehen und unser Gewein, Flehen und Geschrieb vom l. Gott erhört werden, um von hier auswandern zu können. Unsere Lieben! Wir sind trostlos. Wir müssen Hilfe erhalten, denn was soll mit unseren 4 kl. Kindern werden? Ihr sollt wissen, dass wir auf jeden unserer Angehörigen in jeder Beziehung angewiesen sind, d. heißt alle, die im Ausland sind, dürfen keine Minute vergehen lassen und [müssen] Notschreie schicken überall [hin], damit wir

Brief von Joel Blas, 1927 von Toronto, Kanada, aus an seinen Sohn Hermann in Deutschland geschickt.

auswandern können. Ohne lange zu warten, bis Antwort kommt, sof. wieder schreiben. Sie sollten Rachmunes[103] haben, sie sollen wissen, dass wir gewillt sind, trockenes Brot mit unsern tränenden Augen, die bald nicht mehr tränen können, zu essen, und hier keine gebratenen Hühner [erwarten]. Ihr dürft unser Hiersein nur von kurzer Dauer sehen. Und immer drängen, dass man uns rausnimmt, und erklären, sie müssen uns rausnehmen. Unsere Lieben. Heute bekamen wir von Euch eine Devisenschrift über RM 10,-, und dafür unseren innigsten, unaussprechlichen Dank. Und schon heute sagen wir Euch, Ihr dürft uns nicht als Schnorrer ansehen, aber dass Du, l. Hermann, uns nicht im Stich lässt, das werde ich Dir nie vergessen, und sollte es mir, Gott behüte, im Leben nicht vergönnt sein, Euch gut zu machen, sollen es unsere 4 Söhne mit Gottes Hilfe gut machen. Denn ich bin herzkrank geworden. Möge der l. Gott es uns noch 1x geben, damit wir alle zusammen sind und uns alles in Freude erzählen! Und dieser Traum soll sich erfüllen, bevor ich sterben möchte! Jetzt eine Frage, wieso kommt es, dass Du, vielmehr Ihr, etwas wisst oder wusstet über unsere Lage und Ihr uns 10,- sendet? Jetzt zu Dir, l. Hermann, ich hab noch eine Bitte zu dem l. Gott. Er soll uns helfen, unser Ziering[104] die Pratze aus dem Lombard[105] rauszunehmen, dann wäre mein so schweres Herz erleichtert. Von hier kann ich Euch nichts Neues mitteilen, da ich nichts weiß. Es fahren tägl. viele Juden fort, und wir stehen und weinen uns die Augen aus. Wie lange noch, denn warum sollen wir so sündig sein? Ihr seht, wir schreiben ausführl. Auch kann ich Euch mitteilen, dass ich heute froh bin, dass meine l. gotts. Eltern tot sind und die Zurres[106] nicht erleben brauchen. Gottlob sind die l. Kinder und l. Regi gesund und unberufen keine Nehorre[107] seit 2 J., die ersten paar Wochen bis 120 J. ohne Krankheit. Ich sowie wir alle [wollen] Euch herzlichl. danken für das Wohlwollen und die Hilfe, und [wünschen] Euch allen: bleibt gesund und munter. Hoffend und Euch alles Gute wünschend senden wir die herzl. Grüße und Küsse von uns allen
Eure Euch liebende Regi, Kinder und Fischel
Extra an die l. Mutter Heini, Sara, Rüwele und an den l. Joram. Vergesset uns nicht. Schreibet, schreiet Gewalt nach USA, man soll sich erbarmen und der l. Gott soll uns helfen, gesund und stark zu sein, die Zurres auszuhalten. Und mit 100.000 herzl. Grüßen & Küssen nochmals von uns allen Euer Fischel

[H, Q: IR]

Montag, den 12. September 1938
Regine in Deutschland an Heini und Golda in Palästina
An alle meine Lieben!
Deinen lieben Brief haben wir mit Freude und Beruhigung gelesen. Denn jedes Mal zittere ich, bevor ich solch einen Brief öffne. Nun kommt Euch ein Masel Tow.[108] Möge Euch das kleine Mädchen gut gedeihen u. Euch zur Freude heranwachsen. Es ist das erste Mädel, Enkelkind der Mutter, u. hoffentlich wird die Mutter ihre Sorgen und Lasten ein wenig vergessen. Denn dass die l. Mutter sich grämt, das weiß ich, auch ohne dass Du mir irgendetwas schreibst. Der Name von der Kleinen ist sehr schön. Er gefällt mir gut. Bei Euch gibt es überhaupt so extra Namen. Es ist mir ein Trost jedes Mal zu lesen, dass Euer Kibbuz geschützt liegt. Unser Radio haben wir abbestellt (der Kosten wegen). Daher wissen wir nicht alles so. Fritz kauft schon mal ab u. zu die Zeitung, dann lesen wir alles mit Spannung. Von der Tante hatten wir vor 14 Tagen einen kurzen Brief, worin sie uns tröstet. Wir sollen nicht verzweifeln, u. sie laufen wegen uns Tag u. Nacht, dann weiter, sie hätten schon vor Monaten zum Konsul geschrieben, warum wir abgewiesen worden sind, aber noch immer haben sie keine Antwort. Wir wären nicht die Einzigen, die darauf warten müssen, u. hofft die Tante, dass wir uns bestimmt sehen würden. Also dieselbe Leier. Dass sie Euch nicht geantwortet hat, ist nicht schön, wo Du doch 2 Briefe hingeschrieben hast. Paula Kriegstein schrieb uns vor kurzem, sie wäre bei den Tanten gewesen, aber alle wären sie ins Bad gefahren. Also, die haben Sorgen, u. wir haben auch Sorgen. Helene Turteltaub hat die Papiere am Freitag bekommen für ihre Familie, für ihre Mutter, Cilly u. Nathan nebst seiner Braut. Ja, ja. Glück muss der Mensch haben. Ida ist erst seit ganz kurzer Zeit drüben u. hat schon Sorge getragen, dass ihre Familie nachkommt. Aber sie haben auch reiche Verwandte. Rosa und Hermann Grünzweig warten auch jeden Tag auf die Papiere. Und zwar werden sie angefordert von einem Onkel von Fritz! Was wir nach dem 1. Sept. machen werden, das wissen wir gar nicht. Zum Lebensunterhalt, d. h. zum Essen verdient Fritz noch. Aber weiter auch nicht. Ich bekomme jetzt jeden Monat einmal Lebensmittel von der Rubenstraße. Auch bekommen wir jeden Tag, außer Freitagabend, Samstag u. Sonntag, jeden Tag das Mittagessen von dort. Aber auch nur, solange die Kinder Ferien haben. Jetzt sind die Ferien verlängert wegen der Kinderlähmung. G"ttlob sind wir alle gesund, auch der kl. Kurti ist gesund. Von Hermann haben wir

10,- erhalten. Ich wollte ihm meinen Dank dafür schreiben, aber ich warte auf Antwort von ihm. Liebe Mutter, ich soll Dich herzl. grüßen von Frau Mahler. Auch sie ist von Stuttgart abgewiesen worden. Sie hat jetzt ein paar Wochen im Asyl gelegen. Sie erkundigt sich jedes Mal nach Dir. Am Sonntag war ich bei Rosenberg. Dort herrscht eine schwüle Stimmung. Herr Rosenberg ist arbeitslos geworden. Leo hat seine Lehre beendet u. ist auf Hachscharah. Seine Eltern wollen haben, er soll nach Australien fahren, wo er große Chancen hatte. Aber er wollte nicht. Herr Rosenberg hat sich kaum von ihm verabschiedet. Es war eine Szene. Regine Rosenberg fährt auch nach Erez.[109] Sie fährt mit der Jugendaliyah. Die sollte am 19. fahren, ist aber wegen der Kinderlähmung verschoben. Frau Rosenberg weint immer, wenn sie von Leo spricht. Sie hat sich bald mit dem Gedanken abgefunden, wegen des Fahrens. Aber Herr Rosenberg will nicht von ihm sprechen hören, er ist sehr verbittert über ihn. Hier rief man Leo nur Heini Sibirski, besonders Frau Rosenberg. Das soll ich Dir ganz besonders schreiben. Und Dir l. Mutter soll ich besonders ans Herz legen, Du sollst ihr doch mal schreiben. Sie sehnt sich nach ein paar Zeilen von Dir. Ich trinke schon mal ab + zu bei ihnen Sonntag Kaffee. Loni möchte auch gern nach Amerika. Aber sie hat keine sehr großen Aussichten. Sie ist die alleinige Ernährerin zu Hause. Wie ich ihnen erzählte, bei Euch sei noch ein kleines Mädel angekommen, da haben sie gelacht u. gesagt, ob Du nichts anderes zu tun hättest. Ich glaube, sie ist ein wenig eifersüchtig auf Dich. Der Leo ist ein hübscher, großer u. breiter Bursch geworden. Regine ebenfalls. Na, bald könnt Ihr sie sicher sehen. Und dann hat sich Frau Dornfeld verheiratet mit Herrn Bruer aus Mechernich. Es geht ihr jetzt sehr gut. Izi weiß noch nichts davon. Willi Ostro hat auch vor einigen Wochen geheiratet. Ein hübsches Mädel. Nun habe ich Euch ein paar kleine Neuigkeiten mitgeteilt. Wie geht es Hermann? Wir haben schon so lange keine Post von ihm. Hoffentlich stimmt alles bei ihm. Von Frau Goldblüth soll ich Dich auch grüßen. Ist Dein Geschwür jetzt besser? Bei Euch ist es heiß, u. hier ist's kalt u. regnerisch, eklig, sag ich Euch. Bald ist Jonteff.[110] Aber es macht uns nichts aus. Etwas Neues gibts für keinen von uns. Dazu sind wir nicht in der Lage. Fritz ist immer noch Gabbe in der Schiel.[111] Der Saal ist jetzt gekündigt. Vielleicht könnt Ihr Euch mit Hermann verständigen, dass er uns doch schreibt. Ich bin immer so in Unruhe. Was machst Du, jetzt, Mutter? Womit beschäftigst Du Dich? Ich

Die erste Seite von Regines Brief vom 12. September 1938. In der rechten oberen Ecke der Gruß von Menasche (damals noch Martin).

schließe jetzt mein Schreiben mit den innigsten Grüßen u. Küssen von uns allen
Eure Fritz, Regi, Martin, Georg u. Adi u. Kurti
Bald könnt Ihr das Kleine fotografieren lassen u. uns ein Bild schicken. Ich bin sehr neugierig auf das Kleine.
[In der rechten, oberen Ecke der 1. Seite in anderer Handschrift:]
Viele Grüße sendet Euch allen Euer Martin

[H, Q: IR]

1939

Mittwoch, den 25. Januar 1939
Fischel in Deutschland an Hermann in Palästina
Lieber Hermann!
Zu Deinem Geburtstage gratuliere ich Dir recht herzlich. Mögest Du schon allein [für das,] was Du an uns tust, recht froh u. glückl., gesund u. mit Parnusse[112] beschert bleiben. Der l. G"tt[113] gebe, dass ich Dir noch einmal persönlich die Glückwünsche übergeben kann. Herzl. Grüße und Küsse an Dich, Rosa u. Joram

[H (Postkarte), Q: IR]

Mittwoch, den 25. Januar 1939
Fischel in Deutschland an Hermann in Palästina
Mein innigstgeliebter Schwager
Zu Deinem heutigen Feste wünschen ich sowohl die Kinder das Allerbeste im Kreise deiner l. Familie. Mögest Du recht gesund und stark bleiben bis 120. Glück & Segen auf allen Wegen, Zufriedenheit, Parnusse und alles, was Du Dir alleine wünschst, wünscht Dir Dein D. l. Schwager Fritz + Kinder
Hoffentlich sind wir auf Deinem nächsten Geburtstag alle zusammen.

[H (Postkarte), Q: IR]

Freitag, den 8. Dezember 1939
Regine und Fischel in Deutschland an Menasche in Deutschland
Lieber Sohn u. Bruder
Zu deinem heutigen Fest' wünschen wir Dir das Best'. Möge der l. Gott Dir schönere 100 Geburtstage noch zu geben und noch zu erleben. L. Martin, hab stets ein jüd. Herz und Sinn, wenn wir demnächst nur bildlich bei Dir sind. Glück, Gesundheit + langes Leben, dies wünschen Dir Eltern + Brüder

[H, Q: MB]

1940

Dienstag, den 16. Januar 1940
Fischel in Köln an Menasche in Palästina

Unsere Innigstgeliebten! Ohne Ausnahme! Ihr Alle. Nun, l. Martin, sind es schon 5 Wochen, dass Du nicht mehr bei uns bist und Dich im Kreise der l. Oma, Onkel/Tanten sowie Cousins & Cousinen Gott sei Dank wohl fühlst, und unsere Freude ist unsagbar, dass Du alle gesund angetroffen hast. Ja, l. Martin, dass es dort große Freude gab, dies können wir uns unmögl. richtig vorstellen. L. Martin. Dass der & jener kam, um etwas zu erfahren, dies verstehen wir, aber, l. Sohn, in deinem l. Brief, der sehr ausführl. war, aber doch nicht ausführlich genug, denn wir wollen gerne wissen, ob unsere l. Oma gesund aussieht, ob [die] l. Oma noch stabil ist, und überhaupt, ob Onkel Hermann & Tante Rosa & [das] l. Kind gut aussehen, wie Onkel Heini u.s.w., l. Martin. Bitte Dich, l. Kind, gewöhne Dir von nun an, alles, alles, auch was für Dich unwichtig erscheint, uns mitzuteilen. Denn dann sind wir beruhigt. Und sogleich zu antworten, dies ist die Grundbedingung. L. Kind, was Du an Rat & Tat brauchst, das wird der l. Onkel Hermann, Onkel Heini, [die] l. Oma selbst beurteilen können. Aber trotzdem, l. Martin, lasse uns bitte alles wissen. Denn Du weißt, wie groß mein Aufopferungskampf, meine stete Unruhe mir Euer Dasein machte. Nun, l. Martin, jetzt wollen wir Dir erst mitteilen, was Du ja gerne wissen willst, seit deiner Abfahrt. Nun fuhren wir vom Bahnhof heim. Geschlafen haben wir nicht. Denn wenn Du, s. G. w., mal verheiratet bist, dann kannst und wirst Du erst verstehen & spüren, was es heißt, Vater zu sein. Wenn ich auch streng war, auch strafte, so bitte ich Dich, l. Kind, mir nie einen Groll nachzutragen, denn was wollte ich von Euch? Dies weißt Du ja am besten. Ich weiß auch heute schon, Du wirst es einsehen, solchen Vater haben wenige Kinder, die so stolz sein können, wie Ihr. L. Sohn Martin. Vergesse nie meine Worte. Halte hoch das, was Du von mir gelernt hast. Und sollte ich es, Gott behüte, nicht mehr erleben, Euch, unsere Lieben, wiederzusehen, und Du hörst, Dein treues Vaterherz hat aufgehört zu schlagen, dann gehe hin und sage mit Inbrunst den Kaddisch. Ja, l. Sohn Martin! Nun müssen wir Dir mitteilen, dass Du uns fehlst und es sehr still um uns ist. Du wirst Dich freuen, wie auch alle Ihr, unsere Lieben, wenn wir Dir und Euch heute die Mitteilung geben, dass der l. Georg zum l. Adi gefahren ist, und [dass wir] stündlich die Nachricht erwarten von der glücksel. Ankunft. Er ist mit der Tante

Elli mit und, l. Kind, jetzt muss uns der l. Gott helfen, bald sie zu besuchen. Denn Du weißt ja Bescheid, wie wir uns vorgenommen haben. Bist Du jetzt froh? Hast Du Onkel Hermann & [der] l. Oma von Tante Paula, S[…], Stadtländer alles erzählt? Haben sich alle gefreut, und auch, dass wir nicht verhungert sind? Denn es soll sich keiner Gedanken machen. Gell? Jetzt, l. Sohn Martin! Wann gehst Du schlafen, und schmeckt Dir das Essen? Hast Du Schmerzen beim Impfen gehabt oder nachher? Wie bist Du mit Berta Klein fertig geworden? Hast Du was von Berta Bruder erzählt? Und was ist mit hochteuerste Frau Chohen? Wir möchten alle Fragen beantwortet haben. L. Martin, Du nimmst am besten stets die Post, nur lies beim Schreiben die Fragen. Gell? Dass Du & [der] l. Onkel Hermann nach U.S.A. schreiben wollt, dies ist für uns eine Beruhigung. L. Sohn Martin. Deine Anfrage, ob wir Deine l. Post erhalten haben? Ja. 2 K., 1 Brief. Ob ich nach Berlin geschrieben habe? Ja. Aber die haben taube Ohren. Könntest Du nicht von dort hinschreiben, dass man Dir das & jenes noch schicken möchte. Denn ich habe 2-mal dringl., seit Du fort bist, hingeschrieben. Aber k. Antwort. Nun l. Kind Martin! Die jetzigen Zeilen sollen Dich um Verzeihung bitten, wenn ich so streng war, glaube nicht, l. Martin, dass es mir leicht war und es mir nicht weh tat, manchmal hart zu sein, aber es musste sein, weil ich in Euch meinen Verstand, Geist hineinbringen wollte, und Ihr wisst, dass mein Kampf dem mit einem Löwen gleich war. Für wen? Alles ward Ihr, und [werdet es] bis zum letzten Atemzuge bleiben. Heute ist Dienstag, und wir sind mit dem l. Kurtile allein, und sind unserer Gedanken stets mit Dir, Georg, Adi, Oma, Onkel Hermann, Tante Rosa, l. Joramsche, Onkel Heini, Tante Sara & Kinder beschäftigt. L. Martin. Wir sitzen am Tisch und grübeln, wie kommen wir zu Euch mit dem l. Kurtli. Jetzt wollen wir essen. Es gibt Suppe, Bratkartoffeln mit Fleisch von Tante H., Gurken vom l. Franz. Und Du weißt ja, es geht seinen alten Lauf. Was machst Du den ganzen Tag? Was Ida? Tante Rosa, Onkel Hermann? Wenn Du l. Kind schreibst, dann soll es sich rentieren. Deine Mitteilung über Berta Bruders Mutter ist tragisch, und werden wir ihr nichts davon erwähnen. Von Deinen l. Freunden war noch niemand bei uns, um nach Dir zu fragen. Und wir werden uns deswegen kein Bein ausreißen. Gell? So, l. Martin, jetzt bist Du in allem informiert. Halte stets die Fühlung [zu] Georg & Adi aufrecht, Du als ältester Sohn & Bruder. Lasse sie stets alles wissen, und sie werden auch Dich alles wissen lassen. Gell? Hast Du sonst jemand getroffen? Hast Du an Herrn Bachenheimer &

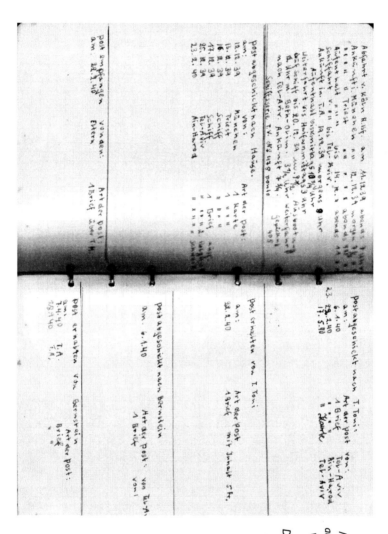

Zwei der Seiten in Menasches Notizbuch, auf denen er seine Reise von Deutschland nach Palästina sowie die Daten der ein- und ausgehenden Briefe und Postkarten festhielt.

*Kopie der ersten Seite von Fischels Brief vom 16. Januar 1940 an Menasche
Es ist das letzte Lebenszeichen von Fischel.*

Anette Wilzig gedacht? Ferner hat uns Tante Toni geschrieben, sie würde Dir demnächst etwas schicken. Bitte Dich, auch an sie einen schönen Brief zu schreiben. Bei Tante Lena ist gottlob alles gesund und wie sonst auch. L. Sohn Martin! Jedes Teil ist wichtig, was Du uns mitteilst. Sei gelassen, folgsam & brav, und Du wirst sehen, gerade Du, auf den ich die ganze, feste Hoffnung gesetzt habe, Dir wird es wohl sein. Sei nicht vorlaut und stets ein Junge, der mir Ehre macht. Der l. Kurtli fragt immer nach Dir, und wenn man ihn fragt, wo ist denn der Martin, [sagt er:] der Martin ist in Erez. Und er geht auch dahin. Du musst sorgen und stets bedacht sein, alle 4 müssen zusammenkommen, und Ihr alle 4 gehört zusammen. Hörst Du? So, mein l. Kind, jetzt will ich Schluss machen, die l. Mama will auch noch schreiben, und darum für heute schließe ich in der festen Hoffnung, dass Du und Ihr alle unsere Lieben uns recht gesund bleibt, und sende Euch allen auf diesem Wege die unbeschreiblichsten herzl. Grüße und Küsse von uns allen
Deine Dich l. Mama, Brüder Adi, Georg & Kurti sowie ich, Dein treuer Vater Fritz
Ein gleiches von uns allen an die l. Oma, l. Onkel Hermann, l. Tante Rosa, l. Joramsche, Onkel Heini, Tante Sara & l. Kinder, l. Ida & Nachbarinnen sowie an Tante Frimet, Dora & Familie, Krause, Zilinsky, Gebhart und alle Kölner, die uns kennen.
[Am linken Rand auf der 1. Seite:]
Dem lieben Joramsche zu seinem Geburtstag sowie Dir, l. Hermann, zum 31. Januar bis 120 J., aber gesunde, mit guter Parnusse und Zufriedenheit von ganzem Herzen wünscht Euch Regi, Georg, Adi, Kurti & Fritz
[Am oberen Rand auf der 1. Seite:]
L. Sohn Menasche! Sei vorsichtig mit den Impfpocken! Schreibe bitte sof. & lange Briefe. Folge & mache allen Freude Dein d. l. treuer Vater Fritz
[Am linken Rand auf der 2. Seite:]
L. Sohn Martin. Sei zu jedem brav & lieb.
L. Martin! Viele Grüße von H. Bachenheimer, Baum, Frieda Görs, Tante Lena & Familie Berliner, Rademacher, Familie Pelzer, Worthoff, Kästner, Frau Herbstmann, Cypler, Wilzig, Weyer, und von allen, die zu uns kommen und dies sind, wie Du weißt, sehr viele.
[Am linken Rand auf der 3. Seite:]
Der l. Oma danken wir auch für die beigesandten Wünsche, und die l. Oma soll uns etwas auch schreiben über die Wiedersehensfreude des ältesten Enkel, und teilt uns alles genau

mit. L. Mutter, recht unsagbar herzl. Grüße & Küsse von uns allen
Euer Fischel
[Am linken Rand auf der 4. Seite:]
L. Martin, lese den Brief mehrere Male.
L. Schwager & Schwägerin und Kind! Für Eure l. Zeilen recht herzl. Dank und wie [fehlende Worte] Gast. Hat der l. Martin Euch alles erzählt? Bitte sof. Antwort.
Herzliche Grüße und Küsse Euer Fritz

[H, Q: MB]

Montag, den 19. Februar 1940
Walter in Südafrika an Menasche in Palästina
My dear Martin,
Jetzt hätte ich beinahe Englisch geschrieben. (Kannst Du eigentlich Englisch?) Aber erst bedanke ich mich einmal recht herzlich für Deine Karte. Wie Du schriebst, war ich wirklich sehr erstaunt, etwas von Dir zu hören. Deinen vorletzten Brief habe ich beantwortet, und als Du schriebst, dass Du ihn nicht erhalten hattest, habe ich nicht wieder geantwortet, da ich annahm, dass Du ihn doch nicht bekommen würdest. Die Briefe sind, glaube ich, alle in England zensiert worden.
Mit wem bist Du denn nach Palästina gefahren? Sind Deine Brüder noch in Deutschland? Wieso bist Du überhaupt ohne Deine Eltern? Doch es gibt so viele Fragen, dass ich gar nicht mehr aufhören brauchte, und warte ich lieber auf einen ausführlichen Brief von Dir.
Für die Grüße von meiner Großmutter danke ich Dir herzlich. Wie war denn alles in Köln, wie Du fortfuhrst?
Ich gehe immer noch in die Schule, noch für ein Jahr. (Eigentlich noch für zwei, aber ich habe eine Klasse übersprungen.) Gehst Du auch dort auf die Schule? Kannst Du Iwrit? Wie gefällt es Dir denn in Erez?
Am Anfang des Krieges ließ das Geschäft hier sehr nach, aber jetzt erholt es sich so langsam wieder. Mehr schreibe ich heute nicht, da ich ja nicht weiß, was Du gerne wissen möchtest.
Also für heute alles Gute und
viele Grüße von
[Handschriftlich] Deinem Freund Walter!
[In anderer Handschrift:]
Lieber Martin,
Wir freuen uns alle, dass Du endlich aus dem »feinen« Köln heraus bist u. hoffen, dass es Dir gut geht u. Du in Erez ein tüchtiger

Mann wirst. Schreib uns bald mal ausführlich u. empfange viele herzl. Grüße auch von meinem Mann u. Hannelore
Deine Frau Herta Cohen

[G und H, Q: MB]

Freitag, den 23. Februar 1940
Menasche in Palästina an Toni in der Schweiz

Liebe Tante Toni!
Gestern erhielt ich Deinen l. Brief und Du glaubst gar nicht, wie sehr ich mich damit gefreut habe, um wieviel größer war meine Freude, als ich gleichzeitig einen Brief von den l. Eltern ausgehändigt bekam. Seit meinem Hiersein in Erez Israel sind es die ersten Briefe, die ich erhielt. Jetzt bin ich schon 8 Wochen hier. Die ersten 4 Wochen war ich in Tel Aviv bei Onkel Hermann, und nun befinde ich mich schon über 4 Wochen in Ein Harod bei der l. Oma und Onkel Heini. Ein Harod ist einer der größten Kibbuzim[114] im Lande. Es ist ein großes Dorf, und [ich] verbringe meine Zeit damit, entweder auf dem Felde zu arbeiten oder Pferde [zu] kutschieren. Dies macht mir viel Spaß.
Liebe Tante, Du schreibst, dass Du nach USA telegraphiert hast, wie gerne möchte ich jetzt sehen, dass all dies klappt und die l. Eltern endlich aus der deutschen Hölle herauskommen. Ich danke Dir sehr, dass Du den l. Eltern in dieser schweren Zeit etwas hilfst. Und ich kann mir gut vorstellen, dass es Dir nicht leicht fällt, wo Onkel Bernhard mobilisiert ist. Umso mehr danke ich Dir für die 5 Fr., die Du im Brief beigelegt hast. Du kannst Dir vorstellen, dass ich völlig mittellos hergekommen bin. L. Tante Toni. Ich schreibe Dir nicht so ausführlich, denn aus dem Brief an die l. Eltern kannst Du ja alles ersehen, was ich bis jetzt erlebt habe. Ich hoffe, dass der Brief Euch bei bester Gesundheit antrifft, und bitte Euch, dass Ihr mir bald antworten werdet. Ich schicke mit derselben Post einen Brief an die l. Eltern und hoffe, dass er sie erreicht. Nochmal recht herzl. Dank für Brief und Inhalt, und [ich] verbleibe mit besten Grüßen und Küssen
Euer Neffe
Martin
[Handschriftlich:] Martin

[G (D), Q: MB]

Freitag, den 1. März 1940
Toni in der Schweiz an Menasche in Palästina
Lieber Martin!
Deinen l. Brief mit Freude erhalten und sagen wir Dir besten Dank, auch sind wir glücklich, wie Du & Deine l. Eltern, Dich in Erez zu wissen, um Dich, lieber Martin, ist uns nicht bange, weil wir überzeugt sind, dass Du ein vernünftiger Junge bist, der sich im Leben wird zu behaupten wissen. Hoffentlich hören wir recht bald von Deinen l. Eltern, dass auch sie endlich aus Deutschland heraus können, wir haben letzten Freitag im Auftrage des l. Papas zur Paula nach USA telegr. Sie hatte ihnen geschrieben, falls sie noch in Köln sind, so hat sie Leute drüben, die eine erhöhte Bürgschaft leisten wollen, nun haben wir ihr von hier aus telegrafisch Antwort gegeben und sie gebeten, alles zu beschleunigen. Gebe der l. Gott, es soll alles in einer glücklichen Stunde geschehen. Lieber Martin, denke bitte nicht, dass wir nie versucht hatten, Euch nach hier zu bekommen, alles war vergeblich, die Schweiz hat darin außerordentlich strenge Gesetze, speziell staatenlose Verwandte waren eine Sache der Unmöglichkeit, so viel Geld als Bürgschaft kann nur ein Millionär leisten, wie verlangt wurde, seit Kriegsausbruch hat sich alles verschärft. Der l. Onkel Bernard ist auch mobilisiert, und da er an der rechten Hand einen verkürzten Zeigefinger hat, ist er als Wagenführer im Heer zugeteilt, ja, Zurres sind überall, aber wir wollen trotzdem nicht klagen, mein l. Martin, solange wir noch hier sein können, ohne gejagt zu werden, es sieht aber auch hier so trübe aus, sodass man von Tag zu Tag auf's Schlimmste gefasst sein muss. Was Aidy & der Georges machen, möchtest Du gerne wissen, also, Aidy lernt Apothekerin & Georges Elektrotechniker, verdienen tun beide noch nichts. Sonst kann ich Dir von hier nichts anderes mitteilen, wir leben ganz zurückgezogen, wir haben hier niemanden und sind ganz fremd. Lieber Martin, sobald ich gewahr werde, dass von hier wer nach Erez fährt, schicke ich Dir Kleidungsstücke mit, per Post geht nicht mehr, die Schweiz hat seit Kriegsausbruch es verboten. Inliegend 5.- frs., tausche sie Dir um, damit Du Dir einen kleinen Wunsch erfüllst, schreibe uns nach Erhalt dieses [Briefes] sofort wieder, inzwischen bleibe gesund, sei herzlich gegrüßt & geküsst von Deiner Dich l. Tante Toni, Onkel Bernard, Aidy & Georges. Grüße an Deine l. Angehörigen.

Noch etwas, an die l. Eltern gehen jede Woche zwei Päckchen Butter & Schokolade ab, ich möchte, ich könnte mehr tun, ich täte es herzlich gerne.
Gebe bitte sofort Antwort.

[H, Q: MB]

Sonntag, den 14. April 1940
Menasche in Palästina an Walter in Südafrika
Lieber Walter!
Deinen l. Brief dankend erhalten und dachte ich schon, Du würdest ihn nicht erhalten haben, denn ich war 2 ½ Monate in Ein Harod, einem großen Kibbuz, bei Verwandten. Gearbeitet habe ich, aber auch Reiten gelernt. Ich bin auf Zertifikat hierhin gekommen. Meine Verwandten haben mich angefordert. Adi ist seit September, Georg, wie ich aus der einmaligen Post meiner Eltern ersehe, seit 15. Januar in Belgien. In Köln waren oft Flieger, die Flugblätter abwarfen. Sonst abends von 5 Uhr Verdunkelung. Essen auf Scheine, aber das alles wisst Ihr durch Radio genau so gut. Abgefahren bin ich im 11.12.39 7 Uhr und 14.12.39 ab Triest mit der »Gallilea«. Wir waren ein Transport von 450 Mann. Ich gehe in die Schule und lerne »Iwrit«. Mir gefällt es sonst ganz gut hier. Ich war schon in Jerusalem und Jaffa. Jaffa ist 10 Minuten von hier entfernt. Hier ist die Verdienstlage durch den Krieg stark herabgesetzt. Ich muss schließen und verbleibe mit besten Grüßen und herzl. שלום [Schalom]¹¹⁵
[Handschriftlich:] Martin
Viele herzl. Grüße an Deine Eltern u. Schwester Hannelore u. recht herzl. Dank für die ges. Zeilen.
Sammelst Du noch Marken?
[Handschriftlich:] Martin

[G (D), Q: MB]

Mittwoch, den 15. Mai 1940
Menasche in Palästina an Toni in der Schweiz
Meine Lieben!
Noch immer warte ich vergebens auf Eure so wichtige Antwort. Gestern habe ich von dem l. Georg eine P. erhalten, worin er mir mitteilt, dass er gttlob gesund ist und die l. Eltern angeblich noch in Köln sind. Doch habe ich durch Radio und Zeitung gehört, dass Köln geräumt ist. Ich möchte Dich hierdurch bitten, mir einen Briefwechsel zwischen den l. Eltern, Georg u. Adi zu ermöglichen, da die Lage in den letzten Tagen zu kritisch geworden ist. Ich

schließe mit besten Grüßen u. Küssen u. der Hoffnung, alles Gute
von den l. Eltern u. Geschwistern u. von Euch zu hören
Euer Neffe
Martin
[Handschriftlich:] Martin
Bitte sofort Antwort.

[G (D), Q: MB]

Donnerstag, den 16. Mai 1940
Martin in Palästina an Georg in Belgien
Lieber Bruder Georg!
Deine 1. l. Karte gestern, den 15.5.40, nach langem Warten dankend erhalten und mich sehr gefreut zu lesen, dass es Dir gttlob gut geht, aber wer weiß, was sich in der Zwischenzeit dort ereignet hat. Hoffentlich ist Dir und dem l. Adi sowie Deinen gastfreundlichen Leuten und allen Verwandten und Bekannten nichts zugestoßen, von den lieben Eltern habe ich nur einmal in 5 Monaten, u.z.a. 22.2.40, Post erhalten, und bin ich ganz beunruhigt, wo und wie sie sich befinden. Hoffen wir das Beste. Versuche bitte, zwischen unsern l. Eltern und mir sowie Adi Verbindung herzustellen, da wir hier durch die Nachrichten erfahren haben, dass Köln geräumt worden ist, und ich nun nicht weiß, wo sie sich befinden. L. Georg: Habe dem lieben Adi schon 2 x geschrieben, aber ohne Antwort zu erhalten. Wie geht es ihm? Gehe bitte zu T. Mariechen, T. Sala u. Frau G. wegen unsern zwei Sachen. Hoffentlich haben die l. Eltern es Dir gesagt. Nun will ich schließen, da ich nicht weiß, ob dieser Brief ankommt, und verbleibe mit besten Grüßen + Küssen sowie herzl. שלום
[Schalom]
Dein Bruder Martin
Viele Grüße an Familie Silberberg.
Schreibe mir bitte das nächste Mal ausführlich. Habe Tante Toni heute auch eine Karte geschrieben. Viele Grüße + Küsse an unsere l. Eltern sowie das l. l. l. kleine Lumpi
Gruß
Martin
Viele Grüße von O. Hermann, Heini, T. Rosa, T. Sara, Rubele, Joram + Nima
Wenn es geht, von Dir & Adi bitte ein Bild
[In anderer Handschrift:]
Viele Grüße von Rosa, Hermann & Joram. Bitte sofort Antwort.

[H, auch G (D), Q: MB]

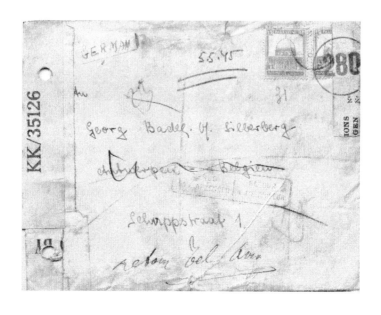

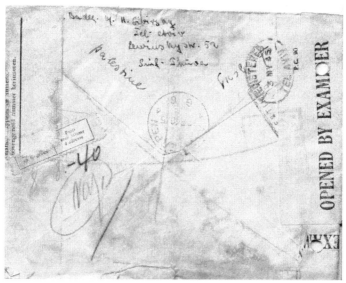

Der Umschlag des Briefs, den Menasche Georg am 16. Mai 1940 geschrieben hatte und den er 1945 ungeöffnet zurückgestellt bekam.

1941

Donnerstag, den 27. Februar 1941
Menasche in Palästina an Toni in der Schweiz

Meine Lieben!
Schon 1 Jahr ist es her, dass ich von den l. Eltern sowie von Euch den einzigen Brief bekommen habe u. seit dieser Zeit nichts mehr gehört habe. Die Versuche, l. Tante Toni, über Dich etwas zu erfahren, schlugen fehl; ich bekam keine Antwort, trotz vielen Schreibens u. eingeschriebener Post. So lebe ich nun über 1 Jahr, keine Nachricht von den innigstgeliebten Eltern und Geschwistern, sogar vom Roten Kreuz bekam ich keine Antwort. Ich tröstete mich mit dem Gedanken, indem ich mir sagte, es könne noch keine Post kommen. In diesem Zustande lebe ich von der Außenwelt sozusagen abgeschlossen und verzweifelt und weiß nicht, an was ich zuerst denken soll, denn das Ungewisse gibt mir keine Ruhe. Warum schreibt Ihr nicht, wo doch die Möglichkeit besteht, mit Palästina in Verbindung zu sein? Oder habt Ihr meine 2-malige Post nicht erhalten? Meine Lieben. Habt Ihr in der Zwischenzeit etwas von den l. Eltern u. Geschwistern gehört? Wo befinden sie sich überhaupt? Vom l. Georg hatte ich vor einem ½ Jahr eine Karte aus Antwerpen, aber das war schon nach dem Einmarsch, aber vor der Invasion geschrieben. Sie werden sich sicherlich auch Gedanken u. Sorgen machen, wo u. wie ich mich befinde, da die Nachrichtenübermittlung sehr ungenau ist.
Jetzt, meine l. Tante Toni, Onkel Bernard, Aidy sowie Georges. Wie geht es Euch gesundheitlich u. wirtschaftlich? Wo ist Onkel Bernard jetzt? Wer führt das Geschäft? Was machen Aidy u. Georges? Lernen sie noch? So könnte ich stundenlang fragen. Mir geht es gtt s. d. ganz gut. Ich wohne hier in einem Jugendheim und lerne Tischler, um später Architekt zu werden. Die Tischlerei ist von uns 3 Minuten entfernt, ich lerne schon ein ½ Jahr und noch kurze Zeit. In 4-5 Monaten werde ich anfangen, mein Leben allein zu bezahlen. Liebe T. Toni, der l. Georg ist, glaube ich, vor 4 Monaten Bar Mitzwah geworden, und der l. Papa sowie Adi hatten vor 1 ½ Wochen Geburtstag gehabt. Wenn Du mit ihnen allen in Verbindung stehst, teile ihnen allen meine herzl. Glückwünsche mit und hoffe, bald alle zusammen zu sehen und zu sein. Nochmals, meine Lieben, lege ich Euch ans Herz, mir bitte so schnell wie möglich mitzuteilen, wie die Eltern u. Brüder sich aufhalten. Sonst teile ihnen allen meine besten Grüße u. Küsse mit u. hoffe, dass alle gesund sind sowie alle Verwandten und Bekannten. Für heute

genug. Ich will schließen und verbleibe mit besten Grüßen u. hoffe, dass der Brief Euch alle bei bester Gesundheit antrifft und verbleibe Euer
Neffe
Martin
[Handschriftlich:] Martin
Habt Ihr meine vorigen Briefe empfangen?
Viele Grüße sendet Euch: Oma, Onkel Hermann, O. Heini, T. Rosa, Tante Sara sowie ihre Kinder

[G (D), Q: MB]

Dienstag, den 25. März 1941
Menasche in Palästina an Georg und Adi in Belgien
An das Rote Kreuz:
Liebste Brüder Georg, Adi sowie Verwandten!
Mir geht es gut und bin gesund und hoffe dasselbe von Euch zu hören. Wo sind die Eltern? Gruß u. Kuss
Bruder
Martin
Adressiert an: Georg Bader

[G, Q: MB]

Mittwoch, den 23. April 1941
Toni in der Schweiz an Menasche in Palästina
Mein lieber Martin,
Ich kann Dir gar nicht genug beteuern, wie groß unser aller Freude war, als Dein liebes Brieflein datiert vom 27. Feb. ankam, als Erstes haben wir natürlich sofort an Deine lieben Eltern geschrieben, von ihnen kann ich Dir gottlob mitteilen, dass sie gesund sind und bereits ihr Affidavit nach Amerika haben, sodass jeden Tag mit ihrer Abreise zu rechnen ist, was auch der liebe Gott geben möge, denn der l. Vater hat sehr schwer zu arbeiten, Georg und Adi sind vielleicht schon wieder in Köln, denn es ist so, vor 14 Tagen erhielt ich den letzten Brief von ihnen aus Antwerpen, sie schreiben beide regelmäßig und sie bekommen von uns immer Geld geschickt, nun schrieb Georg, dass sie jeden Tag auf die Heimreise zählen, auch Papa & Mama teilten mir dies mit, es zieht sich aber so schon ca. 10 Wochen hin, nun ich aber noch keine Antwort habe, nehme ich an, es ist so weit. Lieber Martin, was die l. Eltern, Georg, Adi und Kurtili anbelangt, darfst Du ganz beruhigt sein, es geht ihnen gesundheitlich G. s. D. allen gut, und wollen wir weiter das Beste hoffen, wenn sie nur schon drüben wären, von hier fahren auch die meisten weg, Unzählige sind schon seit einem Jahr abgereist, ja,

wenn man viel Geld hat, geht es schon. Bei uns ist alles beim Alten, Onkel ist nach wie vor mobilisiert, Aidy hat ihr erstes Apotheker-Examen glanzvoll bestanden, nun muss sie 1 ½ Jahr praktisch in einer Apotheke arbeiten, hernach nochmals eine Prüfung ablegen, wobei sie ihr Diplom erhält, aber, mein liebes Kind, bis dahin ist noch ein weiter Weg, und noch viel kann geschehen, sodass uns allen geholfen werden kann. Georges macht das zweite Jahr Elektro-Technik, besucht noch eine Abendschule für Flugzeugbau, er ist sehr fleißig und strebsam. Dir, lieber Martin, wünschen wir alle Glück zu Deinem Beruf, und möge Deine ganze Zukunft von Erfolg gekrönt sein. Wir sind froh, Dich, lieber Martin, dort zu wissen und hast Du gewiss einen Kreis guter Kameraden gefunden und bist mit Land und Leuten schon ganz vertraut, lasse uns wissen, wie Dir das Klima bekommt, und sei so lieb und erfreue uns, wenn möglich, mit einem Bildchen von Dir, bist doch schon ein großer Junge unberufen und gehst bis 100 Jahre ins sechzehnte Lebensjahr. Habe von Dir den l. Eltern ganz genau alles geschrieben, auch die Glückwünsche für Papa & Adi. Wie die l. Mama mir zuletzt im Brief schrieb, ist der liebe Kurtle ein »kleiner Lump« und gleiche ganz Dir, wie Du als »Kleinkind« warst, er sei für alle eine Unterhaltung, der süße Kerl, ach, wie gerne würde ich Euch alle zusammen wieder vereint sehen und ich in Eurer Mitte, gerne würde man alles, was an Kriegsgreuel und sonstigem geschehen war, vergessen. Hoffen wir und beten wir zum lieben Gott, dass alles sich baldigst zum Guten wendet. Vor ca. 1 Jahr hatte [ich] Dir einen Brief nebst 5 frs. Inhalt geschickt, kam retour, der Postverkehr war gesperrt, heute lege [ich] nichts bei, weil Luftpost, es wäre zu schwer, aber Wünsche sind frei, und die mögest Du, mein liebes Kind, empfangen von Herz zu Herz, und all die Gebete über unser Wohl und Wehen sollen erhört werden.
Lieber Martin, ich weiß, es braucht ein Weilchen, bis Dich meine Zeilen erreichen, aber das macht nichts, bei Empfang derselben sollst Du gesund sein und innglich gegrüßt und geküsst von Deiner Dich l. Tante Toni, Onkel Bernard, Aidy & Georges
Grüße an die l. Oma, Onkel Hermann & Heini, Tante Rosa, Tante Sara und Kinder.

[H, Q: MB]

Mittwoch, den 9. Juli 1941
Menasche in Palästina an Toni in der Schweiz
Meine innigstgeliebten Verwandten, Tante Toni,
Onkel Bernard, Aidy sowie Georges!
Ihr könnt Euch gar nicht vorstellen, wie groß meine Freude war, als ich Euer l. Schreiben am 24.6.41 erhielt. Es war eine Nachricht, ja, ein Lebenszeichen von Euch sowie von den l. Eltern und Geschwistern. Es kam wie ein Blitz aus heiterem Himmel geschossen, nach 1 ½ Jahren etwas von Euch allen zu hören, für die mein ganzes Denken gilt. Mit noch größerer Freude habe ich wahrgenommen, dass die herzgeliebten Eltern sowie Brüder bei bester Gesundheit sind, und hoffe, dass sie bald vereint nach den USA fahren können. Es wäre wirklich eine Erlösung für sie, von dort herauszukommen. Wir erhielten am 14.3. d. J. einen Brief von den lieben Verwandten Bernstein aus New York, worin sie uns mitteilten, dass die Papiere von Anfang Dezember unterwegs sind, u. hoffen wir jetzt, dass alles klappt und gut vorüber geht, denn auch die l. Verwandten haben sich aufgeopfert und sich die größte Mühe gegeben. Es hat sie viel Geld, Schweiß u. Angst gekostet. Jetzt, l. T. Toni, spreche ich Dir meinen innigsten Dank aus für die Hilfe, Rat u. Tat, die Du den l. Eltern angedeihen lässt, obwohl Onkel Bernard nicht daheim ist und es Dir sicherlich nicht so leicht fällt.
Nun, meine Lieben! Wie geht es Euch wirtschaftlich? Habt Ihr noch das Geschäft u. wer führt es? Wie fühlt sich Onkel Bernard? Kommt er öfters nachhause? Der l. Aidy sowie Georges wünsche ich viel Glück zu ihren Berufen u. [gebe] der Hoffnung Ausdruck, dass auch ihr Streben u. Fleiß von Erfolg gekrönt sein wird. Jetzt zu mir. Wie Ihr wisst, lerne ich Tischler u. habe meine 4 Prüfungen (um zum Verdienst zu gelangen) bestanden u. fange an zu verdienen, um je nach Können u. Wissen später im Verdienst zu steigen. Mein Wunsch, Architekt zu werden, ist unmöglich, da es ein Vermögen kosten würde u. ich noch Gymnasium u. Universität besuchen müsste. Darüber bin ich nicht enttäuscht und weiß nicht recht, ob ich dem angefangenen Beruf treu bleiben oder einen anderen Beruf ergreifen soll, da ich auch für andere Fächer Interesse hege. Über dies möchte ich [sowohl] Eure Meinung u. [Euer] Verständnis, [als auch das] der l. Eltern hören. Letzten Endes bin ich noch jung, und das Leben liegt noch vor mir. Den Tag also arbeite ich, und am Abend lerne ich Iwrit, die Landessprache, um später in anderen Fächern eine richtige

Abendschule zu besuchen, wie ich es schon angefangen hatte.
Wohne in einem Jugendheim. u. um Deinem Wunsche gemäß
nachzukommen, so kann ich Dir ruhig mitteilen, dass ich einen
Kreis guter Freunde, besonders aber einen Kreis guter u.
aufrichtiger Menschen gefunden habe, die mir mit Rat u. Tat zur
Seite stehen u. [mich] unterstützen. Sonst: Das Klima ist hier gut
erträglich für junge Leute.
Ein Bild, meine Lieben, ist im Moment unmöglich, vielleicht das
nächste Mal sende ich Euch sowie den l. Eltern [eins]. Solltet Ihr
etwa in der Lage sein, mir ein Bild (Aufnahme) von Euch und den
l. Eltern u. Brüdern zu schicken, so würde ich mich riesig freuen.
Wie geht es den l. Eltern u. Geschwistern sonst? Ich weiß nicht, ob
ich den kleinen Kurti erkennen würde u. die andern, die doch auch
alle sicherlich groß geworden sind u. sich verändert haben. Aber
heute nur das Wichtigste. Habt Ihr meine Briefe u. Karten
erhalten? [Habe] Euer Telegramm nicht erhalten. Welchen Inhalts
war es? Jetzt will ich schließen u. hoffe, dass Euch meine Zeilen bei
bester Gesundheit antreffen und verbleibe mit vielen Grüßen u.
Küssen an Euch sowie an die herzgl. Eltern
Euer stets an Euch denkender Neffe
Martin
[Handschriftlich: Martin]
P.S. Viele Grüße an alle Kölner Verwandten u. Bekannten. Viele
Grüße sendet Euch die l. Oma, O. Heini, T. Sara, sowie Kinder, O.
Hermann, T. Rosa sowie Sohn.

[G (D), Q: MB]

Sonntag, den 12. Oktober 1941
Menasche in Palästina an Walter in Südafrika

Lieber Freund Walter!
Nun ist es schon über ein ½ Jahr her (12.2.41) seit dem Empfang
Deines Briefes. Ich schreibe Dir jetzt, da ich denke, mein
Antwortschreiben sei verloren gegangen. Seit meinem l. Schreiben
und dem diesigen hat sich natürlich viel verändert, was noch in
Ferne war, hat sich erfüllt, Lebensziele sind umgestoßen worden,
aber alles der Reihe nach.
Wie Du weißt, bin ich schon 1 ¾ Jahre in Palästina und kann ein
Liedchen singen. Auf meines Onkels Wunsch lernte ich nach
einem ½ Jahr meines Hierseins in Tel Aviv Elektrotechniker, was
mir nicht schlecht gefiel. Nach einem Monat war keine Arbeit mehr
da, durch die hiesigen Verdunkelungsvorschriften. Es war ein guter
Meister, und ich hätte lernen können (hatte ich nun eigentlich).

Inzwischen lernte ich Iwrit, die für Juden offizielle Landessprache. Da ich nun eigentlich Architekt werden wollte, gab man mir die Möglichkeit, in einer städt. Tischlerschule zu lernen, und wenn ich 16 ½-17 Jahre bin, eine Abendschule für einen Architekten-Kurs zu besuchen. Ich war einverstanden. Da die Tischlerschule am Ende der Stadt lag, kam ich in ein sogenanntes Jugendheim. Hier sollte ich das Fach erlernen, um mein Leben nachher alleine zu fristen. Nach späteren eingehenderen Erkundungen stellt sich Folgendes heraus. Um Architekt zu werden, muss man [das] Gymnasium 5 Jahre [und die] Universität besuchen. Dann erst 2 Jahre ins Ausland gehen, um selbständiger und zu alleiniger Ausführung von Plänen zugelassener Architekt zu sein. Wie Du verstehst, ist dies mir hier alleine unmöglich. Darüber bin ich enttäuscht und weiß nicht recht, ob ich dem angefangenen Beruf treu bleiben oder einen andern Beruf ergreifen soll, da ich auch für andere Fächer Interesse hege. (Deine Meinung?) Aber nicht den Kopf hängen lassen, denn ich bin noch [jung], und das Leben liegt noch vor mir. Ich lerne also schon 1 ¼ Jahre Tischlerei, und vor 2 Monaten habe ich meine letzte von 4 Prüfungen bestanden und verdiene (in einer privaten Tischlerei) jetzt 1 £p. im Monat. L. Walter. eine erfreuliche Nachricht. Von meiner Tante aus der Schweiz erhielt ich einen Brief, im Juni/Juli, worin sie mir mitteilte, dass meine l. Eltern bald von K. nach den USA fahren u. es sich nur noch um Wochen handeln könnte. Meine zwei Brüder fahren also von Antwerpen nach K. zurück und von dort mit den Eltern zusammen. Die einzige Nachricht seit 1 ¾ Jahren. Nun, l. Walter, zu Dir. Zuerst meinen besten [Dank] für das gesandte Bild, womit ich mich riesig gefreut habe. Wenn ich nicht von Dir sowie Hannelore ein Bild bei Deiner Großmutter gesehen hätte, würde ich Euch nicht erkannt haben. Groß seid Ihr geworden, aber nicht viel verändert. Jetzt versuche ich Dir ein genaues Bild meines Tageslaufes zu machen, der zugleich auf Deine Fragen die Antwort bilden soll. Ich arbeite von 7-5, mit Mittag natürlich, und lerne gut, denn ich habe zwei gute Meister aus Rumänien. Nach der Arbeit von 6. 8½-9 besuche ich die Abendschule (momentan sind Ferien) oder Maccabi Sportverein. In meinen wenigen freien Stunden lese ich u. höre gerne Musik, obwohl ich selbst unmusikalisch bin. Komisch, was? L. Walter. Was Freunde anbetrifft, so habe ich einige Kameraden, nicht aber von diesem Jugendheim, meistens »Sabres«, d. h. Eingeborene des Landes, also von aller Herren Länder stammende Einwanderer-Kinder, die hier geboren sind. Wohl verstehe ich mich mit einigen Jungens gut, doch nicht in dem

Verhältnis so, wie das unsrige war u. hoffl. bleibt. Mein Wunsch, Dich wiederzusehen, mit Dir einmal zu reden, ist groß, denn nicht alles kann man in einem Brief erklären u. Gedanken austauschen, z. B. eigene Pläne der Zukunft, u. welche Möglichkeiten es nach dem Kriege geben wird. Nun eine ganz intime Frage u. jetzt akut gewordene Frage. Wie denkst Du überhaupt über die Zukunft Palästinas und der Juden? Ich bin neugierig, die Meinung und Gesinnung des Auslandes zu hören. Besonders Deine, da ich fast 2 Jahre hier bin und ich mit der Lage ein bisschen vertraut bin. Die offiziellen Landessprachen sind für Engländer, u. eigentlich richtig, da Palästina ein Mandat ist, Englisch, für Juden Iwrit, für den Araber Arabisch u. Französisch, außer der von jedem Einwanderer gesprochenen Muttersprache: Deutsch, Polnisch, Russisch, Rumänisch u.s.w. Hier in Palästina gibt es so viele Probleme, über die ich Dir im nächsten Brief berichten werde (wenn Du willst), die keine sind, sobald man einig ist, welchen Weg zur Lösung man gewillt zu gehen ist oder [gehen] müsste. Jetzt, l. Freund, will ich Schluss machen, habe ich Dir doch einen sehr ausführlichen Brief geschrieben u. all Deine Fragen beantwortet. Ich schließe und verbleibe mit besten Grüßen von Deinem Freund
Martin
[Handschriftlich:] Martin
N.N. L. Walter. Ich hoffe, nun auch von Dir einen ausführlichen Brief zu bekommen u. mir etwas über Landesverhältnisse mitzuteilen. Viele Grüße an Deine l. Eltern u. Schwester Hannelore Die herzl. Neujahrsglückwünsche sendet Euch allen
Martin Bader
[Handschriftich:] Martin Bader
[Darunter gemalt: ein großes und ein kleines »V«]

[G (D), Q: MB]

1942

Mittwoch, den 25. März 1942

Menasche in Palästina an Fischel und Regine in Deutschland

An das Rote Kreuz:
Genf.
Liebe Eltern, Brüder und Verwandte!
Uns geht es gut und hoffe, dasselbe von Euch zu hören sowie dass Ihr alle gesund seid.
Gruß und Kuss
Euer Martin

[G, Q: MB]

1943

Dienstag, den 23. März 1943
Hermann in Palästina an Verwandte in den USA

Liebe Tante und alle unsere Lieben! Es ist schon lange her, dass wir nichts von Euch gehört haben, und so möchte ich heute an Euch schreiben und zur gleichen Zeit mit verschiedenen Wünschen an Euch herantreten. Bevor ich damit anfange, hoffen wir, dass Ihr alle gesund seid und Gleiches können wir von uns berichten. Die l. Mutter befindet sich, wie Ihr sicher wisst, im Kibbuz bei meinem Bruder Heini, und ist sie gttlob gesund, wenn auch Verschiedenes zu wünschen übrig lässt. Wie die l. Tante weiß, befindet sich bei uns der älteste Sohn von meiner Schwester und Schwager, wofür Ihr, meine Lieben, [euch] bemüht [habt], ein Affidavit zu bekommen. Wie weit die Sache Euch gelungen ist, wissen wir nicht und bitten Euch, uns doch ausführlich zu schreiben, ob Ihr etwas von ihrem Aufenthalte in Erfahrung gebracht habt. Wir haben mehrmals durch das Red Cross in Genf geschrieben, aber nie Antwort bekommen und wissen wir nicht, wie und wo sie sich jetzt befinden. Wie die l. Tante vielleicht durch Paula Kalmanovitz oder Kalmann (der Mann ist ungefähr vor 2 Jahren gestorben) gehört hat, hat mein Schwager Fischel bei Paula K. [diverse] Schmuckstücke, unter anderem auch 4 Siegelringe, Uhren u. Chattele, zur Aufbewahrung gegeben, bis sie eventuell dorten sein sollten oder weitere Anordnungen erhalten sollten. Desgleichen haben Familie S[...] W, in Philadelphia [...] USA 1 Paar Brilliantohrringe, Uhr und Kette, und bei Familie Stadtländer 4 Anzüge und andere Wertgegenstände mitgenommen nach dort. Da die Sache jetzt schon zirka 3 Jahre her ist und wir mehrmals geschrieben haben, aber nie Antwort erhalten haben, bitten wir Dich, l. Tante, [Dich] dringend mit all diesen Leuten in Verbindung zu setzen und von allen Menschen die Sachen zu fordern und zu [dir] in Verwahr zu nehmen. Wir bitten die l. Tante nochmals, da es das ganze bisschen Vermögen darstellt, sich stark zu bemühen und uns umgehend [zu] schreiben, was die l. Tante von den Leuten erhalten hat. Außerdem hat Frau Schönfeld, die Mutter von Frau S[...], 50 Dollar in bar in Köln von Fischel und Regine erhalten, und obgleich wir an Familie S[...] geschrieben haben, sind wir bis jetzt ohne Nachricht verblieben. Jetzt, l. Tante, hast Du mir seinerzeit eine Karte geschrieben, zu gleicher Zeit mit einer Familie Benno L[...]. Von dieser Familie bitte ich die l. Tante, mir die Adresse zu schreiben und sie zu bitten, den mir

schuldenden Betrag von einigen £p. auch Dir aushändigen zu wollen. Wir glauben, dass wir Euch damit viel Arbeit machen, aber da es für einen wichtigen Zweck bestimmt ist, wird die l. Tante uns das nicht übel nehmen. Anbei übersende ich der l. Tante von mir, meiner Frau und Kind ein Picture, damit Ihr Euch noch erinnern könnt. Damit will ich schließen und hoffe, dass mein Schreiben Euch bei bester Gesundheit antrifft u. verbleibe mit herzl. Grüßen und Küssen Euer
Hermann Sibirski

[G (D), Q: MB]

Dienstag, den 23. März 1943
Menasche in Palästina an Verwandte in den USA

Liebe Verwandte!
Auch ich will nicht versäumen, mich bei dieser Gelegenheit vorzustellen und schließe mich dem Sinne dieses Briefes meines l. Onkels an.
Empfanget die herzlichsten Grüße und aufrichtigen Dank für die Mühen und Aufopferung, die Ihr meinen l. Eltern und Geschwistern angedeihen habt lassen, die auch hoffentlich bald von Erfolg gekrönt sein werden. Von mir unbekannterweise
Martin Bader
[Handschriftlich:]
J. Martin Bader
Anbei ein Picture von mir.

[G (D), Q: MB]

1945

Sonntag, den 16. September 1945
Menasche in Palästina an Paula in den USA[116]

Mrs Paula Kalmann and daughters,
Schalom Alechem.
It is rather funny for me to address this letter with »Mrs. Paula Kalmann« as I do remember you much better as »Tante Paula«. As you will see from the above letter heading I am Martin Menashe Bader, the son of Mr. Fischel Bader of Cologne, 12, Engelbert Rd. and since December 1939 here in Palestine. I myself immigrated to Palestine upon receipt of permit through my relatives Sibirski, Hermann, […] Tel Aviv, but unfortunately had to leave my parents and brothers in Germany and in spite of all my endeavours to ascertain the present whereabouts of any of the above I am still in no communication with them. You will know that my brothers

passed the Belgian frontier but were later on forced to return to Cologne. However, in spite all my endeavours I could not get in touch with them and until today have heard nothing from them.

I hope you are well and can advise you that I am by now working as a joiner but owing to [the] termination of hostilities I am now standing before difficult questions about my existence.

The reason for this letter is mainly to ask you to be kind enough and give me particulars of the property which was submitted to you by my father in order to be kept by you. I would like to know what is in your possession and in which condition the property is.

Dear Tante Paula. You, I am sure, understand my position. I still do not know, whether any member of my family is still alive and if so – where they are. Therefore I am presently the only person entitled to look after the interests of our family.

There is also something else. In March 1943 I wrote a letter to Bernstein (these are the people that wanted to he£p. my parents to come to the US) but unfortunately this letter was returned to me. Could you ascertain the correct address? The last known address was F. Bernstein, [...] Brooklyn, NY.

I hope you are alright. Please excuse me if this letter seems somewhat »businesslike« but I promise that as soon as I have your reply I shall write you something about myself. I am also attaching a picture of [me] and hope you will like it.

In anticipation of your early reply I am,
Yours
[keine Unterschrift]

[G (D), Q: MB]

Sonntag, den 16. September 1945
Menasche in Palästina an Familie S. in den USA[117]

Mr. & Mrs. W. S[...].

Schalom Alechem,

As you will see from the above letter heading I am Martin Menashe Bader, the son of Mr. Fischel Bader of Cologne, 12, Engelbert Rd, and since December, 1939, here in Palestine. I myself immigrated to Palestine upon receipt of permit through my relatives Sibirski Hermann, [...] Tel Aviv, but unfortunately had to leave my parents and brothers in Germany and in spite of all my endeavours to ascertain the present whereabouts of any of the above I am still in no communication with them. When I reached Palestine I immediately wrote you communicating to you the regards of your mother who at the end of 1938 still was living in Cologne, but was later on deported to Poland. However, all my endeavours during all these years to get in touch with you by letter or with another relative in the US failed. Now, with postal communications more secure than during the past I am again approaching you concerning the following:

When you were leaving Germany my parents or my father respectively submitted to you various valuables of my father and mother and requested you to keep these until my parents will arrive in the US or until other instructions will be given through any member of our family. Furthermore my parents gave your mother an amount of RM. 100.- for her living and it was agreed that this money should be remitted to me to Palestine as I was just before my immigration. I am sure that the above valuables were kept well by you and are still in your possession as a whole. Will you, therefore, be kind enough and advise me which valuables are in your possession and furthermore await my further advice in this respect.

I am sure you will realize that I am obliged to take this step until it is [known] if any members of my family are still alive and if so – where they are. Therefore, I am at present the only person entitled to see after the interests of my family.

I am writing in English in spite [of] the fact that it may be somewhat poor but I have rather [forgotten] my good German during these years and I assume you will understand English just as well by now. I am wishing you Shana Towah and promise you that after receipt of your reply I shall also write you a very private letter, as this one may seem to be somewhat businesslike. Just for your information I wish to add that I am working as a joiner and am now standing before difficult questions of existence. About that another time.

In anticipation of your early reply I remain,

Yours,

[keine Unterschrift]

PS. Maybe you will hardly remember me. You knew me as a little boy. Therefore I am attaching hereto a picture of [me] and hope you will like it.

[G (D), Q: MB]

Samstag, den 27. Oktober 1945
Regine Stadtländer-W. in den USA an Menasche in Palästina
Lieber Martin Bader
Ihren lb. Brief erhalten und haben wir uns darüber gefreut, dass es Ihnen gelungen ist, nach Erez zu kommen, und wir hoffen von Herzen, dass Sie bald von Ihrer Fam. hören. Nun zu Ihrem Brief, es stimmt, dass Ihr Vater meinem Vater die Anzüge, ditto eine goldene Kette mitgegeben hat, aber kurz nach der Ankunft meines Vaters hier in den Staaten bekamen wir einen Brief von Ihrem Vater, dass wir die Sachen zu Paula Kriegstein schicken sollen, was wir dann auch getan haben. Sie müssen sich nun mit Paula Kriegstein-Kalmanowitsch in Verbindung setzen. Anbei gebe ich Ihnen die Adr. Mrs Paula Kalman [...]
Bronx New-York
Bin sicher, dass Paula die Sachen in Ordnung gehalten hat.
Wir wünschen Ihnen alles Gute für die Zukunft
Frdl. Grüße
Regie Stadtländer-W[...]

[H, Q: MB]

Montag, den 29. Oktober 1945
Toni in der Schweiz an Menasche in Palästina
Mein lieber Martin!
Ich hoffe und wünsche, dass Dich mein Brief erreicht, habe Dir schonmal am 3. Okt. geschrieben auf Verlangen Deines Freundes E. [...] aus Deutschland, auch ihm habe [ich] geantwortet. Nun erhielt ich heute von einer Dame aus Genf im Auftrag von Dr. R. S[...] einen Brief, worin sie mir sagt, Du hörest von uns nichts und seist in Sorge. Bei uns, lieber Martin, ist gottlob alles in bester Ordnung, Aidy ist seit Mai 1942 glücklich verheiratet und wohnt in Zürich. Sie hat ein 1 ½-jähriges Söhnchen, sie selbst hatte hier Apothekerin studiert und dann einen Juwelier geheiratet, Georges hat eine 4-jährige Lehre als Auto-Mechaniker hinter sich, und, nachdem er daneben durch Abendkurse noch die Matura gemacht hat, studiert er hier Flugzeug-Ingenieur, Onkel arbeitet wie stets auf seinem Beruf, in Textilien, und haben wir ein gut eingeführtes kleines Geschäftchen auf diesen Artikel. Lieber Martin, es wäre alles g.s.D. ein Grund um glücklich & zufrieden zu sein, wenn das große Unglück uns nicht alle betroffen hätte, indem ich August 1942 von Deinem l. Papa & Mama eine Karte bekommen hätte, dass man sie deportiert, wohin unbekannt, seitdem habe durch das hiesige Rote Kreuz immerfort nachgeforscht, leider bisher

Lausanne, 29. Okt. 45.

Mein lieber Martin,

Ich hoffe und wünsche dass Dich mein Brief erreicht, habe Dir schon mal am 3. Okt. geschrieben auf Verlangen Deines Freundes [Nachname] aus Deutschland, auch ihm habe geantwortet. Ein erhielt ich heute von einer Dame aus Genf im Auftrag von Dr. [Nachname] einen Brief, worin sie mir sagt Du wüsstest von uns nichts, und seist in Sorge. Von uns lieber Martin ist gottlob alles in bester Ordnung, Lily ist seit Juni 1942 glücklich verheiratet und wohnt in Genf. Sie hat ein 1½ jähriges Söhnchen, sie selbst hatte hier Apothekerin studiert und ist nun mit einem Juwelier geheiratet, Georges hat eine 4 jährige Lehre als Autoelectriker hinter sich und nachdem er daneben noch Abendkurse und die Lehre gemacht hat studiert er hier Flugzeug-Ingenieur. Onkel arbeitet wie stets auf seinem Beruf in Textilien und haben wir ein gut eingeführtes kleines Geschäftchen auf diesem Artikel. Lieber Martin es wäre alles g. s. D. ein Grund uns glücklich & zufrieden zu sein, wenn das, nicht zugleich uns nicht alles betroffen hätte, indem ich August 1942 von Deinem lb. Papa + Mama eine Karte bekommen hätte, dass man sie deportiert, wohin unbekannt, breitete + habe durch das hiesige Rot-Kreuz unausfort nach geforscht. Leider bisher erfolglos und bleibt mir die Hoffnung dass sie irgendwo aus Russland auftauchen können, Knuth war mit ihnen. Von Georg & Ady auch seit 1942

Die erste Seite des Briefs von Toni an Menasche vom 29. Oktober 1945.

erfolglos, nun bleibt mir die Hoffnung, dass sie irgendwo aus Russland auftauchen könnten, Kurtli war mit ihnen. Von Georg & Adi [habe ich] auch seit 1942 nichts mehr gehört, Georg war im Waisenhaus Antwerpen und Adi in einem jüd. Waisenhaus Brüssel, habe ihnen regelmäßig Geld geschickt und auf mein letztes Geld bekam ich Antwort von der Directrice, dass die Deutschen Georg abgeholt hätten mit unbekanntem Ziel, auch von Adi [habe ich] nie wieder etwas vernommen, all meine Nachforschungen [waren] erfolglos, dies, mein lieber Martin, hat mich alt & grau gemacht, sodass ich mich stets wie gerädert fühle, hinzu kommt ein chronisches Kopfleiden. Onkel Josef lebt in Zürich, Onkel Max war zuerst in Gurs und dann in Marseille, wo er bei einer Razzia geschnappt wurde, dies war auch August 1942. Jetzt, lieber Martin, lasse mich alles von Dir wissen, wie es Dir geht, was Du machst, und ob Du von Deinen l. Eltern etwas weißt. Viel waren aller unsere Gedanken bei Dir, lieber Martin, aber glaube mir, es fehlten mir Mut und Worte, Dich wissen zu lassen, wie groß unser Kummer ist, erst als ich ein Schreiben von Deinem Freund erhielt, worin er mir schreibt, Du hast ihn beauftragt, nach Deinen l. Brüdern zu forschen, fasste ich Mut, mit Dir offen zu reden, und nun wollen wir alle voller Gottvertrauen & Hoffnung auf ein Wiederfinden vertrauen. Mein lieber Martin, ich wünsche, dass Du mein Schreiben erhältst und mich unbedingt über alles, was Dich und Deine Zukunft betrifft, wissen lässt, auch was Oma und [die] Onkel machen, und ob Du Tante Frimet oder Dora mal siehst. Nun will ich für diesmal schließen, bleibe gesund, stark & mutig, und solltest Du einen Wunsch haben, den wir Dir erfüllen können, lasse es uns bitte wissen. Inzwischen herzlichste Grüße & Küsse von uns allen
Tante Toni, Onkel Bernard & Georges
Die Adresse von Aidy lautet:
Aidy […], Zürich […]
Schreibe ihnen mal, sie wird sich sehr freuen, auch ihr Mann, ein ehrlicher Mensch.

[H, Q: MB]

Mittwoch, den 31. Oktober 1945
Regine S. in den USA an Menasche in Palästina
Lieber Martin
Deinen Brief haben wir dankend erhalten, und freuen uns sehr, dass Du in Pal. bist, aber sehr, sehr leid tut es uns, dass Deine lieben Eltern in Deut. geblieben sind. Wir wünschen es Dir vom

ganzen Herzen, dass Du gute Nachricht haben sollst, dass die alle noch am Leben sind, das Gleiche hoffe ich noch zu hören von meiner Mutter & [meinem] Bruder. Bis Ende 1940 habe ich noch mit Mutter korrespondiert, ihr Geld zum Leben geschickt. Sie war in Berlin, seit Amerika ist [im] Krieg, konnte ich nicht mehr in Verbindung sein, aber durch das Rote Kreuz hatte ich im Juli 1942 Nachricht, dass Mutter noch in B. ist und hat noch die alte Adr. Seit dieser Zeit habe [ich] nichts mehr gehört. Lieber Martin, Du fragst mich an, wegen den Sachen, was Dein Vater uns mitgegeben hat, ja, leider wirst Du gehört haben, was die Verbrecher einem an den Grenzen angetan haben, als die gesehen haben, dass man nach Amerika fährt, und so haben die uns alles abgenommen, nicht nur das bisschen von Deinen Eltern, nur noch sehr, sehr vieles von uns, auch weil wir kein Geld mitnehmen wollten, so haben wir uns Verschiedenes gekauft, und all unser Arbeiten in Deut. war umsonst, Gott sei Dank, wir haben unser Leben gerettet, und hier fangen wir von Neuem an, Gott sei Dank, dass wir gesund sind und können arbeiten. Was Du mir wegen der 100 RM. wegen Mutter schreibst, das ist richtig, das war in 1939, als Mutter zurückgeschickt ist worden von der Grenze nach Polen, wegen diesem hatte mir die Mutter gleich geschrieben, als sie in Berlin war. 1940, weil wir doch [von den] Verhältnissen in Deut. wussten, so hat mein Mann das Geld gleich an Mutter geschickt, damit sie es an Euch zurückschicken soll, denn von hier konnte man zu dieser Zeit an keine Fremden, nur an Eltern Geld schicken. Du bist ja ein wunderbar schöner junger Mann geworden, auf dem Picture hätten wir Dich nicht erkannt, denn als Kind hast Du ganz anders ausgesehen.
Die letzte Wohnung war [...], jetzt in Tel-Aviv wohnt ein Freund von uns [...]
[Keine Unterschrift]

[H, Q: MB]

Dienstag, den 13. November 1945
Menasche in Palästina an Adi in Belgien

Lebenszeichen erhalten. Empfange Soldiers [...]. Mein bester Freund Brief folgt. Grüße Küsse Dein Bruder Martin

[Telegramm, Q: AB/MB]

Sonntag, den 18. November 1945
Adi in Belgien an Menasche in Palästina

Bin sehr glücklich und erwarte umgehend Luftpostbrief. Adi

[Telegramm, Q: MB]

Dienstag, den 20. November 1945
Martin in Palästina an Adi in Belgien
Liebster Bruder Adi, Schalom! Endlich nach tagelangem Warten u. voll Unruhe [habe ich] gestern abend Dein Telegramm erhalten. Es waren eigentlich keine Tage, sondern Jahre. Diesmal keine Jahre der Ungewissheit: Wo ist Adi, Georg, Kurt u. die lieben Eltern? Wo sind alle meinen Lieben, die ich 1939 in Köln zurückließ, um heute nach 6 Jahren Dich – endlich wieder Einen wiedergefunden habe. Wie Du nur aussehen magst? Als ich wegfuhr in eine neue Heimat, die auch Deine Heimat – unsere Heimat – sein soll, warst Du 8 ½ Jahre alt. Ich sehe Dich auch jetzt vor mir u. die l. Eltern, als sie Dich nach Duisburg brachten. Es sind Jahre vergangen, u. Du bist älter geworden. Das Leben hat Dich sicher älter und misstrauischer gemacht. Wirst sicher viel durchgemacht [haben] in den Jahren, in denen schwere Wolken über uns hingen u. nicht ein bisschen Sonne in unsere Herzen eindringen konnte. Liebster Bruder! Schreib mir bitte alles, alles von Dir, denn wisse, Du wirst ein offenes [...] und verständnisvolles Bruderherz finden, das Deines versteht. Heute, nach dem die ersten Strahlen neuen Lebens in Dir auftauchen mögen, fasse frischen [Mut] zu [einem] neuen, besseren Leben in einem Lande, das unser ist, in einem Land, das Dir die Freiheit geben soll. In einem Lande, in dem Du reinere Luft einatmen magst, unter den Deinen unbeängstigt und als freier Mensch umhergehen sollst. Lieber Adi. Ich werde das Meine tun, um Dir so schnell wie möglich zu helfen u. um Dich zu uns zu nehmen. Habe meinen besten Freund Ernst [...] beauftragt, Dir mit Rat u. Tat zur Seite zu stehen. Fasse Vertrauen zu ihm. Habe gestern nach 5 Jahren von Tante Toni einen Brief erhalten. Sie weiß leider nicht, wo die l. Eltern u. Brüder sind. Hoffen wir beide, dass auch sie auftauchen u. auch sie den Zeiten des Schreckens u. Elends entronnen sind. Jetzt, l. Adi, möchte ich Dich bitten, sofort an das Brüsseler Palästina-Amt Dich zu melden und melden, dass Du einen 20-jährigen Bruder, Großmutter sowie 2 Onkel u. Tanten in Palästina hast und Du zu Ihnen willst. All dies ist nötig, um Dein Herkommen zu erleichtern. Möge G'tt geben, dass dies nicht allzu lange dauert. Ich bitte Dich außerdem, mir einen ausführlichen Brief über Dich u. Dein Tun sowie irgendein Verlangen oder [irgendeine] Bitte sofort zu informieren. Verlangt man von Dir Auskunft über uns, beachte das Folgende.

Der Durchschlag der ersten Seite von Menasches Brief an Adi vom 20. November 1945, nach der ersten Kontaktaufnahme seit 1939.

Adolf Bader geb. 17. II. 31 Köln
Fritz Bader geb 14.II.1898 Köln
Regina geb. Sibirski 25.5.11
Georg Bader 26.10.27
Kurt Bader 1.7.35
Martin Bader 8.10.25
Letzte Wohnung: Alexianerstr. 24, 1. Etg.
Ich arbeite hier als Tischler und Drechsler und habe mein Auskommen. Für heute ist es genug und erwarte sehnlichst, l. Adi, Deine Antwort. Also, für heute mein lieber Bruder sei herzl. gegrüßt u. geküsst von
Deinem Bruder Martin
(hier in Erez Menasche)

[H (D), Q: MB]

Mittwoch, den 28. November 1945
Adi in Belgien an Menasche in Palästina

Mein lieber Bruder Martin,
endlich, nach langen Jahren ohne Nachrichten habe ich soeben Deinen ersten Brief erhalten, der mir ganz große Freude gemacht hat! Du kannst Dir nicht vorstellen, wie froh ich bin, denn ich hatte niemanden, der mir schrieb. Ich fragte mich oft, was wohl aus Dir geworden sei; ich dachte an vielerlei Möglichkeiten; aber jetzt kenne ich die Wahrheit.
Ich habe Dich im Jahre 1937 verlassen müssen, mit 6 ½ Jahren; ich erinnere mich nicht mehr an Dich und auch nicht an Kurt, er war noch klein. Lieber Martin, ich will Dir erzählen, wie und wo ich bin. Als ich nach Belgien kam, hat man mich in Kapellen, nahe bei Antwerpen, platziert. Ich war dort bei einer sehr guten Frau untergebracht und bin dort 5 Jahre geblieben, bis 1942. Georg hat mich ziemlich oft besucht, aber unglücklicherweise ist er 1942 deportiert worden. Bis 1941 habe ich noch Nachrichten von unseren lieben Eltern gehabt. Sie wurden gleichfalls deportiert; einmal habe ich noch von ihnen aus Polen, wohin sie deportiert waren, gehört. 1942 musste ich dann die brave Frau in Kapellen verlassen wegen der Deutschen. Ich wurde in einem Waisenhaus in Brüssel untergebracht, wo ich es sehr gut hatte. Aber von diesem Heim musste ich fort, weil in dem Heim, in dem ich jetzt bin, eine Schule war zu Besatzungszeiten, und da ich Flämisch sprach, kam ich nach Wezembeek, nicht weit von Brüssel. Im Januar 1943 bin ich nach hier gekommen. Ich habe sehr oft nach Antwerpen an Georg geschrieben, aber man hat mir nie geantwortet. Du

verstehst, ich wusste nicht, dass er deportiert war: das weiß ich erst [seit] etwa 2 Monaten, nachdem unsere Directrice sich erkundigt hat. Lieber Bruder, ich fühle mich sehr wohl hier, wir haben alles, was wir brauchen. Wir haben auch Gelegenheit, wenn unsere Zeit es erlaubt, Fußball zu spielen.

Lieber Martin, ich beende meinen Brief. Weißt Du, ich kann nicht mehr Deutsch schreiben, wohl aber sprechen. Die Directrice des Heims übersetzt den Brief und tippt ihn auf der Maschine.

Ich umarme und küsse Dich, in Liebe,
Dein Bruder
Adi

[G, Q: MB]

Sonntag, den 2. Dezember 1945
Adi in Belgien an Menasche in Palästina

Liebster Bruder, Schalom
Heute morgen habe ich Deinen zweiten Brief erhalten; ich war so glücklich, dass ich den Briefträger warten ließ. Martin, von Ernst habe ich 2 Fotos von Dir erhalten, über die ich mich sehr gefreut habe. Er hat mich vor einigen Tagen in Wezembeek besucht. Nun schickst Du mir noch 3 andere Fotos, über die ich mich auch sehr freue und für die ich Dir sehr danke. Martin, schicke mir doch bitte auch ein Foto von den lieben Eltern, denn ich besitze keins. Wenn möglich möchte ich auch Fotos von den Onkeln und Tanten in Palästina haben.

Heute ist der dritte Tag Chanukka, und wir haben alle Geschenke erhalten. Wir waren alle sehr zufrieden, denn es ist das erste Chanukkafest, das wir richtig feiern konnten; in den anderen Jahren waren die Deutschen hier. Ich hoffe, dass Du auch schöne Festtage verlebst. Martin, die Directrice hat mir versprochen, Nachforschungen zu halten nach unseren lieben Eltern und den lieben Brüdern Georg und Kurt. Wir wollen auf unsere Lieben warten, Martin, und Mut und Hoffnung behalten.

Im April 1945 habe ich meine Bar Mitzwah gefeiert; damals haben wir ein herrliches Fest gehabt, und die anderen Jungen, die mit mir Bar Mitzwah wurden und ich haben sehr schöne Geschenke bekommen, heute übrigens auch. Ich bin wirklich sehr zufrieden hier. Für heute ist das alles, was ich Dir zu schreiben habe, lieber Martin. Ich umarme Dich und küsse Dich sehr herzlich, ebenso wie unsere Onkeln und Tanten.

In Liebe, Dein Bruder,
Adi

[G, Q: MB]

Sonntag, den 16. Dezember 1945
Adi in Belgien an Menasche in Palästina
Mein lieber Martin,
da ich von Dir noch keinen Brief wieder habe, und da Du mir geschrieben hast, ich solle schreiben, so oft ich will, hier ist also wieder Nachricht von mir.
Zunächst gratuliere ich Dir von ganzem Herzen, lieber Martin, zu Deinem Geburtstag, ich wünsche Dir viel Glück und hoffe, dass wir uns so schnell wie möglich wiedersehen. Da ich jetzt zu weit von Dir entfernt bin, um Dir zu schenken, was ich möchte, schicke ich Dir 2 Fotos von mir. Ich hoffe, dass sie Dir gefallen. In der Schule haben wir augenblicklich Prüfungen zum Abschluss des ersten Trimesters; ich bin im 7. Schuljahr in der französischen Abteilung; es ist schwierig für mich; denn da ich durch die Kriegsjahre zurück bin, habe ich eine Klasse übersprungen.
Hier im Heim geht alles gut. Der Tag vergeht sehr schnell, vor allem jetzt, da wir für die Prüfungen arbeiten müssen. In unserer Schule in der französischen Abteilung sind in allen Klassen, vom ersten Schuljahr angefangen, Jungen aus unserem Heim an der Spitze der Klasse.
Martin, schreibe doch an Deinen Freund Ernst, dass er mich öfter besuchen soll. Bis jetzt ist er erst einmal gekommen, und ich möchte ihn gern öfter sprechen.
Sage doch bitte dort an unsere ganze Familie, dass sie mir schreiben möchten; so lerne ich sie dann schon kennen.
Ich schließe meinen Brief und umarme Dich vielmals.
Dein kleiner Bruder
Adi

[G, Q: MB]

Samstag, den 22. Dezember 1945
Menasche in Palästina an Adi in Belgien

Liebster Bruder Adi! שלום [Schalom]
Gestern, Freitag, nach langem Warten endlich Deine 2 Briefe erhalten u. hätte ich mir keine hübschere Schabbatfreude denken können. Die ganze Zeit war meine erste Frage bei meinem Nachhausekommen nach Post. Weißt Du, l. Adi, vorgestern, Donnerstag, sagte eine innere Stimme in mir: »Morgen zu שבת [Schabbat] bekommst Du Post.« Richtig, als ich gestern von der Arbeit kam, waren 5 Briefe da. 2 von Dir, 1 Brief von der Directrice eures Heimes u. 2 Briefe von Ernst. Ja, ich überflog die Briefe von Dir, denn von Lesen kann keine Rede sein. Umso mehr

freute ich mich zu hören, dass Du zufrieden bist u. alles momentan hast. Trotzdem sage jeden Wunsch Ernst, denn er wird Dir alles Nötige beschaffen. Dein Brief ist ausführlich, liebster Bruder, aber ein bisschen ungenau, denn Du bist nicht 37 nach Belgien, sondern 1939. Jetzt, l. Adi, möchte ich, dass Du auch alles von Dir wissen lässt. Was lernst Du, für was interessierst Du Dich, liest Du viel, auch über Erez Israel? All dies ist nicht allzu schwer ausführlich in einem langen Brief zu schreiben. Sag, kleiner, oh, entschuldige bitte, großer Bruder doch schon jetzt, spielst Du richtig Fußball? Treibst Du viel Sport? Du weißt doch, dass Sport [und] viele Ausflüge in der freien Luft viel zur Entwicklung des Menschen hinzufügen. Darum also vernachlässige außer Deinen anderen Pflichten [in] der Schule + dem Heim gegenüber nicht, viel zu turnen, laufen u. viele Sportspiele zu treiben, damit Du ein großer, kräftiger Junge wirst, und das willst Du doch sicher, liebster Bruder. Auch ich bin hier im מכבי [Maccabi] und turne und mache viele Ausflüge, wie Dir vielleicht schon Ernst erzählt hat. Lass Dir von ihm nur viel erzählen, denn wir waren immer zusammen. Ich hoffe, dass Du die anderen Chanukkatage nett verbracht hast. Gerade dieses Jahr hatten wir Juden Grund, dieses Fest in seiner großen historischen Bedeutung zu feiern. Der Sieg der Maccabäer,[118] dem verhältnismäßig schwachen jüd. Volk in Erez, über das große starke römischen Reich, der Sieg des Rechtes über das Unrecht, der Sieg der Freiheit, der Unterdrückung zu trotzen, der Sieg des Glaubens an unsere Religion u. Gesetze über den Unglauben u. Götzendienst. Dies alles, wie im Willen unserer Vorfahren verkörpert, als freie Menschen, auf eigenem Boden, im eigenen Lande in Freiheit ihr Leben zu genießen. Diesmal war das Judentum wieder das erste Opfer der ganzen Zivilisation im Ringen für die Freiheit u. Rechte der Nazis gewesen. Wie immer sind wir der ganzen Vernichtung entronnen – aber diesmal mit größeren Opfern als andere Völker. 6 Millionen Juden Männer + Frauen, Greise + Kinder, unschuldige Menschen bedecken die blutgetränkte Erde der Ghettos Warschau, Bialystock, die KZ Lager Dachau, Buchenwald u. andere unzählige Vernichtungsstätten unseres Volkes. Viele, viele unter den noch Vermissten tauchen täglich auf, unter anderem Namen, in anderen Städten, um ihre ewige Verfolgung und Wanderung in Erez Jisrael zu Ende zu bringen. L. Adi. Hoffen auch wir, unter den Glücklichen sein zu dürfen, bald mit all unseren Lieben hier in Erez zusammen sein zu dürfen. Übrigens habe ich gestern schon die erste Einladung für uns beide zum ersten Schabbatmittagessen bekommen. Also, l.

Bruder! Beeile Dich mit Deinem Herkommen, damit wir auch früh genug erscheinen können. Von hier aus geht es alles seinen Gang u. arbeitet die Maschine schon wegen Deinem Herkommen. Sei so gut, l. Adi, mir den Brief der l. Eltern von Polen einzuschicken, wenn Du ihn noch besitzt. Hast Du ein Bild von Georg? Wenn ja, schicke bitte auch mir eins, auch von Dir, denn ich möchte Dich dringend sehen, wie Du jetzt aussiehst. Ich schicke Dir ein Familienbild aus dem Jahre 1936 sowie unseren kl. Kurt vom Jahre 1939 und ein Bild Deiner selbst von 1933. Von Georg habe ich leider kein Bild. Höre zu, liebster Bruder. Dies sind die einzigsten Bilder außer noch einem Bild von Mama + Papa, die wir hier besitzen. Deshalb, l. Adi, pass auf sie auf u. hüte sie, denn mehr ist uns im Moment nicht geblieben. Dass sich die Directrice um den Aufenthalt der l. Brüder + Eltern kümmern wird, ist sehr nett, u. ich werde auch ihr persönlich schreiben. Also, l. Adi, war ein langer Brief u. hoffe von Dir auch einen noch längeren zu bekommen. Von Tante Toni Post erhalten u. werde ihr noch heute antworten. Schreib bitte auch zu ihr. B. L[...]. Lausanne [...] Swiss. Also, für heute sei gegrüßt u. herzl. שלום [Schalom]
Dein Bruder
מנשה [Menasche]
Werde Dir diese Woche nochmal schreiben. Tue Du dasselbe u. warte nicht immer auf meine Antwortpost.
מנשה [Menasche]

[H (D), Q: MB]

1946

Sonntag, den 6. Januar 1946
Menasche in Palästina an Adi in Belgien

Liebster Bruder Adi! שלום [Schalom]
Ja, lieber Adi, die 2 Fotos waren die angebrachtesten u. schönsten Geburtstagsgeschenke, die Du mir hast machen können. Ich war außer mir vor Freude, Dich nach 6 Jahren wiederzusehen, wenn auch nur auf einem Bild, aber ich habe mich riesig gefreut u. mit mir alle meine Freunde u. Bekannte. Du schreibst mir »kleiner Bruder«, weißt Du, wenn ich nicht schon im letzten Brief geschrieben hätte »großer Bruder«, ja, dann muss ich es heute doch nochmal bestätigen. Du bist groß geworden u. siehst auf dem Bild gut aus. Ich hoffe, dass das auch der Fall in Wirklichkeit ist. Alle Leute sagen, wir sehen uns ähnlich. Weißt Du, es ist ja auch keine große Kunst dabei, wenn wir Brüder sind. Außerdem danke ich Dir

für die Glückwünsche. Sie sind die Ersten, die ich von der Familie, d. h. von uns, seit dem 8.12.39, noch zu Hause, erhielt. Wie ich sehe, bist Du jetzt tüchtig beim Schwitzen in der Schule, aber all dies, l. Bruder, hatte seinen Zweck u. wird, wie ich es Dir wünsche, von Erfolg gekrönt sein. Jetzt ein bisschen zu mir. Was tue ich, treibe ich und wie lebe ich. Weißt Du, ich glaube, Ernst wird Dir inzwischen schon erzählt haben. Aber hier nochmals kurz. Ich bin, nachdem ich 3 Jahre Tischler war, Drechsler geworden, auch in der Holzbranche, und habe mein Auskommen. (Wir machen auch kleine & große Flöten, sogar für Orchester.) Ich wohne bei einem Freund im Zimmer, u. wir vertragen uns ganz gut. Abends gehe ich, d. h. ich ging bis um 1. Dez. 45, in den Maccabi zum Turnen und [um] andere Stunden als Jugendführer zu geben. Außerdem war ich auch dort während 2 ½ Jahren Sekretär. Dies habe ich aufgegeben, weil ich keine Zeit mehr hatte. Heute ist Sonntag, und morgen früh um 5 Uhr werde ich nach Ein Harod fahren zu der l. Oma sowie Onkel Heini sowie Frau + Kinder. Ich habe mir frei genommen bei der Arbeit, um ihnen deine Briefe u. das Bild zu zeigen. Dort wartet man nämlich ganz gespannt auf weitere Nachricht von Dir. Wie ich fahre? Ganz einfach, l. Adi, Trampen. Was ist das, willst Du fragen, ja? Nun, man steht auf der Landstraße u. hält Autos an, Lastwagen u. auch Personenwagen – wenn sie anhalten. Manchmal steht man stundenlang, u. wenn man Glück hat, bekommt man sofort ein Auto. Dann fährst Du bis zu Deinem näher gelegenen Punkt Deines Bestimmungsortes oder bis dort hin. Warum ich nicht mit dem Überlandauto oder Eisenbahn fahre? Ganz einfach. Das Land, unser Land, ist so schön, die Berge, das Meer, die Täler, die frische Luft, die Natur, blühende Felder, all dies reizt mich, frei durch das alte, jahrtausende alte, historische u. doch neu aufbauende Land zu streifen. Jeder Ort erinnert einen an biblische Ereignisse oder jetzt [im] Aufbau geschehene Ereignisse. Lass Dir all dies von Ernst erzählen, denn Du weißt noch nicht, was es heißt zu trampen. Jüdische Chauffeure, jüdische Städte u. Geschäfte, alles jüdisch, kaum zu begreifen, was, l. Bruder Adi. Aber doch wahr! Habe von Ernst einen Brief erhalten, worin er sich entschuldigt, noch nicht wieder bei Dir gewesen zu sein. Er wird aber sicher bei Erhalt meines Briefes schon bei Dir gewesen sein. Liebster Junge! Wenn Dir was fehlt, schreib mir bitte sofort oder sage es Ernst. Er wird für Dich alles tun, genau wie ich. Dann, l. Adi, schreib mir bitte noch öfter. Ich weiß, Du hast auch Pflichten im Heim. Mein l. Bruder, tue was man Dir sagt, denn auch ich habe 3 Jahre in einem Jugendheim

gelebt. Aber dies werde ich Dir schon ein andermal erzählen. Heute schrieb ich Dir einen langen Brief u. hoffe, auch von Dir einen langen langen, langen Brief zu bekommen. Lass bitte die Directrice herzl. grüßen von mir sowie alle Deine kl. Freunde im Heim. Also, mein liebster Bruder. Sei herzl. gegrüßt und geküsst von Deinem Bruder
מנשה [Menasche]
Menasche
Gruß an Ernst!
Schreib mir bitte einen lieben Brief auch in Französisch, da ein Bekannter ihn mir übersetzen wird. Also, l. Adi, Gute Nacht, schlaf gut u. träume von Deinem Bruder, der an Dich denkt.
Gruß
מנשה [Menasche]

[H (D), Q: MB]

Mittwoch, 9. Januar 1946
Adi in Belgien an Menasche in Palästina

Mein teurer und lieber Bruder!
Gestern erhielt ich deinen ausführlichen Brief. Ich war sehr zufrieden mit dem Brief und den Fotos. Ich war schon unruhig, weil ich eine Woche lang keine Nachrichten von Dir hatte. Vor 2 Wochen habe ich einen Brief von Onkel Hanoch [Heini] erhalten, über den ich sehr erfreut war. Lieber Martin, falls Du im Besitze von je einer Briefmarke von allen Sorten der Erez Jisrael Ausgaben [bist], sei so freundlich und schicke sie mir mit dem nächsten Brief. Ich bin ihm Jahre 1937 nach Belgien gekommen, als Kurt noch ganz klein war und kaum laufen konnte. Vorläufig gehe ich in die Volksschule (école primaire 4ième degré), die Mechanik und die Elektrizität interessiert mich sehr. Ich lese nicht viel, weil ich keine Geduld habe. Ich lese überhaupt nichts über Erez Jisrael, weil hier alles französische Bücher sind, und ich verstehe nicht alles. Ich spiele hier sehr viel Fußball, ein Spiel, das ich sehr liebe. Schade, dass man schon zur Schule muss. Die 2 Wochen sind schnell vorbei. Körperlich bin ich ganz gut gebaut, nur bin ich ein wenig klein für mein Alter. Lieber Bruder, Ernst ist bloß 1-mal hier gewesen, und ich erwarte ihn mit Ungeduld. Ich hoffe auch, Dich so schnell, wie es nur möglich ist, zu sehen und dass wir so glücklich sein werden, unsere Eltern zu finden. Mut, מנשה [Menasche]! Ich habe kein Bild von unserem teuren Georg. Ich verspreche Dir, Martin, dass ich Dir alle Fotos, die Du mir geschickt hast, im selben Zustande wiederbringen werde. Ich werde

mich erkundigen, wie ich unsere Eltern und Brüder suchen kann. Und noch etwas! Schreibe recht deutlich die Nationalität und Geburtsort von Papa, Mama und der ganzen Familie. Ich ende jetzt und wünsche Dir alles Gute und schicke Dir 1000 Küsse, Dein Dich liebender Bruder
Adi
P.S. Schreibe bitte an
Committee of Liberated Jews in Bavaria
Munich/Germany
Siebertstr. 3
mit den genauesten Daten und bitte Dich, wo möglich, Angaben über den Verbleib der Unsrigen zu schicken.

[H (aber nicht Adis), Q: MB]

Sonntag, den 20. Januar 1946
Menasche in Palästina an Adi in Belgien
Mein liebster Bruder Adi!
Nun ist es schon bald 3 Wochen her, ohne dass ich Dir schreibe & will jetzt das Gefaulenzte nachholen. Meine letzte Post erhältst Du aus Haifa auf dem Wege zu Oma sowie Onkel Heini, Frau + Kindern. Also, ich war in Haifa. Dort ging ich, wie geschrieben, erstmal tüchtig frühstücken, denn ich hatte einen Mordshunger, außerdem [war es] fürchterlich kalt für unsere Begriffe hier. Nach dem Frühstück begab ich mich wieder sofort auf die Landstraße u. mit ein bisschen Glück u. 2 x Auto gewechselt kam ich um 12 Uhr in Ein Harod an, wo ich die l. Oma schon im Speiseraum am Tische traf. Die Geduld zum Essen war jetzt nicht vorhanden, denn die Neuigkeiten u. Dein Bild forderten Eile. Die l. Oma sowie Tante Sarah freuen sich außerordentlich mit dem Bild. Weißt Du, l. Adi, 1 Bild gab ich der l. Oma, welches jetzt bei ihr in einem Rahmen mit den Bildchen von Kurt, Georg + mir zusammen steht. Wie schonmal gesagt, wir sehen uns alle ähnlich. Onkel Heini war nicht da, ist aber inzwischen schon bei mir in Tel Aviv gewesen. Er sagte mir, er glaubte, als er das Bild von Dir sah, das wäre ich, nur ein älteres Bild, l. Adi! Ich fuhr am nächsten Tag auf demselben Weg zurück nach T. Aviv, um am darauffolgenden Tag wieder zur Arbeit zu sein. Wenn Du kannst, schicke öfter Bilder, auch einfache Straßenaufnahmen, die werden uns sehr erfreuen. Hast Du meine Briefe, Karten u. die Bilder von unseren Lieben erhalten? Hast Du, lieber Bruder, Tante Toni geschrieben? (Lausanne, [...]) Deinen Brief an Onkel Heini gelesen u. freut mich zu hören, dass Du ihn noch in Erinnerung hast. Jetzt, l. Adi, habe

ich Dir von hier 1 Paket mit Schokolade u. Bonbons geschickt, welches aber erst in 4-5 Wochen ankommen wird. Versüße Dir damit Deinen 15. Geburtstag zum 14.II.46. Leider kann man von hier nichts anderes schicken, nur Liebespakete. Also guten Appetit. Wie weit läuft Deine Sache dort? Ernst schreibt mir u. wird schon bestimmt bei Dir gewesen sein u. erzählt haben. L. Adi! Hast Du genügend Geld, schreib bitte sofort, ob Du welches benötigst, Luftpost oder sonst irgendsonst welche Sachen. Meine Schrift ist nur »Hühnergekraksel«, aber weil mein Füllfeder[halter] kaputt ist u. ich den von einem Freund benutze, u. weiter weil ich während der Arbeit bin. Sonst, l. Adi, wie geht es Dir? Wie sind die Prüfungen ausgefallen? Hoffentlich gut! Habe gestern einen Radausflug mit einer Freundin gemacht. Fabelhaft. Wir frühstückten im Freien in der Nähe am Meeresstrand und kamen gegen Mittag ein bisschen müde nach T. Aviv zurück. Dies wäre das Neuste von mir. Ich warte schon mit Sehnsucht auf Deine kommenden Briefe, die aber auch öfter kommen sollen. Liebster Bruder! Anbei ein kleines Abzeichen, oder besser gesagt: »Das Zeichen«. Nicht als gelber Fleck, sondern als unsere jüdische Fahne. Trage es stolz, denn für sie sind Millionen Juden umgekommen, weil sie an diese blau-weißen Farben u. Magen David[119] glaubten. Für sie kämpften unsere Jungen in allen Formationen u. in der »Jüdischen Kämpfenden Brigade«. Pass auf, denn es ist auch wie als Andenken gegeben worden, u. ist so eine Fahne hier nicht zu bekommen. Für heute sei gegrüßt u. geküsst 100000 x von Deinem Bruder

מנשה [Menasche]

[H (D), Q: MB]

Donnerstag, den 24. Januar 1946
Adi in Belgien an Menasche in Palästina

Sehr geliebter Bruder Menasche!!??
Ich habe Deinen ellenlangen Brief erhalten. Ich war sehr zufrieden, dass Du mir so viel geschrieben hast, aber l. Menasche, Du musst mir deutlicher schreiben. Du schreibst mir, dass Du bist ja noch viel größer. Du weißt doch, dass ich 15 Jahre bin, und für dieses Alter bin ich viel zu klein. Das Foto, das Du mir geschickt hast, ist nicht gut gelungen. Ich konnte Dir weder Geschenke noch Briefe senden, weil ich deine Adresse nicht kannte, und das war es, was mich davon hinderte. Heute war Ernst bei mir, und er hat mir alles erklärt, was ich ihn gefragt habe. Ich hatte behalten, dass Du zum Maccabi gegangen bist. Zuerst hatte ich verwechselt Maccabi und

Misrachi.[120] Ich möchte sehr gern ein Foto von unserer l. Oma haben und sehen, wie sie jetzt aussieht, ich erinnere mich nicht mehr genau. Du gehst nach Ein Harod. Ah! Du bist ein Faulpelz, Du musst zu Fuß gehen. Das wird Dir nichts ausmachen, großer Faulpelz, der Du bist. Es fehlen mir noch einige Sachen, ich werde es Ernst sagen. Du sagst mir, ich sollte Dir mehr schreiben, aber ich habe wirklich nicht die Zeit dazu. Hör zu, Ernst hat mir gesagt, dass Du ihm einen 24 Seiten langen Brief geschrieben hast, während Du mir nur 4 Seiten schreibst. Das ist abscheulich. Warte nur, grüße die Familie Bader und Sibirski herzlichst von mir. Ich beende nun meinen langen Brief und umarme Dich aus der Ferne sehr stark. Herzlichst gegrüßt

Adi אדי [Adi]
Diesen Brief habe
ich selber geschrieben
Adi

[H, Q: MB]

Samstag, den 26. Januar 1946

Menasche in Palästina an Adi in Belgien

Innigst geliebter Bruder! שלום רב [Ein herzliches Schalom]
Deinen Brief vom 9.1. habe ich nach langem, ungeduldigen Warten endlich vorgestern erhalten. Weißt Du, l. Adi, wenn ich nicht immer sofort antworte, so liegt das meistens an der mir fehlenden Zeit. Aber, wie Du siehst, kann es sich nur immer um einige Tage handeln. Du aber, l. Adi, schreibe, sooft Du kannst. Das Erste, wenn ich nachhause komme, ist immer zuerst Du – Briefkasten. Leider ist er nur allzuwenig mit Deiner Post gefüllt. Du kannst Französisch schreiben, um nicht immer die werte Directrice zu belästigen, denn sie hat bestimmt noch andere Kinder zu bemuttern. Schreib, dann wird man mir hier den Brief schon übersetzen. Macht nichts, wenn es ein paar Fehler gibt, denn auch mein Deutsch ist nicht mehr sprach- u. grammatikrein. L. Bruder, schreibe mir bitte immer das Datum eines Briefes, auf den Du antwortest, denn es kommt vor, dass ein später mit Luftpostbrief gegangener Brief vorher bei Dir eintrifft.
Wie ich aus Deinem Brief ersehen kann, hast Du Ferien in der Schule gehabt, nicht? Wie waren die Ferien, wie hast Du sie verbracht? Sag, l. Adi, wie steht es mit Deinen Sprachkenntnissen? Welche Sprache sprichst Du, liest Du, u. welche Schrift beherrschst Du? Schreib bitte. Als was spielst Du Fußball, ich meine, in welcher Eigenschaft! Auch ich spielte mal lange Zeit. Es war, als

ich in einem Jugendheim hier wohnte, u. [ich] war eine zeitlang sogar ihr Kapitän. Unsere Gruppe hieß »Kadimah« קדימה, d. h. »Vorwärts«.
In dieser Fahnenform [Zeichnung eines Wimpels], blau-weiß u. die Schrift umgekehrt. Es war eine sehr nette Zeit. Blaue Hosen u. weiße Hemden. Das Abzeichen war auf der Hose links unten u. auf dem weißen Hemd, eine Art Trikot, war oben folgendes Zeichen Haus ←בית d. h. sozusagen
Jugend ← נוער Jugendheim
Diese Blusen hatten wir auch zu anderen Festlichkeiten an. Ich werde diese Woche Dir die gewünschten Marken besorgen u. sie Dir dann einschicken. Sammelst Du Briefmarken? Jetzt noch einmal die genauen Daten der l. Eltern u. Geschwister
Friedrich Bader, geb. 17.II.1898
Regina B., geb. Sibirski, geb. 25.5.1911
Georg B., 26.10.1927
Adolf B., 14.II.1931
Joseph Martin B., 8.12.1925
Geburtsort: alle Köln am Rhein […]
Werde mich diese Woche an Deine geschriebene Adresse wenden, wenn es möglich ist, von Erez nach Germany zu schreiben. Auf jeden Fall unternehme Du die nötigen Schritte. Ich bin am 12.12.39 von Köln u. am 14.12. von Triest nach Erez gefahren mit der »Gallilea«. Angekommen bin ich am 20.12.39 in חיפה (Haifa). Hast Du meine Karten von dort erhalten? Diesmal sende ich Dir einige Snaps von T. Aviv in einem extra Briefumschlag u. hoffe, dass es Dich freuen wird. Eurer l. Directrice bestelle bitte Grüße von mir, u. sag ihr, dies ist, weil sie Deine Briefe immer für Dich, kl. Bandit (so schrieb Ernst), übersetzen u. tippen muss.
Jetzt, liebster Bruder, möchte ich gerne wissen, wer sind Deine Freunde, wie stehst Du mit ihnen? Ich hoffe, dass Du kameradschaftlich ihnen gegenüber bist. Weißt, es gibt ein Sprichwort: »Sag mir, mit wem Du gehst, u. ich sage Dir, wer Du bist«. Mit anderen Worten, es kommt darauf an, in wessen Gesellschaft Du verkehrst. Schreib mir viel über alle diese Jungen, die gleiches Schicksal mit Dir geteilt haben, u. hoffe, dass Ihr auch gleiches Glück u. nette Stunden teilen sollt. Es würde mich sehr freuen, eine Aufnahme des ganzen Heims, d. h. der Kinder sowie der l. Directrice, zu bekommen. Lass auch ein paar Aufnahmen von Dir (aber nicht extra beim Fotografen) mir zukommen. Anbei sende ich Dir ein kl. Bild von der l. Oma. Es ist zwar schon 3 Jahre

alt, aber bis Onkel Heini Dir ein allgemeines Bild schickt, nimm [mit] diesem vorlieb. Dann einige Fotos von Ausflügen. Ich nummeriere die Bilder u. erkläre sie kurz, Ernst soll Dir dann darüber mehr erklären. Habe Dir hinten auf den Bildern alles nur kurz gesagt, l. Adi, aber mit ihnen sind schöne Stunden der Freundschaft zwischen Ernst + mir verbunden. Es sind Bilder auf Ausflügen, die historische u. zeitgenössische Bedeutung haben. Ich hoffe, dass dies Dich interessieren wird u. Dir gefallen wird. Mein l. Bruder, schrieb Dir schon oft, hast Du irgendwelche Wünsche oder Verlangen. Vielleicht Deine kl. Freunde? Ich werde Dir + ihnen gerne Eure Wünsche erfüllen. Für heute, süßer Bruder, will ich schließen u. hoffe, von Dir auch lange, lange Briefe zu bekommen, u. verbleibe mit besten Grüßen u. ebenfalls 1000en Küssen
Dein treuer Bruder
Menasche
Nochmals viele Grüße an die werte Directrice u. Deine kl. Freunde. Meine Freunde + Freundinnen sowie alle Bekannten, die von Dir hörten, lassen Dich herzl. grüßen u. wollen Dich bald hier persönlich begrüßen.
Gruß + Kuß
Dein Freund + Bruder
מנשה [Menasche]

[H (D), Q: MB]

Mittwoch, den 30. Januar 1946
Paula in den USA an Menasche in Palästina

Lieber Martin

Ich war sehr überrascht, von Dir zu hören, habe Deiner Tante Toni geschrieben und wollte von ihr Deine Adresse, so ist inzwischen Dein Schreiben angekommen, womit ich mich sehr freute. Vom Foto ersehe ich, dass Du zu einem schönen, jungen Mann herangewachsen bist, nur bitter weh tut mir, dass Du von Deinen lieben Angehörigen nichts gehört hast, ich habe alles Mögliche versucht, von meiner Schwester und von meines sel. Manns Geschwistern höre ich auch nichts, ein Jammer überall. Wie geht es Deiner Großmutter und ihren Söhnen? Meine beiden Mädels sind nun auch 2 junge Damen, 19 + 17 Jahre alt, wir sind gottlob gesund.
Nun, l. Martin, wegen der Sachen, die Du mich anfragst, es sind 3 Anzüge, die Gold-Gegenstände habe ich [bei] der Bank liegen, es sind Siegelringe + Uhren, ich glaube, auch eine Kette. Da Du

Anrecht für die Sachen hast, werde [ich] sie Dir schicken, doch muss ich mich erkundigen, wie Dir die goldenen Sachen zu überweisen, willst Du auch die Anzüge?
Ich hoffe von Dir zu hören + verbleibe mit den herzl. Grüßen sowie für Deine G. Mutter, Deine
Paula Kalman

[H, Q: MB]

Freitag, den 1. Februar 1946
Adi in Belgien an Menasche in Palästina
Liebster Bruder
Ich erhielt Deinen lieben und kurzen Brief. Nur schreibst Du mir, dass Du mit einem Auto zurückgekommen bist. Ich sehe doch, dass Du ein großer, kleiner Faulpelz bist. Ich weiß es nicht, ob Dein letzter Brief aus Haifa kam, auf jeden Fall habe ich ihn erhalten. Ich werde probieren, mich lassen fotografieren, dann werde ich der ganzen Familie ein Foto schicken. Mein Lieber, falls Du ein Bild von Georg zu viel hättest, so wirst Du mir eine große Freude tun, mir eines zu schicken. Es ist Zeit, dass Du wieder arbeiten gehst, denn Du hast schon viel gefaulenzt, und so wird es gut sein, lauf ein bisschen: Eins, zwei, 1-2. Ich habe Deine Bilder erhalten, aber keine Karten, bitte erkläre mir, was Du damit meinst. Ich habe an Tante Toni geschrieben, aber bis heute noch keine Antwort erhalten. In Deinem letzten Brief ist wegen meines Geburtstages ein Irrtum, mein Geburtstag ist am 17/2. Hier ist alles in Ordnung, mir geht es ganz gut, ich wäre aber trotzdem sehr froh, bei Dir zu sein. Schicke mir kein Geld, ich habe, was ich brauche. Du hast wirklich die Schrift einer »Katze«, die Schuld liegt aber nicht an Deinem Füllfeder[halter], mein lieber Bruder. Meine Prüfungen sind leider nur halb gelungen. Ich habe gehofft, zu Dir kommen, so habe ich nicht so gelernt, wie ich es sonst getan hatte. Mir fehlten aber nur 3 Punkte für 75% zu haben. Ja! Dein Abzeichen habe ich erhalten, es hat mir viel Freude gemacht und danke Dir herzlichst.
Für heute mache ich Schluss und erhoffe, bald von Dir zu hören.
Ich grüße Dich und küsse Dich innigst.
Dein Bruder
Adi
AB

[H, Q: MB]

> Den 1-2-1946.
> R. 18.II.46
> Liebster Bruder. A 18.I.46
>
> Ich erhielt Deinen lieben und kurtzen Brief. Nur schreibst du mir daß du mit eine auto zurück gekomen bist. Ich sehe, doch das Du ein großer kleiner Faulpelz bist. Ich weis es nicht, ob Dein letzter Brief aus Haifa kam, auf jeden Fall, habe ich ihn erhalten. Ich werde probieren für mich lassen fotografieren, dann werde ich der ganze Familie ein foto schicken. Ubein lieber falls du ein Bild von Georg zu viel hättest, wirst du mir eine große Freude tun, mir eines zu schicken. Es ist Zeit daß Du wieder arbeiten gehst, dann Du hast schon viel gefaulentzt und so wird es gut sein, lauf ein bißchen, bißchen: Eins, zwei, 1-2.

Die erste Seite des Briefs von Adi an Menasche vom 1. Februar 1946. Handschrift und Originaltext verdeutlichen den Einfluss des Flämischen und Französischen auf Adis deutsche Sprachkenntnisse.

Montag, den 4. Februar 1946
Menasche in Palästina an Adi in Belgien
Innigstgeliebter Bruder! Schalom
Deinen handgeschriebenen Brief vorgestern mit großer Freude empfangen u. war sehr erstaunt zu sehen, dass Du noch sehr gut Deutsch schreiben kannst. Ja, liebster Bruder, sehr gut, wenn auch einige sprachliche Fehler sowie schriftliche Fehler Dir unterlaufen sind, aber dies ist nichts im Vergleich, wenn man bedenkt, dass Du die deutsche Schrift u. Sprache nicht mehr gewohnt bist. Ich muss sagen, l. Adi, dass Du eine klare u. gute Handschrift hast, u. hoffe, von Dir jetzt immer selbstgeschriebene Briefe zu bekommen.
Ich werde mich bemühen, deutlicher zu schreiben, doch wenn ich bedenke, heute Abend noch 4 Briefe außer Deinem zu schreiben, so wird es mir schon jetzt schlecht. Habe nämlich auch von Ernst heute 2 Briefe bekommen sowie ein Foto. 1 Brief nach Eurer Zusammenkunft. Von der l. Oma hast Du schon 1 Bild unterwegs u. so Deine Bitte schon in Erfüllung. Weißt Du, Adi, ich kann ja gar kein Faulpelz sein, wenn ich Ernst einen 24-Seiten-Brief schreibe. Aber Du weißt, Freunde, die viel zusammen waren + gemeinsame Bekannte + Kameraden haben, schreiben sich viel u. manchmal auch einen 24-Seiten-Brief. Ich hoffe, l. Bruder, dass Du dies verstehst u. mir nicht böse bist. Werde der l. Familie Bader Grüße ausrichten. Kannst Du Dich noch an sie erinnern, oder schrieb Dir Onkel Heini? Heute, l. Adi, pass gut auf, was ich Dir schreibe, u. berate Dich bitte mit der werten Directrice, der ich auch schreiben werde, sowohl mit Ernst. Habe hier durch Bekannte die folgende Adresse bekommen.
Gustel H [...]
Brüssel-Uecke
Diese Leute sind die besten, d. h. diese Frau, der Mann lebt nicht mehr, sind die besten Freunde meiner Bekannten, Familie Artur L [...] T. A. [...]
Diese Frau nun hat eine Tochter, die beim Joint[121] oder bei einer jüd. Instanz arbeitet u. wird Dir, wenn es im Bereiche ihrer Macht steht, in Deinen Plänen, nach Erez zu kommen, behilflich sein. Anbei ein kl. Brief, den Du auch vorzeigen sollst. Du verstehst, l. Adi. Wir hier tun unser Möglichstes, aber auch drüben muss alles unternommen werden. Dann bitte ich Dich, durch Ernst oder irgendwie nach München zu schreiben, da es von hier nicht offiziell geht u. ich andere Wege einschlagen muss, was aber dauern kann. Auch bitte Tante Toni darum, der Du hoffentlich schon schriebst.

Dann bitte Ernst, wenn er nach Köln kommt, Dir einen Geburtsschein herauszunehmen, falls Du einen solchen nicht besitzt. Jetzt noch eine Adresse:
Karl H [...]
Brüssel
Die Frau H [...] ist eine Cousine von Frau L [...] T. A. Bestelle dort Grüße, u. auch sie werden Dir behilflich sein, soweit es ihnen möglich ist.
Wie Du siehst, ich bin hier nicht müßig, u. auch wenn ich Dir nicht täglich schreibe, so sind doch meine Gedanken immer bei Dir und bei all unseren Lieben sowie immer auch bei Ernst. Fast hätte ich vergessen mich bei Dir über das אדי [Adi] Iwrit (עברית [Iwrit]) zu bedanken u. hoffe, dass Du unsere Sprache bald beherrschst. Es war einfach süß, u. hat Ernst sicher einen guten Schüler gefunden. Was hört sich in der Schule? (Übrigens hebe bitte alle Zeugnisse gut auf, auch ich besitze von Dir Dein 1. Zeugnisheft aus Köln).
Du siehst, ich schreibe schon wieder, aber es ist schon 10 Uhr u. noch nicht mal 1 Brief fertig.
Liebster Bruder Adi!
Zu Deinem 15. Geburtstage (14.II.46) empfange die herzl. Glückwünsche. Möge dies Dein letzter Geburtstag im Galuth[122] sein u. hoffe, Dein nächstes Geburtstagsfest in Freude im Kreise all unserer Lieben im freien Erez Jisrael feiern zu können, ja. Feiern muss man nach all diesen Schicksalsjahren. Gebe Gtt, dass all Deine Wünsche u. Bitten in Erfüllung gehen, dass Du ein fleißiger u. braver Mensch wirst, ehrlich, strebsam u. ein guter Sohn unserer l. Eltern und uns allen ein guter Bruder. All dies u. noch viel, viel mehr wünscht Dir im Sinne vom l. Papa, Mama, Georg, Kurti
Dein treuer Bruder Menasche.
L. Adi, jetzt will ich schließen in der Hoffnung, dass mein Brief u. die guten Leckerbissen Dich bis zum 14. II. erreichen u. schließe Dich umarmend u. tausend Küsse
Dein
מנשה [Menasche]

[H (D), Q: MB]

Dienstag, den 5. Februar 1946
Adi in Belgien an Menasche in Palästina

Mein liebster Bruder Menasche,
Ich bekomme gerade einen Brief, und er ist wirklich so, wie ich ihn gerne habe, und danke ich Dir herzlich. Ja, ich war bei der Dame,

und hat sie mir 2 Fotos geschickt. Ich lasse sie nachmachen und
schicke ich Dir sie sofort.
Wenn Du der Frau ein kleines schönes Paket schicken willst, hier
die Adresse:
Mad. Lommers L. [...]
Kapellen/Prov. Antwerpen
Von welchen Fotos sprichst Du, erkläre mir? Ich habe gerade die
Fotos von Georg erhalten mit der Karte von Palästina.
Ich möchte nichts von zu Hause schreiben, denn es erinnert mich
an [keine weitere Seite vorhanden]

[G, Q: MB]

Donnerstag, den 7. Februar 1946
Menasche in Palästina an Regina Bader in Polen[123]
Dear Mrs. Regina Bader,
I, Martin Menashe Bader, who resides at Tel Aviv, Palestine,
immigrated to this country in 1939 from Cologne. When I arrive in
Palestine, I lived with the family Herman Sibirski.
I found your name in a list of persons evacuated to Poland. As the
name of my mother is Regina Bader, and I was told that she was
sent to Poland, and as I know that there have been many errors
made regarding names of persons found, I should be very grateful
if you will identify yourself.
If it should be true, I am very, very happy to know you [are] alive,
and I hope that you are in good health. I want to tell you right now
that Adi is in Belgium, in good health. I heard from him two
months ago, and I hope that I shall succeed to bring him to
Palestine. Where are father and Kurt?
I close this letter with the hope that the good news [is] true and
that we shall soon be united.
Best regards and all the best to you
[Keine Unterschrift]

[G (D), Q: MB]

Wahrscheinlich 10. Februar 1946
Adi in Belgien an Menasche in Palästina
Mein innigstgeliebter Bruder Menasche!
Endlich erhielt ich Deinen lieben Brief. Er war schon etwas länger
als der letzte, aber noch nicht lang genug, wie ich es gerne haben
möchte. Wie ich Dir schon schrieb, werde ich Dir auf jeden Brief
antworten, aber leider kann ich Dir nicht sehr viel schreiben, da
mich die Schularbeiten zu sehr in Anspruch nehmen.

Mein erster Weg nach der Schule ist immer [in] das Büro, wo ich nach Post von Dir frage. Hauptsächlich Mittwoch und Donnerstag. Am 6.2. habe ich einen Brief erhalten. Die Ferien habe ich gut verbracht. Ich war bei meiner Pflegemutter, bei der ich 5 Jahre gelebt habe. Sie war sehr zufrieden und hatte noch Fotos von den lieben Eltern. Sie hatte sie versteckt und versprach sie, mir dieselben zu suchen. Ich spreche Französisch, Deutsch und Flämisch, und natürlich Jiddisch. Ich kenne die französische und flämische Grammatik sehr gut. Deutsch kann ich sehr gut sprechen, aber nicht schreiben. Meine freie Zeit verbringe ich hier im Heim mit Spielen, darf aber leider nicht in einen Club, da es von unserer Direction verboten ist.

Lange Zeit wusste ich nicht, wo Du warst, aber ich nahm an, dass Du in Haifa warst. Mit den Fotos habe ich mich riesig gefreut und wäre für weitere sehr dankbar. Hier sind wir sehr kameradschaflich (chaverisch). Wenn ich einmal bei Dir sein werde, will ich Dir alles erzählen, aber jetzt müssen wir uns noch gedulden. Ich danke Dir für das Foto der Großmutter. Ich hatte sie noch ganz im Gedächtnis, und sie hat sich nicht verändert.

Nun Schluss für heute und umarme ich Dich sowie die liebe Großmutter innigst

Dein Dich liebender Bruder

Adi

[G, Q: MB]

Sonntag, den 17. Februar 1946
Menasche in Palästina an Paula in den USA

Liebe Tante Paula sowie Töchter! שלום [Schalom]

Gestern nach langem Warten endlich Euren Brief empfangen u. ehrlich gesagt, ich weiß wirklich nicht, wo ich zuerst anfangen soll u. mit was. Zuerst, glaube ich, möchte ich Dich bitten, mir meine Anrede mit »Tante Paula« weiterhin zu erlauben, denn so kannte ich Dich als kleiner Junge (als wenn ich heute alt wäre), und zweitens ist es familiärer, näher u., so denke ich, auch ungezwungener. Ja?

Es war wirklich ein freudiges Schabbat-Geschenk für mich u. eine erfreuliche Nachricht zu hören, dass Du die Dir anvertrauten Sachen gehütet hast. Es wird Dir unvergessen bleiben, als Freund meines Vaters u. Familie unser Vertrauen gehabt zu haben u. weiter zu besitzen. Es hat sich sehr viel geändert, seit ich Euch den letzten Brief schrieb. Aber der Reihe nach.

Am 16. Sept. 1945 schrieb ich Euch nach Brooklyn u. zu gleicher Zeit an Familie Stadtländer u. W. S[…]. Am I/II bekam ich meinen Brief zurück, die Adresse unbekannt. Einige Tage später bekam ich ein Schreiben von T. Stadtländer mit dem Bemerken, dass sie die Anzüge auf Papas Wunsch Euch zugestellt habe u. mit Eurer jetzigen Adresse. Also nehme ich denselben Brief u. werde ihn an die neue Adresse [schicken], obwohl sich nichts geändert hatte, oder besser gesagt, es war im Begriffe sich zu ändern. Es kam so. Ich las in der Zeitung den Namen eines jüdischen amerikanischen Sergeant, der mich suchte u. mir Grüße von Adi, meinem 3ten Bruder, zu bestellen hatte. Es stellte sich heraus, dass er durch Frankreich, Belgien nach Brüssel kam, u. dort sagte man ihm, dass es hier ein jüd. Jugendheim bez. Waisenhaus mit Flüchtlingskindern gibt. Er besuchte [es,] u. ein Junge erzählte ihm, dass er einen Bruder in Erez habe, wisse aber nicht, wo. So kam ich an Adis Adresse und sandte ihm noch am selben Tag ein Telegramm und bin seit etwa 2 Monaten mit ihm in Verbindung. Er lebt in Wezembeek bei Brüssel u. lernt in der Schule sehr gut und ist vorgestern, am 15.II., 15 Jahre alt geworden. Er sieht gut aus u. ist nur ein bisschen klein. Zu gleicher Zeit sandte ich ein Telegramm an meinen besten Freund in Holland, der mit mir hier vieles durch dick + dünn durchkämpft [hat], u. er hat Adi in all seinen Wünschen zufrieden gestellt. Er ist Soldat bei der »Jüdischen Kämpfenden Brigade«. ‹חטיבה יהודית לוחמת› [Jüdische Kämpfende Brigade]
Also, G.s.D. einen gefunden. Er teilte mir mit, dass unser l. Bruder Georg 1942 von der Gestapo [nach] »irgendwo« deportiert wurde. Die l. Eltern u. Kurt wurden 1941 nach Polen deportiert, u. der l. Adi hatte eine Nachricht von ihnen. Am gleichen Tag erhielt ich von Tante Toni einen Brief. Aber wie bekam ich ihn? Nachdem ich genau 5 Jahre versuchte, von ihr Post zu bekommen (ich sandte für feines Geld Telegramme mit Rückantwort), erfolglos blieb, sandte mein Freund von der J. Brigade ihr Briefe, fremde Leute aus Genf, die ich bat, wandten sich an sie, u. endlich kam der Brief. Kurz, sie bedauert das Familienschicksal. Sie wusste, dass Adi, Georg in Belgien waren bis 1942 u. auch dass die Eltern deportiert wurden, u. konnte sich keinen Mut fassen, mir dies mitzuteilen! Als wenn ich ein kleines Kind wäre. Weißt Du, Tante Paula, was man hätte tun können hier, wenn ich gewusst [hätte,] dass die Jungen bis 42 in Belgien waren? Weiß T. Toni, dass es eine Jüdische Untergrundbewegung gab, die Tausende gerettet hat? Und dann, kurz gesagt, Mut! Ich habe ihr bis heute nicht geantwortet, denn zu

groß ist mein Kummer + Schmerz, als ihr so viele Vorwürfe zu schreiben.

Seit einer Woche laufe ich wieder ohne Kopf herum, denn ich las in einer Zeitung den Namen von Mama, Regine Bader, Peterswaldau. Dies ist ein Lager in Oberschlesien, das jetzt zu Polen annektiert wurde. Ich weiß nicht, ob dies Mama ist u. habe alle Schritte unternommen, dies zu erfahren. Es ist sehr schwer, denn Polen + Russland hat eine schwere Zensur. Hoffen wir das Beste. Ja, die Papiere für Adi sind eingereicht, u. wer weiß, wie lange es dauert bei dieser politischen Lage bei uns in Erez Jisrael. Aber nur Hoffnung + Mut halten uns aufrecht.

Noch ein Grund für mein schnelles Antworten. Sende mir bitte sofort die gesamten Adressen von Deiner Familie, die Du suchst, d. h. Namen, wenn verheiratet, Mädchennamen, Geburtsdatum, letzte Adresse u. Nachricht. Mein Freund Ernst kommt nach Frankreich, Holland, Belgien, Deutschland u. Köln. Dort war er schon einige Male. Er tut für mich alles u. wird auch nach Deinen Adressen suchen. Du verstehst, persönlicher Kontakt. Geht schneller [als] durch Komitees. Hast Du irgendwelche Sachen in Köln zu erledigen? Er war in Bocklemünd u. fand das Grab meiner gttseligen Mutter unbeschädigt u. wird mir ein Foto einsenden.

Jetzt noch etwas, was mir am Herzen liegt. Wie Du vielleicht weißt, haben die l. Eltern der Fa. W S[...] bei ihrer Ausreise von K. Sachen anvertraut. Ich schrieb ihnen, wie Dir, u. die teilten mir mit, dass diese Sachen von der Gestapo ihnen abgenommen wurden. L. Tante Paula. Ich war ein kleiner Junge damals, aber wusste alles zu Hause, manchmal mehr [als] Mama, u. weiß, dass Fa S[...] uns damals die Ankunft der Sachen bestätigte. Kurz, ich glaube ihnen heute nicht. Ich antwortete noch nicht, denn wie soll ich antworten, ihnen sagen: Dieb, oder als Bettler unsere Sachen, für die Papa schwer gearbeitet u. geblutet hat, verlangen? Und wer weiß dies nicht besser als Du? Mein Wunsch ist, Dich mit ihnen in Verbindung zu setzen u. so zu tun, als ob Papa Dir seiner Zeit auch ihren Ankunftsbescheid mitteilte u. unsere Rechte wahrt. Ja?

Wie Du siehst, es ist ein langer Brief an Euch voll Schicksalskummer + doch Hoffnung.

Wie geht es Euch? Was machst Du u. die l. Töchter? Habe ihre Namen vergessen, u. was machen sie? Vielleicht sendet Ihr mir bitte ein Bild, damit ich Euch noch besser vor mir habe. Die Adresse von T. Toni lautet [...]

Lausanne
Swiss

Jetzt die Adresse von Adi.
Adolf Bader
c/o Home pour Enfants
100, Chaussée de Malines
Wezembeek-Ophem
Brüssel Belgien
Für heute will ich meinen Brief schließen in der Hoffnung, bald von Euch zu hören, und schließe mit besten herzl. Grüßen und nochmals שלום שלום [Schalom, Schalom]
Euer
Menasche Bader

[H (D), Q: MB]

Montag, den 18. Februar 1946
Menasche in Palästina an Adi in Belgien

Meinem l. kl. Bruder Adi! שלום רב [Ein herzliches Schalom]
Heute ist Sonntag, u. Du hattest also gestern Geburtstag u. nicht am 14. Gut, l. Adi, Du hast Recht, obwohl Du jünger bist, aber wann Du geboren bist, weißt Du. Ehrlich gesagt, hätte ich nochmals Dein Zeugnisheft nachgesehen, wie eben jetzt, so hätte mir dieser Irrtum nicht unterlaufen dürfen. Weißt Du wie dies kam? Ich verwechselte eben Papas Geburtstag am 14. mit Deinem am 17. Aber macht nichts. Hoffentlich hattest Du einen netten Tag. Wir haben seit 3 Tagen Sturm, Regen u. einen Wind, dass es abscheulich ist.
Es ist 8.45, als ich vor 5 Minuten von der Arbeit kam, fand ich Deinen Brief, mit dem ich mich immer riesig freue. Und die Hauptsache für Dich – hier sofort die Antwort.
Auch Du bist ein kleiner, großer Faulpelz, denn bei meinen Briefen steht oben immer Stadt u. Datum, u. so konntest Du wissen, von wo meine Post stammt. Karten, fragst Du. Ja, ich schickte Dir aus Haifa 2 Ansichtskarten, die vielleicht nicht angekommen sind. Dies kommt bei unserer »palästinensischen« Post schon öfters vor, u. darum schicke ich meine Briefe immer »Registered«, d. h. eingeschrieben. Ich bin gar nicht so ein Faulpelz, wie Du denkst, auch wenn ich wenig schreibe. Aber, l. Bruder, ich habe so viel Verpflichtungen im Schreiben, dass ich sehr gut einen Sekretär gebrauchen könnte, um die Antworten immer gleich und zeitig zu beantworten.
Wegen Deiner Prüfungen, l. Adi, ärgere Dich nicht, denn ich kann Dich verstehen u. würde mit Dir nicht schimpfen. Auch ich habe manchmal keinen Kopf u. Lust oder keine Kraft, mich auf etwas zu

konzentrieren, wenn man von der Familie etwas hört. Wegen Deines Herkommens, l. Adi, so haben wir alle Schritte unternommen u. weißt Du vielleicht, dass »unsere« Regierung nur 1500 Juden im Monat einwandern lässt, u. von dieser Zahl werden noch Zertifikate abgezogen für Leute, die »illegal« hier eingewandert sind. Ja, ganze 1500 Zertifikate im Monat für so viele, viele, die herkommen wollen. Wem zuerst geben? Dies ist die Frage, die unsere jüdischen Instanzen sich fragen, u. ehrlich gesagt, ich beneide sie nicht, die Arbeit zu haben, diese gerecht zu verteilen. Nichts desto weniger wurde uns versichert, dass Jugend[liche] u. elternlose Jugend[liche] als Erste in Betracht kommen. Bis dahin, l. Junge! Kopf hoch, lese fleißig, schreib mir viel, u. alles wird gut werden. Ja? Gut, ich bin einverstanden mit Dir, dass ich eine »Katzenhandschrift« habe, aber viel schreiben, schnell dazu u. noch anständig, das ist zu viel verlangt von mir, l. Adi. Also wirst Du meine Briefe auch so lesen. Wenn Du willst, arrangiere Dir einen Dolmetscher oder Entzifferer!
Habe vorgestern einen Brief aus Amerika erhalten von Tante Paula. Dies ist eine Freundin von Papa u. Mama, u. wir riefen sie Tante Paula. Du warst mal einige Zeit bei ihr mit Georg. Sie schreibt viel. Ich möchte ihr ein Bild von Dir senden u. bitte Dich, noch einige Abzüge von den Bildern zu machen, die Du mir sandtest.
Ich sende Dir das einzige Bild von Georg u. dies nur als Gruppenaufnahme u. gar nicht gut. Ich kann mich erinnern, dass ich damals sehr betteln musste für dieses Bild, da es auch nur sein einziges war. Du siehst, ich schicke es Dir, wie Du es gerne möchtest. Aber bewahre es gut. Georg ist der 2te von rechts. Ich hoffe, Du wirst ihn erkennen.
Wie geht es Dir sonst, mein Süßer? Fehlt Dir wirklich nichts? Hast Du alles erhalten? Mir geht es G.s.D. gut, nichts zu beklagen u. warte nur darauf, Dich bald hier zu sehen. War Ernst bei Dir? Grüße ihn von mir. Wie vertragt Ihr Euch?
Wie ich sehe, habt Ihr eine neue Directrice bekommen, u. hoffe, dass Du Dich mit ihr auch gut verstehst u. sie auch freundlich u. entgegenkommend sowie behilflich Dir in Deinen Angelegenheiten ist. Werde ihr auch schreiben. Hoffe, dass alle meine vorhergehenden Briefe richtig verstanden wurden u. mir in allen Fragen u. Bitten auch richtig geantwortet wird. Schreib, so oft Du kannst. Oder brauchst Du mehr Antwortscheine, Geld oder Briefmarken?

So, dies ist für heute mal wieder genug, d. h. ich schreibe Dir noch diese Woche noch einmal. Also, liebstes Brüderchen, sei herzl. gegrüßt und fest geküsst von
Deinem Bruder
מנשה [Menasche]
Die herzl. Gratulationen sendet Dir nachträglich zu Deinem 15. Geburtstage u. wünscht Dir alles Gute u. ein baldiges Wiedersehen in Erez
Deine Oma.

[H (D), Q: MB]

Dienstag, den 19. Februar 1946
Adi in Belgien an Menasche in Palästina
Mein innigstgeliebter Bruder Menasche!
Ich habe Deinen lieben und langen Brief erhalten. Er hat mir sehr viel Freude gemacht. Lieber Bruder, ich danke Dir vielmals für das kleine Geschenk, es hat mir sehr viel Freude gemacht. Ich hatte es wirklich nötig. Ich habe von meinen Freunden zum Geburtstag hier im Heim eine Brieftasche, Buchhülle und ein Fotoalbum erhalten. Ich werde Dir immer in Deutsch schreiben. Gestern war ich beim Arzt. Es ist eine Radioscopie von mir gemacht worden, um zu sehen, ob ich ganz gesund bin. Dieses muss gemacht werden, wenn ich nach Erez Israel will. Du sagst, Du wärst kein Faulpelz, aber es ist leider doch so!!! An Ernst schreibst Du einen 24 Seiten langen Brief, für mich schreibst Du kaum 4 Seiten. Warte, wenn ich bei Dir bin, werde ich [mich] rächen. Ich verstehe wohl, wenn man seine Zeit mit Freunden verbringt, aber trotzdem kannst Du ein wenig mehr schreiben, nicht wahr, mein Alter!!! Ich werde noch einmal mit dem Direktor sprechen und ihn bitten, nochmals nach München zu schreiben. Wir werden vielleicht ein gutes Resultat haben.
Ja, ich kann bereits ein wenig Hebräisch, das heißt ein Wort hier und da. Wenn ich noch ein wenig hier bleibe, werde ich mein Abschlusszeugnis machen. Nun, lieber Bruder, danke ich Dir noch herzlichst für die guten Wünsche.
Nun, Schluss für heute, empfange die herzlichsten Grüße und Küsse von Deinem Bruder
Adi

[G, Q: MB]

Samstag, den 23. Februar 1946
Menasche in Palästina an Adi in Belgien

Innigstgeliebter Bruder Adi שלום רב [Ein herzliches Schalom] Deinen Brief vom 11. 2. vorgestern erhalten u. mich riesig gefreut über den ausführlichen Inhalt. Besonders erfreulich ist es zu hören, dass die Leute, bei denen Du warst, leben u. Du sie besucht hast. L. Adi, Du schreibst mir kurz über sie, weißt Du denn nicht, wie sehr mich diese Leute interessieren, die Dich in ihrer Obhut hatten? Schreibe oder besuche sie u. bestelle ihnen viele Grüße von mir. Schreib mir bitte ihre Adresse, damit ich mich mit ihnen in Verbindung setzen kann. Hast Du schon die Bilder erhalten? Jetzt möchte ich Dich anfragen, ob Du die ganze Familie noch in Erinnerung hast, denn in einem der Briefe schriebst Du mir:»Kurt war noch zu klein«. Auf dem Bild von Georg ist auch Schleumi. Erinnerst Du Dich? Schreib mir ausführlich über Deine Erinnerungen von zu Hause.
Was ist das für ein Club, der Euch verboten ist? Warum schriebst Du mir wieder auf der Schreibmaschine, ist Dir das Deutsch-Schreiben zu schwer? Wie ist die neue Directrice zu Euch, d. h. wie ist das Verhältnis zwischen den Kindern u. der Leitung? Ich frage dies, weil, wie Du weißt, auch ich in einem Heim war u. das Verhältnis zwischen Erzieher oder Leiter u. uns so gut war, dass der Leiter meines Heimes der Mensch ist, mit dem ich mich in allen Fragen berate, u. er mein bester großer, erwachsener Freund ist, u. er mir ein zweites Elternhaus ersetzte.
Ich hoffe, Du bist mir nicht über meine vielen Fragen böse. Hast Du all meine Anweisungen meiner Briefe befolgt u. Dich in allen jüd. Instanzen gemeldet? Dieser Tage war Onkel Heini (חנוך [Hanoch]) in T. A., u. Oma ist momentan auch auf Besuch hier. Sie lässt Dich herzl. grüßen u. bittet Dich, ihr an Onkel Heinis Adresse einen Brief zu schreiben.
Von Ernst habe ich auch dieser Tage 2 Briefe erhalten, u. ist er jetzt in Belgien stationiert u. wird Dich hoffentlich öfters besuchen, wenn er die Möglichkeit dazu hat.
Anbei sende ich Dir einen Schekel (שקל [Schekel]), den ich für Dich erhalten habe. Weißt Du, was ein Schekel ist?
Früher, zu Zeit der jüd. Könige, als wir als eigene Herren in unserem Lande regierten, wurde von Zeit zu Zeit eine Volkszählung abgehalten. Da kommen von allen Teilen Erez Jisraels nach Jerusalem, der Hauptstadt des Landes, die Männer + Frauen, um für jede Person einen Schekel in die Staatskasse zu

zahlen. Schekel war eine jüd. kl. Münze. Diese Münzen wurden gezählt, u. man wusste, wieviel Einwohner u. erwachsene Leute es gab. Zu neuerer Zeit, der Zeit der Kongresse, beschloss man, diese Zählung wieder einzuführen, u. ein jeder, der den Schekel erwirbt, bekennt sich zum Baseler, muss jeder Schekelinhaber über 18 Jahre sein u., um Abgeordneter zu sein, über 24 Jahre. Der nächste Zionistenkongress findet in ירושלים [Jerusalem] statt. Aber mit dem שקל [Schekel] habe ich bei Dir eine Ausnahme gemacht. In einem extra Kuvert sende ich Dir eine Landkarte von Erez u. hoffe, dass Du Ein Harod darauf findest. Ein Harod ist im Emek Jisrael u. liegt süd-östlich von Haifa (חיפה [Haifa]). Studiere die Karte, wenn Du Zeit hast, mit Ernst.

Was macht die Schule? Ich hoffe, dass Du jetzt mit mehr Fleiß u. Mut Dich hinter Deine Arbeiten setzt, wie ich ja auch aus Deinem Brief ersehe. Hast Du irgendwelche Wünsche, u. so bitte ich Dich, mir sofort zu schreiben. Hast Du all meine Schreiben sowie Sachen erhalten? [Letzte Seite fehlt]

[H (D), Q: MB]

Samstag, den 16. März 1946
Menasche in Palästina an Adi in Belgien

Meinem innigstgeliebten Bruder Adi! רב שלום [Ein herzliches Schalom]

Endlich, endlich kamen nach über 3-wöchiger Unterbrechung 2 Briefe von Dir, datiert vom 3.II. u. vom 14.II. Weißt Du, lieber Adi, ich wusste wirklich nicht, was ich glauben sollte, als ich so lange keine Nachricht von Dir hatte. Dazu kam noch, dass ich auch von Ernst keine Zeilen hatte u. auch am selben Tag mit den Deinigen Briefen einen Brief von Ernst bekam. Jeden Vormittag fuhr ich mit dem Fahrrad nachhause, um nach Post Ausschau zu halten, u. jedes Mal fuhr ich enttäuschter wieder zur Arbeit. Ich bin froh, Post von Dir zu haben u. zu wissen, dass Du wohlauf bist u. Dir nichts zugestoßen ist. Beinahe war ich am glauben, dass mein Herr Bruder schon unterwegs ist. Aber hoffentlich wird dies auch bald der Fall sein. Wenn, dann auf jeden Fall, liebster Adi, weißt Du meine Adresse u. die Adresse meiner Arbeitsstelle ist […] eine Drechslerwerkstatt mit dem Namen Samir oder in Iwrit זמיר. Jetzt, mein bester Bruder, zu den Briefen. Du schicktest mir die Adresse von Mad.? Den Namen kann ich kaum lesen, da er mit der Maschine vertippt ist, u. wenn ich ein Paket sende, so soll es auch ankommen, u. der Name muss stimmen. Wie ich weiß, warst Du bei einer Familie Namens Uffelen untergebracht, u. dieser Namen, den Du mir schriebst, heißt nicht so. Also, l. Adi, schreibe mir bitte ausführlich, wer diese Dame ist u. in welchen Beziehungen Ihr zu einander steht. Betr. Paket, so kann ich nur Kakao u. Schokolade von hier senden, u. sollst Du mir sagen, ob dies die Leute benötigen oder andere Dinge, die ich eventuell auf anderen Wegen ihnen zukommen lassen werde. Von welchen Fotos ich sprach? Nun, l. Adi, ich möchte, wenn es geht, einige Fotos von Dir von denen, welche Du mir schicktest, u. einige ganz einfache Straßenaufnahmen von Dir u. Freunden vom Heim u. der werten Directrice. Du kannst auch dt. schreiben. Es sind so wenige Fehler darin, da ich alles lesen kann, u. die Satzbildung ist auch in Ordnung. Oder bist Du zu faul, mein Lieber? Wenn Du nämlich alleine schreibst, so musst Du Dich anstrengen u. mir mehr schreiben. Jetzt eine Frage, die Du mir gerne beantworten sollst. Was hast Du bis jetzt von mir erhalten, denn ich schickte dies alles in Umgehung einiger Vorschriften u. will wissen, ob alles ankommt. Hast Du mein Paket Süßigkeiten erhalten, dann eine Karte von ארץ ישראל [Erez Jisrael], ein Füllfederhalter, 1 Taschenfotoalbum, Magen David, u. diese Woche sandte ich Dir eine Blockflöte, die wir hier in unserer Werkstatt herstellen. Sie ist aus 2 Teilen u. gehört nur in ein Säckelchen, u. die Bürste ist zum Reinigen. Hoffentlich kannst Du sie gebrauchen u. darauf spielen. Dies soll Dir zu פורים (Purim) sein. Werde Dir diese Woche ein Notenheft mit jüd. Liedern zusenden. Wie ist Deine Radioscopie ausgefallen? L. Adi! Es ist dies heute wiedermal mein erster שבת [Schabbat], den ich an שבת [Schabbat] in T. A. bin, denn jede Woche fahre ich weg, u. so komme ich jedes Mal um meinen einzigen Ruhetag in der Woche. Also bin ich doch kein Faulpelz. Werde Dir ein Wörterbuch Französisch-Iwrit beschaffen, wenn es Dich interessiert, u. Du schon etwas עברת [Iwrit] kannst. טוב? = Gut? Wie geht es Dir sonst, mein Guter, u. war Ernst bei Dir? Wie er mir schrieb, schenkt er Dir eine Uhr zum Geburtstag. Pass auf sie gut auf, denn was wir als Freunde uns schenkten, u. auch Dir, soll gut aufgehoben sein. Ich soll Dich herzl. grüßen von Mad. Sarah u. Dr Schmuel. Dieser Mann ist mein Heimleiter gewesen u. dessen Frau. Ich sage Dir, einfach fabelhafte Menschen, wie ich keine Zweiten in Erez fand. Ich komme zu ihnen öfter, u. zu ihnen sind wir zum ersten שבת [Schabbat] Mittagessen eingeladen. Ernst kennt sie und weiß, wer dies ist. Wenn ich mich beraten muss oder andere wichtige Entschlüsse, so komme ich immer zu ihnen, wie in ein 2tes Elternhaus. All meine Freunde, Baruch, bei dem ich wohne, Schmuel [...], Ernst kennt ihn, dann mein Arbeitskamerad Schmuel, sowie Eva, eine gemeinsame Freundin von Ernst + mir, sie alle lassen Dich herzl. grüßen sowie andere Freunde u. Bekannte im מכבי (Maccabi). Anbei ein Bild von Ernst, als er noch in Zivil war. Ja, auch Bilder von Tel Aviv sandte ich Dir, hast Du sie erhalten? Anbei ein halbes £p. Schreib mir sofort, ob es ankommt u. ob die Briefe zensiert werden! Liebster Adi! Hast Du irgendetwas nötig? Schreibe uns sofort oder teil es Ernst mit, damit Dir nichts fehlt. Das Geld lass wechseln durch Ernst oder jemand anders und benutze es. Eigentlich darf man keine Devisen schicken, aber solche Summen will ich doch riskieren. Also, mein l. Adi, schreib bald u. öfter. Lass die werte Directrice von mir grüßen. Sei herzl. gegrüßt und geküsst sowie

שלום לכם [Schalom Euch]
Dein treuer Bruder
מנשה [Menasche]

[H (D), Q: MB]

Montag, den 18. März 1946
Menasche in Palästina an Adi in Belgien

Innigstgeliebter Bruder Adi! שלום רב [Ein herzliches Schalom] Es ist jetzt 11.20 abends u. komme gerade nachhause, aber noch nicht zu müde, um Dir, l. Adi, schnell noch einige Zeilen zukommen zu lassen. Habe vorgestern von Frau Dr. G. Blumenfeld einen Brief aus Antwerpen empfangen, worin Sie sich bei mir [für] die 2 kl. Taschentücher bedankt u. mir nochmals verspricht, uns in der Familiensuche zu helfen. Schreib Du mir bitte mehr über sie, denn sie schrieb herzl. u. offen u. bedauert sehr, Euch haben verlassen [zu] müssen. Wie geht es Dir, l. Bruder? Hast Du schon Antwort aus der Schweiz? Wenn nicht, so schreib bitte nochmals. War Ernst bei Dir? Hast Du alle Papiere, d. h. Geburtsschein, Ausweis oder Pass sowie alle nötigen Unterlagen? Wenn nicht, nochmals, lieber Adi, besorge Dir alles. Gestern war פורים Purim, u. hier liefen die Kinder sehr maskiert herum, es wurde geschossen mit kleinen Revolvern u. Knallplättchen, es war ganz einfach zum Staunen, solch hübsche Masken zu sehen. Was macht die Schule? Hoffentlich bist Du jetzt nicht mehr so »faul«, mein kl. Bösewicht, d. h. aber nicht, mich zu vergessen u. nicht so viel [zu] schreiben. Hoffentlich bist Du nicht böse, dass ich Dich so viel jetzt ärgere u. aufziehe. So, mein Süßer, jetzt will auch ich

etwas schlafen gehen u. wünsche auch Dir eine Gute Nacht sowie all Deinen Zimmerkameraden.
Sei gegrüßt u. 1000000000000000000000000 x (kein Platz mehr)!! geküsst von Deinem Bruder
מנשה [Menasche]

[H (D), Q: MB]

Donnerstag, den 28. März 1946
Adi in Belgien an Menasche in Palästina

Innigst geliebter Bruder Menasche
Eben erhalte ich Deinen lieben Brief (25.3.46), ich danke Dir vielmals für Dein kleines Fotoalbum, welches ich erhalten habe. Es hat mir viel Freude gemacht, denn ich brauchte es gerade. Ja, Mademoiselle Blumenthal war eine sehr nette und gute Direktorin. Sie ist von hier [weg] aus Gesundheitsrücksichten. Entschuldige, ich muss Dir noch mitteilen, dass ich die Flöte gestern erhalten habe, worüber ich besonders erfreut war. Ich möchte gern darauf spielen lernen, vielleicht kannst Du es mich lehren, wenn ich nach Erez komme. Bei mir ist alles beim Alten. Von der Schweitz habe [ich] noch keine Antwort erhalten. Wenn Du willst, schreibe ihr, und Du kannst ihr dann meine Adresse geben, sodass ich vielleicht doch einmal Post von dort haben werde. Eigentlich kenne ich sie gar nicht. Ernst ist nicht mehr hier gewesen seit ungefähr 3-4 Wochen. Meinen Geburtsschein habe [ich] noch nicht erhalten. In der Schule ist alles in Ordnung. In einer Woche haben wir die Examen und hoffe ich sicher, sie zu bestehen.
Du irrst Dich, wenn Du glaubst, dass ich bin über Deine Art mich zu kritisieren [Wort fehlt]. Ganz und gar nicht.
Es ist möglich, dass ich in ungefähr einem Monat mit der Jugendalijah kommen kann. Hoffentlich klappt alles so weit. Sonst habe ich nichts Besonderes mitzuteilen, hoffe, von Dir recht bald Antwort zu haben, und küsse Dich herzlichst Dein Bruder
[Keine Unterschrift]

[G, Q: MB]

Samstag, den 6. April 1946
Menasche in Palästina an Adi in Belgien

Innigstgeliebter Bruder Adi! שלום רב [Ein herzliches Schalom]
Nun ist es schon eine ganze Weile her, bald 3 Wochen, dass ich keine Nachricht von Dir habe, u. weißt Du doch, wie mich Dein Nichtschreiben immer ins Nachdenken verfallen lässt. Hast Du meine letzten Briefe sowie Inhalt nicht erhalten, oder was ist wieder los?

Bei mir ist g'ttlob alles in Ordnung, ich arbeite und muss zufrieden sein. Nur bin ich nicht mit Dir zufrieden, mein l. Bruder. Erstens dauert es mir zu lange, muss mich sowie auch [Wort fehlt] zu trösten, denn lieber dauert es noch etwas, als dass Du Dich in Risiken einlässt, die sich nicht auszahlen. Du lernst und ich werde mein Möglichstes tun, Dir es dort an nichts fehlen zu lassen, bis Du so schnell wie möglich in Deine neue Heimat kommst. Onkel Heini war diese Woche bei mir in T. A. und sollst Du wissen, dass wir hier unser Möglichstes machen u. Dich immer im Sinn haben.
Wie geht es Dir sonst, l. Adi? Was macht die Schule? Du schreibst mir wirklich sehr wenig über Dein privates Tun, Dein Treiben im Heim, Deine Vorgesetzten, Deine Kameraden, sodass ich Dich wirklich bitten möchte, mir alles zu schreiben, denn l. Bruder, es interessiert mich. Fehlt Dir irgendetwas? Hast Du genug Taschengeld oder sonst was Dein Herz begehrt? Schreib mir, damit ich Dir alles besorgen kann. Schreib mir bitte, was Du für das ½ ₤p. bekommen hast, damit ich weiß oder Du mir schreibst, ob es sich lohnt, weitere »Andenken« zu schicken. Anbei 5 Schweizer Franken, die Du auch als ein solches betrachten sollst. War Ernst bei Dir? Bestell ihm viele Grüße. Hast Du von Tante Toni schon Antwort? Habe von der werten Directrice auf mein Schreiben auch noch keine Antwort erhalten. So, mein kl. Lieber, für heute wünsche ich Dir sowie Euch allen einen recht fröhlichen פסח (Pessach) sowie Sederabend[124] und auch den letzten Satz der Haggadah (הגדה) rufe ich Euch zu! לשנה הבאה בירושלים »Nächstes Jahr in Jerusalem«, im Lande Israel, im Lande der Freiheit, denn auch פסח [Pessach] heißt das Befreiungsfest, und frei sollt Ihr sein חורין בני »Freie Männer«.
Also für heute lass Dich herzl. grüßen und 100000000000mal küssen
Dein Bruder
מנשה [Menasche]

[H (D), Q: MB]

Samstag, den 25. Mai 1946
Menasche in Palästina an Adi in Belgien

Meinem innigstgeliebten Bruder! שלום רב [Ein herzliches Schalom] Es ist jetzt schon eine Ewigkeit her, dass Du, l. Adi, von mir keine Nachricht hast. Das hat natürlich seine Gründe, die Du in dem hiesigen Poststreik finden kannst. Aber ist dies natürlich nicht alles. Ich war über einen Monat so verhetzt u. vergeigt, kam ganz spät nachhause u. glaube mir, lieber Bruder, ich hatte nicht die Kraft u.

Geduld, mich hinzusetzen und mich auf einen Brief an Dich zu konzentrieren. Liebster Adi, Du musst entschuldigen, aber glaube mir, meine Gedanken sind immer bei Dir u. oft überlege ich: »Was tut Adi jetzt?« Dies geschieht Freitag abends שבת [Schabbat] u. an sonstigen Gelegenheiten. Ich verspreche Dir aber hiermit, jetzt wieder regelmäßig zu schreiben, d. h. so oft ich Lust u. Wille u. vor allem Zeit habe. Ich glaube, ich habe Dir immer geschrieben.
So, nun, l. Adi, will ich Dir trotz allem eine kleine »Gardinenpredigt«, d. h. »Moralpredigt«, halten. Du sollst wissen, dass ich hier wie verrückt herumlaufe, weil ich kein Lebenszeichen von Dir habe. Was ist los? Du wirst bestimmt die Zeit haben, Deinem Bruder zu schreiben, auch wenn er nicht schreiben konnte. Habe Dir schon einige Male gesagt, Du sollst nicht immer nur auf meine Briefe antworten. Du verstehst, vielleicht ging ein Brief verloren oder irgendetwas. Sei mir bitte nicht böse, aber dies soll in Zukunft nicht mehr geschehen. Gut?!
Deinen letzten Brief (28.3.46) erhalten u. muss sagen, l. Adi, er enttäuscht auch. 1) [mit] Maschine geschrieben, wo Du weißt, wie gerne ich Deinen eigenen Briefstil u. [Deine] Handschrift bevorzuge, 2) so kurz, und 3) noch nicht einmal Deine Unterschrift. Auch ich könnte mir meine Briefe an Dich tippen lassen. Lieber Adi, zürne mir nicht, wenn ich Dein großer Bruder (?) mit so vielen Vorwürfen komme. Aber jetzt genug davon, wir wollen uns wieder vertragen. (Haben wir uns denn gezankt, mein Bester?) Denn überhaupt, heute. Der 25. Mai. Heute hat Mama Geburtstag u. [wir] dürfen sie nicht verärgern. Ja, wie schön war es an diesem Tage, Mama unsere kl. Geschenke u. Blumen zu überreichen. Ich erinnere mich sogar, als Du ihr Schokolade schenktest u. wir alle vereint unser Glück genossen. Sollen wir uns denn nicht mehr erinnern, um unser Herz schwer zu machen? Doch wir sollen u. müssen, um zu wissen, wie sehr uns Mama u. alle unsere Lieben fehlen, u. doch den Kopf hochhalten und --- hoffen!
Liebster Adi! Hast Du den Füllfederhalter erhalten, das Geld u. eigentlich das Süßigkeitspaket? Oma, Onkel Heini waren in T. A. und lassen Dich herzl. grüßen. Onkel Heini hat mir sogar versprochen, Dich Flöten zu lehren, da ich l. Adi, es selber nicht kann. Wie ist diesmal das Examen ausgefallen? Schreib bitte noch einmal (aber nicht mehr), an Tante Toni […] Lausanne Swiss, u. schreibe ihr, wo Du bist u. dass ich sowie die l. Verwandten alles tun, um Dich bald hierher zu bringen. Noch eins, Adi. Bleib in Belgien, denn von dort aus ist die Aussicht größer, nach hier zu

kommen als von der Schweiz. War Ernst bei Dir? Wie gerne möchte ich schon Dich hier haben u. ein neues Leben beginnen.
Für heute, mein l. Bruder, will ich schließen in der Hoffnung, von Dir weniger Post zu bekommen, Dich aber bald hier zu sehen, oder aber bitte mehr Post. Lass bitte die Directrice herzl. grüßen. Habe von ihr keine Antwort auf mein Schreiben bekommen.
Also, lieber Adi, sei gegrüßt und 100000000mal geküsst von Deinem Bruder
מנשה
Grüße all Deine Kameraden u. Gefährten von mir

[H (D), Q: MB]

Mittwoch, den 29. Mai 1946
Ernst in Europa an Adi in Belgien

שלום רב [Ein herzliches Schalom] Adi
Da ich nicht zu Dir kommen kann, möchte ich Dir heute ein paar Zeilen schreiben, doch möchte [ich] Dich auch bitten, mir zu antworten.
Leider kann ich es mir unter keinen Umständen einrichten, zu Dir zu kommen, da ich eine Strafe hatte und eine neue Strafe erwarte.
Hast Du schon etwas Näheres über Deine Alijah nach Erez gehört, lass es mich bitte wissen, soweit Du es weißt.
Menasche (Martin) schreibt mir jetzt auch sehr wenig, was derselbe Fall wohl bei Dir auch sein wird.
Hast Du etwas nötig, Adi, so lasse es mich wissen, und ich werde versuchen, Dir behilflich zu sein. Geht Deine Uhr in Ordnung? Kannst Du schon auf der Mundharmonika spielen?
Für heute sei gegrüßt
von mir
Ernst.
Wie Du schon wissen wirst, werden wir alle entlassen, so werde ich am 5. Juli nach Erez zurückkehren.

[H, Q: AB]

Samstag, den 8. Juni 1946
Menasche in Palästina an Adi in Belgien

Innigstgeliebter Bruder Adi! Schalom
Wieder sind 1 ½ Wochen vergangen, und noch immer warte ich vergebens auf eine Nachricht von Dir. Hier erzählt man sich, dass die Post aus Europa jetzt schlecht befördert wird, und im allgemeinen klagen die Leute über unzureichende Benachrichtigung. Trotz alledem, l. Bruder, weiß ich wirklich nicht, was los ist, denn auch von Ernst auch schon lange keine Post. Sonst habe ich

von Dir u. Ernst fast jede Woche bis 2x Post gehabt, u. jedes Mal wartete ich schon mit Sehnsucht auf den nächsten Brief.
Wie geht es Dir, Adi? Fehlt Dir irgendetwas? Jedes Mal frage ich Dich, aber nie bekomme ich eine klare Antwort von Dir. Ich glaube, dass ich auf jeden Fall das Recht habe zu wissen, was Dir fehlt u. was Dein Herz begehrt, auch wenn es Kleinigkeiten sind, die Du gerne besitzen möchtest. Hast Du genug Kleidung? Wie ist das Essen? Ist genug da? Ich wollte Dir eigentlich nochmal ein Paket Süßigkeiten schicken, aber da ich ohne Nachricht bin u. ich nicht weiß, wie es mit Deiner Abreise steht, bin ich mir nicht schlüssig.
Liebster Adi! Habe gestern von Onkel Heini einen Brief erhalten mit einer Copy von Hans B[…], dieser Mann ist der Generalleiter hier in Jerusalem von der Jugendalijah, worin er nach Brüssel schrieb an
Aliyah de la Jeunesse […] Bruxelles Belgium
in Deiner Sache speziell. Wie Du siehst, wird hier jeder Hebel in Bewegung gesetzt, um Dein Herkommen zu beschleunigen. Hans B[…] ist in Genf, u. wird vielleicht von dort aus persönlich mit Brüssel in Kontakt kommen. Du aber, l. Adi, musst auch Deinen Teil dazu beitragen und den Leuten, wie man sagt, auf die Nerven gehen u. immer wieder anfragen.
Hier feiern wir heute חג השבואת das Schawuot-Fest, das Fest, הבקורים d. h. das Fest der Ernte-Erstlinge u. zugleich חג בצם התורה, das Fest der Gesetzesgebung am Sinai Berg. Mit שבואת [Schawuot] ist der Hochsommer eingezogen und die großen המסינים Chamsime (heißen Wüstenwinde) besuchen uns. Ganz T. A. ist am Strand, um zu baden. Ist es bei Euch auch so heiß schon? Was macht die Schule, Tante Tonis Antwort, Geburtsschein u., wenn es so weit ist, Zeugnisse in der Schule?
So, für heute, liebster Adi, will ich schließen u. erwarte schon Deinen Brief. Grüße bitte das Heim, u. sei gegrüßt von der l. Oma, Onkel Heini u. Familie.
Vor mir, Adi, sei herzl. umarmt und geküsst
von Deinem immer an Dich denkenden Bruder
מנשה [Menasche]
Grüße bitte Ernst! Der Faulpelz soll schreiben u. die Sachen in Köln erledigen betr. Foto. Er weiß schon.
Dein
מנשה [Menasche]

[H (D), Q: MB]

199

Donnerstag, den 13. Juni 1946
Menasche in Palästina an Adi in Belgien

Innigstgeliebter Bruder Adi! שלום רב [Ein herzliches Schalom]
Hier sitze ich nun im Zimmer von der l. Oma in Ein Harod und schreibe Dir. Vor 10 Minuten haben wir Kaffee getrunken, und bald wird Oma von der Brause zurückkommen und mit mir spazierengehen.
Liebster Bruder! Am Sonntag habe ich meine Jahresferien bekommen und fahre nach עין חרוד [Ein Harod] mich ausruhen und entspannen. Auf dem Wege wollte ich Onkel Heini besuchen. Nachdem ich dort von englischen Militärwachen angehalten worden bin, (es wimmelt hier nur von den Tommys) kam ich zum Lager Atlit. Dies ist das Lager, wohin alle legal und »illegal« Eingewanderten, oder besser gesagt, nach 2000-jähriger Galuth wieder Heimkehrenden, kommen, um ihre Personalien festzustellen und von dort wieder entlassen [zu] werden. Also, wie gesagt, dort angekommen ließen mich die mit Maschinengewehren bewaffneten Wachen nicht hinein, und auch wollten sie nicht Onkel Heini rufen lassen. Die Wache ist deshalb so stark, weil vor einigen Monaten 208 Juden, die illegal in Atlit waren und wieder nach ihren Ausgangsländern zwangsweise zurückgeschickt werden sollten, in einer Nacht von Juden befreit worden sind, nachdem die Wachtmannschaft überrumpelt wurde und dabei ein Arabischer tödlich verletzt wurde. Aber keiner von den 208 [ist] gefasst worden.
Also, ich zog wieder ab und fuhr nach עין חרוד [Ein Harod] weiter. Hier bin ich nun 2 Tage und schlafe fast den ganzen Tag. Hier kurz mein Tageslauf oder Faulpelzleben. Um 8-9 bringt mir die l. Oma Frühstück ins Zimmer, wenn ich noch schlafe. Um 9 stehe ich auf, dusche (brause) mich, um in aller Ruhe zu frühstücken. Dann lese ich ungefähr 1 Stunde, um bis Mittag weiter liegen zu bleiben. Dann gehe ich ins חדר אכל (Speiseraum) zum Mittagessen. Danach lese oder schlafe ich weiter bis 3 ½-4 Uhr. Dann wird bei Oma Kaffee getrunken und [ich] unterhalte mich. Inzwischen kam Tante Sarah von der Arbeit und hat sich ausgeruht und holt den kl. Uri vom Kinderhaus. Dann sitzen wir auf der Wiese vor dem Haus u. unterhalten uns u. spielen bis 8-8 ½. Dann wird Abendbrot gegessen, um danach im Leseraum die Zeitung zu lesen. Inzwischen ist es spät geworden, und man geht schlafen. Ich glaube, ich [bin] schon ganz müde vor lauter Nichtstun u. Schlafen. Übermorgen, Freitag, fahre ich zurück, um שבת (Schabbat) in T. A.

zu sein, denn Sonntag fängt die Arbeit wieder an. Die Gegend hier ist einfach herrlich, alles grünt und das Gilboa Gebirge, d. h. Gilboaberg, da der sich von Süd-Westen nach Nord-Osten durch das Erez zieht.
Bei meiner Abfahrt habe ich Post von Ernst u. Onkel Heini gehabt, aber leider nicht von Dir. Wieso kommt das, da doch Onkel Heini von Dir Post hatte und zwar einen langen, selbst geschriebenen Brief? Außerdem bekamen wir einen Brief von der Sochnut als Antwortbrief aus Brüssel, dass Deine Sache extra behandelt wird und Du mit der nächsten Alijah bestimmt mit dabei sein wirst. Also, Kopf hoch, l. Adi, und alles wird gut werden. Ernst schrieb mir, dass er versetzt wurde an [die] französischen Grenze, und da die Jüdische Brigade doch aufgelöst wird, ich ihn bald wieder hier in Erez begrüßen kann. Welche Freude!
Nun zu Dir, mein Bester! Was tust Du? Die Prüfungen sind absolut gut ausgefallen, wie ich aus Deinem Brief ersah, und hast Du Dich sicher auch angestrengt. Hoffe, bei meiner Rückkehr nach T. A. von Dir Post vorzufinden, und ich werde Dir dann ebenfalls sofort antworten. Bei meinem letzten Brief habe ich mich übrigens mit dem Datum um einige Tage geirrt, denn Schawuot war 4.5. und nicht der 8.4. Hast Du übrigens den Geburtsschein erledigt? Hast Du schon Antwort von der Schweiz? Solltest Du ihnen schreiben, so bitte ich Dich, ihnen zu schreiben, dass doch mein Verhalten ihnen gegenüber nicht [für] ihr Verhalten gegenüber Dir ausschlaggebend sein darf und sie Dir doch ruhig schreiben können. Nun lässt Dich die l. Oma recht herzl. grüßen und hofft, Dich bald hier persönlich begrüßen zu können.
Gut, mein liebster Bruder, sei herzlichst gegrüßt
und 100000000x geküsst von Deinem stets treuen
Bruder מנשה [Menasche]

[H (D), Q: MB]

Sonntag, den 23. Juni 1946
Menasche in Palästina an Toni in der Schweiz

Meine Lieben! שלום רב [Ein herzliches Schalom]
Ihr werdet sicher sehr erstaunt sein, von mir einen Brief zu empfangen überhaupt, nachdem Ihr durch Onkel Heini erfahren [habt], dass ich Euren Brief vom 29. Okt. 45 erhalten habe u. ich ihn nicht beantwortet habe. Nun, vielleicht werdet Ihr mich am Ende dieses Briefes verstehen, warum ich Euch schreibe.
Gestern, Schabbat-Abend u. -Nacht, hat es mich übermannt. Eine ganze Nacht konnte ich nicht schlafen, ja, die Stunden zählte ich,

und mein Leben in all seinen Einzelheiten zog an mir wieder vorüber. Ich will Euch hiermit keinen Vorwurf machen, dass Ihr abseits standet, nein, nur sollt Ihr wissen, wie es um mich steht. Als ich 1939 ins Land kam, war ich bei meinen früheren Verwandten in T. A. Die Reibereien fingen am 3. Tag an und endeten nach Krachs, Versöhnungen und anderem sowie nur einfachen Beziehungen vor 2 Monaten mit der meinigen Entsagung, überhaupt sie zu kennen und entband mich jeglicher verwandtschaftlicher Beziehungen. Aber der Reihe nach. Nachdem ich ein ½ Jahr in Ein Harod bei Oma u. Onkel Heini war, aber da keine Jugend in meinem Alter war, zog ich wieder nach T. A. und kam, nachdem man mir einige Berufe gegen meinen Willen und [meine] Begabungen aufdrängen wollte, in ein Jugendheim. Ich war damals 14 ½ Jahre. Aber diese kurze Zeitspanne lehrte mich, gegen jedes Unrecht, sei es familiär und so etwas oder Ausnutzung meiner Lage, zu kämpfen. In diesem Jugendheim, in das ich am 1.8.41 kam, waren Jungen untergebracht, die aus einem niedrigen Niveau kamen, z. B. Eltern geschieden wegen Nichternährung der Familie, verwilderte Jungens, Diebe u.s.w. Hier war ich als einziger Deutscher sozusagen, und am Tage lernte ich Tischler. Ich lernte Sprache und Fach in 1 Jahr und, wie ich Euch mal schrieb, war mein Wunsch der Begabung auch angemessen, Architekt zu werden. Da dies nur nach Gymnasium u. ausländischer Universität möglich war, gab ich diesen Plan mit großer Enttäuschung auf. Kurz, ich versuchte es kurze Zeit durch diese Lage mit anderen Berufen, um aber nachher auch wieder zur Möbeltischlerei zurückzukehren. Während all dieser Zeit, bis zum Austritt am 1.8.44, stand mir der Leiter dieses Heims mit unermüdlicher Geduld, Ausdauer, ja, väterlicher Liebe und Rat + Tat zur Seite. Dies unterstreiche ich denn, wie Ihr wisst, war ich immer ein schwerer Junge, d. h. frech und ein Akschenkopf.[125] Wenn ich zu Hause mit Strenge behandelt wurde, wurde ich hier mit Vernunft und mit Milde, auch [mit] zur Einsicht bringenden Methoden erzogen. Vergesst nicht, dass ich 14 ½ Jahre [war] und schon damals ich keine Verwandten fühlte, d. h. kein Vertrauen mit keinem Menschen sich beraten, sein Herz ausschütten und doch zu wissen, man hat »Verwandte« hier.
Am 1.8.44 musste ich das Heim verlassen, da andere Jungens eher hilfsbedürftig waren und auf meinen Platz angewiesen waren.
[Es] waren die Jahre der Entbehrung und des Kampfes um besseres Essen im Heim u. zugleich ein kulturreicheres Zusammenleben mit den Jungen, denn mit der Zeit wurden bei uns

Ausschüsse für Sport, Vorträge u. interne Angelegenheiten gebildet, an denen ich mit an der Spitze stand, da ich mit 16 ½ Jahren Jugendführer im Maccabi war, eine Zeit im Kampf mit den Arbeitgebern und zugleich im Kampf ums tägliche Brot. All dies war [k]ein Kinderspiel, als ich mit 17 ½ Jahren alleine im Leben stand, nur mit dem Willen, mich nicht unterkriegen zu lassen. Kein Heim, d. h. Wohnung, wartete auf mich. Ich wohnte 14 Tage bei einem Freund, dessen Eltern auf Urlaub waren, und danach 2-3 Monate bei einem 2ten Freund. Ich war ohne jeden Mils[126] in der Tasche und arbeitete einen ganzen Monat u. noch mehr und lebte von 3 Selterswasser und 3 Stückchen Kuchen am Tag. Die Arbeiter sagten damals: »So ein junger Bursche und ihm passt es, nur Kuchen u. Selterswasser zum Frühstück zu naschen.« Sie wussten nicht, dass dies meine einzige Nahrung war. Um 4 ½ Uhr, als ich von der Arbeit ging, noch einmal, um bis am anderen Morgen zu warten. Als ich besser verdiente, aß ich Brot + Margarine sowie Apfelsinen, die hier fast nichts kosten. Bald nachher bekam ich ein ½ Zimmer und das Leben ging weiter. Ein halbes Jahr schuftete ich nur für das Mietgeld und Essen, wie Ihr erseht, z. B. Verdienst 10 £p., dann kostete Miete 3,50 £p. Fahrgeld 1,00 £p., Wäsche 2 £p., und der Rest war für [das] täglich[e] Leben, inkl. Toilettenartikel. Bei so einer Lebensweise musste ich krank werden u. zu gleicher Zeit, durch Unfähigkeit zur Arbeit, auch arbeitslos. Ich kam in Schulden, erst wenig und dann tief, ungefähr damals über 20 £p. Wenn Ihr erseht, wie ich leben musste, so erseht Ihr, dass dies für mich ein Vermögen war. Aber, meine Lieben, den Kopf trug ich hoch, kein Mensch wusste in T. A., wie es um mich stand. Nur einer, das war Ernst, mein bester Freund in der Jüdischen Brigade. Auch ihm war das gleiche Schicksal beschieden worden, und wir kämpften ums Leben. Wir aßen 4 Scheiben Brot mit Margarine und ein Stückchen Lakörde,[127] die hier billig ist, auf einem fremden Dach in der Ben-Yehudastr. zum Freitagabend-Essen und dasselbe, nur in anderer Reihenfolge (besserer Appetit), als שבת [Schabbat] Essen. Wir waren immer sauber und anständig (geflickte Strümpfe) angezogen, und selbst Freunde wussten nicht, wie wir lebten. 2 Monate war ich ohne Arbeit. Am Meeresstrand lernte ich einen Herrn kennen, der unserer Gesellschaft immer den Medizinball zum Spielen borgte. Ich bat ihn, die Schweizer Illustrierte zu leihen, die er immer hatte, u. so kam ich mit ihm ins Gespräch. Seinen Namen wusste ich nicht. Man nannte ihn kurz den Dr. Ich bat ihn, wenn er die Möglichkeit hätte, mir bei seinen Bekannten Arbeit zu beschaffen. So kam ich vor 2 ½ Jahren durch ihn in eine Drechslerwerkstätte (Holzdrehen). Hier fing ich von vorne an, wenig Gehalt und dabei Schulden, u. das Schlimmste: kränklich. Ich litt an Furunkolose, da das Blut nicht gesund war. Dr. S[...], wie sich später herausstellte, interessierte sich für mich, und nach Drängen an einem Nachmittage erpresste er mich sozusagen, ihm meine Lage zu erzählen. Er wusste nur meinen Vornamen, nicht Zunamen weder Adresse, und lieh mir 20 £p., um alle Schulden abzuzahlen, einen reinen Kopf bei der Arbeit zu haben, und ich verpflichtete mich, ihm dieses Geld in unbestimmter Zeit ohne Zinsen in Raten, wie es mir möglich ist, abzuzahlen. Ich war nun die kleinen Schulden los, die mir zwar unangenehm waren, aber mich nicht mahnten, da ich 1 Loch zustopfte und 2 aufmachte, nur um rein dazustehen, aber jetzt lag es mir wie Zentner Eisen auf dem Kopf. 20 £p. Ein Vermögen für meine Möglichkeiten. Dies war ungefähr Pessach. Ich arbeitete nur halbe Wochen, da ich krank war und nichts aß, nur um die Schulden abzubezahlen. Abends ging ich in den Maccabi, um zu turnen u. Freunde zu finden. Meine einzige Ausspannung. Wie der Chef mich unter diesen Bedingungen, 1x arbeiten, 3-mal krank, hielt, ist mir heute noch rätselhaft. Kurz, es war im November 44 und noch 7 £p.waren an Dr. S[...] zu entrichten. Wenn ich die ganzen Jahre auch im Heim Tischlerreparaturen außer der gewöhnlichen Arbeitszeit annahm um zuzuverdienen, so stürzte ich mich nun umso tiefer in Arbeit, um am 8. Dez., also zu meinem 19. Geburtstage, frei atmen zu können, frei zu sein. Wie, weiß ich nicht, aber geschafft habe ich es! Am 8.12.44. Freitag nachmittag zahlte ich die letzten Schulden ab. Ein großer Tag war dies für mich nach all den Entbehrungen und [der] Hetze. Wenn ich es so nennen darf, überhaupt folgten jetzt 2 Monate, bis Mitte Februar, des Zufriedenseins. Zimmer bei einem Freund, gesund u. keine Schulden. Der Krieg wütete noch immer, und 6 Monate waren seit dem Aufruf zu der »kämpfenden jüdischen Brigade« vergangen. Ernst, der schon mobilisiert war, war schon nach Ägypten. Die ganzen Jahre wollte ich nicht zum Militär gehen, nicht aus Feigheit oder nicht besitzendem nationalen Gefühlen, nein, nur, um nicht vor dem Leben laufen zu gehen, weil dort der König von England mir Essen u. Trinken gab, und ich hier nichts hatte. Jetzt aber, am 7.II., war mein Entschluss gefasst. Räche Dich [für das,] was Hitler [dem] jüdischen Volk und Dir getan hat. Ich verließ [den] Arbeitsplatz und meldete mich. Das Schicksal wollte anderes. Die ganzen Jahre während des Lebenskampfes kam ich zu Fa. Sibirski in T. A. (Onkel Hermann, Tante Rosa) für Besuche und aß manchmal und ging. Mal wussten sie meine Lage u. wollten nichts wissen, und ich war zu stolz auch, ihnen alles unter die Nase zu reiben, da, wie schon gesagt, keine verständliche Sprache zwischen uns herrschte. Als ich ihnen mitteilte, dass ich zum Militär ging, war die Welt gegen mich. Von Ein Harod Oma, Heini, von T. A. Sibirski und die Leute, wo ich wohnte (hatte inzwischen leider Wohnung wechseln müssen), Maccabi-Leitung, kurz, man beschwor mich, nicht zu gehen. Mit Argumenten [wie:] »Du bist der einzige Überlebende der Familie, genug hast Du geopfert, der Krieg geht zu Ende«, u. noch mehr. Da ich aber sowieso einen Befreiungsschein vom Militär von den jüd. Instanzen hatte als Jugendführer u. Sekretär im Maccabi u. sonst nicht Kurse absolviert hatte, wich ich leider dieser moralischen Gewalt. Wieder war ich 4 Monate arbeitslos, obwohl Herr Sibirski mir versprach, wenn ich nicht zum Militär ging, er mir [einen] Arbeitsplatz beschaffen würde, mein Arbeitsplatz war besetzt. Und so ging der Kampf von vorne los. Ohne Mittel wieder, da ich die Hauptstücke, den Arbeitsplatz, verlor. Ich machte einen Schritt, der zum Erfolg geführt hätte, wenn ich Kapital, u. nur geringfügiges, gehabt hätte. Ich arbeitete selbständig wieder als Tischler. Übernahm Reparaturen, Neuarbeiten, aber ohne Werkstatt und die erforderlichen Werkzeuge, musste dies natürlich zur sozusagenen Pleite führen. Ich verdiente damals gut, bezahlte in 1 Monat die von mir in 4 Monaten gemachten Schulden und hatte sogar etwas übrig. Wie gesagt, so war kein Kampf mit der Arbeit zu führen, ohne Kapital. Hier muss ich sagen, dass ich dies bekommen hätte können, wenn ich wollte, aber die Hoffnung, auf meinen alten Arbeitsplatz zurückzukehren, und die angehende Nachkriegskonjunktur gaben mir nicht den Mut, mit so jungen Jahren mich selbständig zu machen, was natürlich eine Summe von 200 £p.erfordert hätte. Das Glück schien mir wieder, nachdem ich Anfang August nicht in T. A. [war] u. wieder zurückkam. Ich bekam meinen alten Arbeitsplatz. Aber sofort fand sich das Schicksal, ich bekam eine Brustentzündung, die mich 2 Monate Arbeit kostete, und, da ich nicht in der Krankenkasse war, 12 £p. Arzt, sodann wieder gesund, 2 Maschinenunfälle hintereinander in 3 Wochen (weswegen nachher), die mir 8 £p.kosteten, dann eine Zahngeschichte, die ich hatte, da ich seit 1939 keine Zähne hatte nachsehen lassen aus allen Gründen, die mich nun einen neuen Zahn mit Brücken, also einmal 23 £p., kosteten. Ihr könnt Euch vorstellen, dass ich jetzt nur für die Ärzte arbeitete und wie meschugge, denn eines jagte das andere. Es war ein Wettlaufen,

was schneller da ist, das Schicksal oder das Geld. Aber alles Unglück kommt selten alleine. Ich hatte kaum die Hälfte meiner Verpflichtungen abbezahlt, da wurden mir in meiner 3-tägigen Abwesenheit 1 Anzug, 5 Oberhemden u. mehr aus dem Heim gestohlen sowie dem Jungen, bei dem ich wohne. Eine Kleinigkeit, nur dies zu ersetzen lassen kostete mich wieder 35 £p. Natürlich konnte ich dies nicht, erstens war dies nicht in meiner Möglichkeit, u. zweitens war Krieg, u. man bekam nicht so gute Qualität, die ich mir langsam, langsam bitter angeschafft hatte. Aber auch dies war noch nicht genug. 14 Tage später wurde der 2te historische Einbruch gemacht, und man stahl aus meinem kl. Schränkelchen unterm Kopf-Bettzeug aus der Brieftasche 12 £p., die ich mir bei Schmuel, dem Heimleiter, borgte, denn ich stehe mit ihm sowie seiner Frau so gut, dass ich dort heraufkommen kann wie ein Kind u. mich mit ihm beraten. 2 Uhren sowie andere Sachen wurden nicht berührt. Komisch!? Dieses Geld war für 1 Hose + Rock bestimmt, die ich mir kaufen wollte, da ich nichts anzuziehen hatte, und es war Winter. Ich nahm Vorschuß bei der Arbeit, kaufte mir Rock + Hose, sowie einen Regenmantel und zahle heute noch meine Verpflichtungen ab. Bis hierher habe ich Euch nur die materielle Seite meines Lebenskampfes gezeigt, und nun zur mehr privaten oder, noch besser, seelischen Verfassung meines Gemüts. Seid mir nicht böse, wenn der Brief zu lange wird.
All dieses Leben, die täglichen Sorgen ohne Arbeit, mal ohne Zimmer, denn am Meeresstrand schlief ich auch schon, sogar auf der Polizeiwache, die Schicksalsschläge, das Ringen um den morgigen Tag, all dies ist nicht unbemerkt an einem vorbei gegangen. Die Zerwürfnisse im Hause der Fa Sibirski u. das Fehlen eines »Zuhause« waren nur Öl auf [das] Feuer. Seit dem 12.12.39 gibt für mich kein Zuhause, keinen Schabbat, keinen Jonteff, kein Fest, gar nichts. Könnt Ihr Euch vorstellen die Gefühle von Ernst u. mir am Erew Rosch Haschanah[128] auf den Treppen des Mograbi-Kinos im Mittelpunkt [von] T. A. zu sitzen und erleuchtete Fenster zu sehen, hier die feierlichen Leute, aus der Synagoge kommend? Entschuldigt die Handschrift, aber meine Gedanken arbeiten schneller als [die] Feder, und doch will ich ruhig weiter schreiben. Man weiß, man hat Verwandte u. doch keine! Erinnerungen an zu Hause, an [den] gemeinsamen Tisch, die Liebe + Wärme des elterlichen Hauses, dies alles nicht nur am רוש השנה [Rosch Haschanah], sondern an jedem Fest, denn mit ihm (dem Fest) sind wir zu Hause aufgewachsen und hier fehlt es. Einige Male ließ ich mich überreden und ließ mich bei einem Freund oder

[einer] Freundin einladen, mal zu שבת [Schabbat] oder חג (Fest). Ganz nett und aufmerksam. Aber eines, meine Lieben, immer bereute ich es, denn nur mit aller Gewalt u. Aufbietung meiner Kräfte konnte ich sitzen bleiben, um am anderen Tag doch wieder fertig zu sein. Einfach, ich kann an keinem fremden Tisch essen. Hier esse ich jetzt in Restaurants, aber es ist mir schon übel, Freitag bekommt man seine Wäsche zurück, nicht geflickt, nicht gestopft, und so geht es kaputt, man ärgert sich, gibt es zur Reparatur, u. es kostet dann einen Haufen Geld.

Zu all dem kommt noch ein Faktor, mein »Zuhause«. Wo ich wohne, war alles gut, bis der Mann von der Frau, deren Sohn ein Kamerad von uns ist, [aus der] Militär-Gefangenschaft aus Deutschland nachhause kam. Das Zimmer, in dem ich wohne, ist eine geschlossene Holzdiele, Paterrg., und hat nur 4 Türen, [zu] einem Badezimner, zu deren Zimmer u. noch ein Tür zu einem Untermieter. Der Sohn wohnt mit mir. Ein schmales Zimmer, u. abends stellen wir ein Klappbett auf, ohne Schrank und Stühle, denn der Tisch kommt abends raus, um das Bett aufzustellen. Jetzt ist der Mann da, und, ehrlich gesagt, es ist kein Platz da. Unmöglich, ein Zimmer in T. A. heute zu bekommen, wie Ihr vielleicht aus [der] Zeitung wisst. Es gab schon Auseinandersetzungen u. Drohungen, aber ich wohne. Aber wie! Fragt nicht, denn es ist kein Wohnen.

Mein Arbeitsplatz ist seit 1 Jahr wieder der alte u. komme ungefähr 6-7 und später nachhause. Natürlich kein Platz. Besuch ist da, Abendbrot, oder man muss in die Küche. Kurz, unmöglich sich auszuruhen. Ich wasche + dusche mich u. bin erst gegen 11-11.30 wieder zu Hause, wenn man schon schläft, um keinen zu stören u. weniger mit ihnen zu tun zu haben.

Nun gibt es Dinge, die mich in Anspruch nehmen, aber nicht hierher gehören. So kommt es, dass ich müde war, [von der] Arbeit nicht ausruhen kann, kein Entspannen habe, übermüdet bin, nicht schlafe, um am anderen Tag manchmal 4-5 schwarze türkische Kaffees [zu] trinken, um überhaupt an der Maschine zu arbeiten. Freitagnachmittag fahre ich meistens bis Schabbataugang weg, um auch nicht gerade ausgeruht zurückzukommen, eher abgehetzt und müde. So kommt es, dass ich praktisch ohne Ruhetag + Ausspannung stets in Hetze sowie private Tageseinteilung [lebe].

Glaubt ja nicht, dass dies alles so vor sich geht u. es nicht Stunden gibt, da es Ärgernisse und sonst Dinge gibt, die einem Ruhe lassen. Während 6 Jahren habe ich versucht, mit Euch, mit Amerika in Kontakt zu kommen. Wenn ich Euch sage, dass mich manchmal

Porto für Telegramme, Luftpostbriefe, Einschreibegebühren, Rote-Kreuz-Marken mehr gekostet haben, als ich verdiente, so glaubt mir. Nichts, auch wenn ich schwieg u. immer stets nach außen lachte, hab ich vergessen. Meine Gedanken waren in Köln, Belgien, Schweiz u. Amerika. Meine Daten, wieviele Briefe (die Abschriften habe ich noch), Telegramme, das letzte, bevor ich Adi fand, schickte ich Euch – ohne Lebenszeichen!

Vor ¾ Jahren schrieb ich nach Amerika [an] Paula Kalmanovitz, S[...] Willi, Stadtländer wegen der Sachen, die Papa ihnen in meinem Beisein zum Teil anvertraut hatte. Schrieb ihnen, dass ich während der Kriegsjahre unzählige [Male] versucht hatte, mit ihnen in Verbindung zu kommen, dass ich alt genug bin + der Älteste der Brüder bin, um unsere Interessen wahrzunehmen, nachdem ich, ohne mir selbst viel Illusion machte, nur noch schwache Hoffnungen hege. Von Stadtländer bekam ich Bescheid, dass die Anzüge vom l. Papa bei Paul sind. Von S[...] bekam ich einen Brief, der mich tagelang in eine Wut versetzte – aber noch kommt der Tag, da ich unser Recht zu erreichen weiß. Sie schrieb, er war sicher zu feige, ganz schön, ich sei ein großer, junger Mann geworden, alten Schmus, und dass man ihnen, d. h. die Gestapo, die »kln Kette« + Ohrringe von der l. Mama abgenommen hätte, auch Sachen von ihnen. Die 100 Mark, die Papa ihrer Mutter in Köln lieh, haben sie 1942 (!!!) nach Berlin der Frau Schönfeld, also der Mutter, überwiesen, um sie Papa wiederzuerstatten. Ja, jetzt (nachdem sie 8 Jahre in USA) sind, müssen sie sich eine neue Existenz bauen und hoffen zu Gtt, gesund zu sein. Solche Schweine! Weiß ich doch, dass, als ich noch in Köln war, Bescheid kam, die Sachen seien da. Sagt, was sollte ich tun? Ihm als Mann zu Mann schreiben, ihn bitten, die Sachen herauszugeben. Beten? Wo er weiß, u. wer weiß nicht, wie schwer u. bitter Papa arbeitete, um uns die Familie sicherzustellen. Oder ihn als Gauner bezeichnen u. fordern? Er ist in Amerika u. ich in Erez Jisrael. Gar nichts tat ich, ich antwortete so einem Menschen ohne Charakter nicht. Von Paula bekam ich auch einen Brief, worin sie mir mitteilte, dass alles da ist u. natürlich zu meiner Verfügung steht. Bat sie, doch zu sehen, was sie bei S[...] hört. Auch nicht gerade angenehm, solche פזירים(Psires[129]) zu bekommen. Doch ein Sonnenstrahl tauchte aus dem Dunkel auf. Adi! Glaubt mir, jetzt wusste ich, warum ich gelitten hatte und leide. Wenigstens einen von meinen Angehörigen, wenigstens einer, für den man lebt, für den man da ist und sein muss. Sandte ihm sofort ein Telegramm u. Ernst (nebenbei sagte und zankte ich mich damals noch mit Herrn Sibirski, da die

Telegramme über 2 ₤p.kosteten, die aber ich bezahlte. Als wenn mir nach 6 Jahren für einen Bruder etwas zu teuer sein kann) und bin seitdem mit Adi in ständiger Verbindung und hoffe, ihn bald hierher zu bekommen. Fast zu gleicher Zeit bekam ich einen Brief von Tante Toni. Sag, soll mir nicht das Herz weh tun und mir unverständlich erscheinen, dass Du keinen Mut hattest, mir dies zu schreiben, was Du weißt. Kein Vorwurf nochmals! Aber wusstet Ihr nicht oder wer weiß, dass es eine jüd. Untergrundbewegung gab, die Tausende jüd. Kinder rettete? Was glaubt Ihr, was ich hätte hier unternehmen können, wenn ich 1941-1942 all dies gewusst hätte? Denn sagt, wer hat noch so das Recht u. Bedürfnis zu wissen, welches Schicksal die Meinen erreicht hat? Aber all dies tut Ihr ab mit den Worten: Mut, Gttvertrauen u. Hoffnung! Lasst mich auch dieses Argument für 2 Minuten nur hinnehmen. 6 Jahre sieht man, wie ich mir Mühe gab, mit Euch in Verbindung zu treten, und 6 Jahre kein Ton, kein Lebenszeichen – gar nichts. Schreibt, Ihr wisst nicht, aber – und Teufel, was machst Du? Lebst Du? Auch nicht. Erst nachdem ich fremde Menschen alarmierte und Ernst, dann schreibt man mir! Ihr saht, ich antwortete nicht. Habt Ihr Euch nie gefragt, warum? Auch so weit war es Euch nicht wichtig, nochmal zu schreiben. Auch jetzt hätte ich nicht geschrieben. Ehrlich gesagt, fast bereue ich diesen ganzen Brief. Aber eines. Warum schriebt Ihr nicht Adi Antwort? Was hat der Junge Euch getan, ihm seit 4 Monaten, wo er Euch öfters schrieb, nicht zu antworten? Ist er nicht genug gestraft in seinem Leben? Hat er nicht noch mehr mitgemacht mit 15 Jahren!

Dies, meine Lieben, sollt Ihr wissen – Es ist kein Leben, das ich führe. Nein, eine Hetzjagd, ein Wettlauf, keine Ruhe, weder seelisch noch körperlich, wie ein Wild bin ich gejagt, ohne jeglichen privaten Sinn, Ziel oder Interesse. So fühle ich mich sehr wohl. Als Jude, frei in Erez Jisrael zu sein, um anderen, die nach 2000 [Seite fehlt] Warum schreibe ich Euch dies? Nicht, um mir mein Herz zu erleichtern, dazu gibt es 2 Möglichkeiten, sich aussprechen mit einem Freund, u. der beste, den ich habe, ist Ernst, er weiß alles, oder sich ausweinen. Lacht nicht, aber so ist es. Aber Weinen kann ich nicht mehr, zu verbittert u. vergrämt ist mein Herz. Zu groß mein Schmerz und Kummer ganz einfach, glaubt mir, ich wollte weinen u. konnte nicht. Ich bin noch jung in Jahren, aber alt in Erfahrung. Habe Menschen kennen gelernt und das Leben. Es ist ein Rad. Ist man oben, kann man leicht fallen – aber ist man unten, muss man kämpfen und sich wenden, wieder nach oben zu gelangen.

Dies ist mein Weg. Mit Fa. Sibirski, wie gesagt, bin ich nicht mehr verwandt. Adi kann tun + lassen, was er will, ich verspreche, ihn nicht zu beeinflussen. Aber mir, wie viel Familie habe ich denn, dass ich mir solchen Luxus leisten kann? Ihr werdet sagen, ich bin schuld. Aber dies sage ich Euch. Es ist unter Beweis zu stellen, ob ich lüge oder nicht. Mein Brief ist Wahrheit, nicht ein Pünktchen zu viel, habe nicht geschrieben, was an mir vorüber ging, vielleicht habt Ihr ein Vorurteil von meiner Jugend. Ich war frech, ungezogen, chuzpaiös u. noch. Aber ich habe gelernt, gesehen u. weiß, wie mit Menschen zu reden und, das Wichtigste, meine Interessen zu verteidigen, sie wahrzunehmen und auch nicht unterdrücken [zu] lassen. Noch eins, ich bin zu stolz. Warum? Ich weiß nicht. Vielleicht fühle ich mich anderen Jungen überlegen, weil sie einherleben, ohne zu wissen, warum. Ohne Nationalpflichten, als Jude oder auch so. Denkt von mir, wie Ihr wollt oder könnt. Nur eins. Ich habe von Euch nie etwas gebeten und bitte um nichts. Habe nichts verlangt und verlange auch nichts. Nur das. Versteht mich und das, was mir [an] Herzen und Seele liegt. Vielleicht werde auch ich noch andere Tage erleben und noch einmal doch Familie besitzen, aber dann möchte ich auch wissen, warum. Nur zu wissen, dort irgendwo habe ich einen Onkel, Tante oder weiß ich was, die Eltern kann mir keiner ersetzen. Darum brach ich mit H. S. [Hermann Sibirski]

Will vergessen, was war, denn was wäre der Mensch, wenn er nicht vergessen könnte, und schreibe in Ruhe weiter, obwohl meine Handschrift nicht danach aussieht. Habe auch nette Stunden verbracht, mit Freunden, Bekannten auf Fahrten und kl. Festlichkeiten. Ich arbeite in [einer] Drechslerei und habe mein Auskommen. Im Moment arbeite ich nur halbtags, da keine Saison ist u. Krise. Aber auch dies wird sich in 1-2 Monaten geben. Waren schon andere Probleme da!

Noch 2 Monate und Ernst kommt zurück mit Frau. Denn er heiratet in Belgien. Eine Kölnerin, die er in Frankreich kennen lernte. Ihr fragt nach Bader. Tante Frimet ist alt, aber noch rüstig, Dora ist mit Mann u. 2 Kindern zufrieden, und ich komme auch mal dorthin. Onkel Heini sowie Oma, die kränklich ist, leben im Kibbuz, und alljährlich, wie es mir mal auskommt, besuche ich sie, oder sie kommen ab + zu nach T. A. Es ist bald 12 Uhr abends, u. ich will mich kürzer fassen, obwohl Ihr hier einen gekürzten Lebenslauf vor Euch habt. Ich bitte Euch nochmals, die Handschrift zu entschuldigen und Fehler, aber ich werde den Brief nicht mehr durchlesen, um zu korrigieren, denn vor Wut könnte

ich ihn doch noch zerreißen, zweitens schreibe ich nicht mit meinem Füller, da er mir sofort nach den ersten Blättern kaputt ging. Nun ein wenig zu Euch. Ich sage wenig, denn was weiß ich? Will nur Euch sowie Aidy herzl. nachgratulieren zu Eurer und Aidys Glück und hoffe, dass auch die נחים (Naches[130]) haben wird, wie ihre Kinder! Was macht Ihr und Georges? So viel könnte ich fragen, aber auch erzählen, aber unmöglich, sogar in einigen Briefen. Hoffe, ich glaube wenigstens zu hoffen, von Euch Antwort zu bekommen und mir eventuell ein Foto von Euch und Familie zukommen zu lassen. Die Adresse von Adi lautet: A Bader
c/o Home pour Enfants
100, Chaussée de Malines
Wezembeek-Ophem
Bruxelles
Ernst war in Köln, doch darüber das nächste Mal. Er war in Bocklemünd und hat das Grab von der gtts. Mutter aufgenommen und wird mir die Bilder sowie Negative entweder schicken oder mitbringen. Anbei sende ich Euch ein Bild von mir, welches ich am 9.II.45 habe aufnehmen lassen, an dem Tage also, wo ich zur Brigade wollte. Sehe dort gut aus, heute schon nicht mehr.
Was macht Ihr sonst? Habt Ihr noch das Geschäft? Wie ist die Lage in der Schweiz – Bezahlung u.s.w. All dies interessiert mich und hoffe, einen langen, ausführlichen Brief von Euch zu erhalten. So, für heute will ich schließen in der Hoffnung, dass der Brief Euch bei bester Gesundheit antrifft und verbleibe mit besten Grüßen sowie auf ein Wiedersehen + herzl.
שלום [Schalom]
Euer Neffe
מנשה [Menasche]

[H (D), Q: MB]

Montag, den 8. Juli 1946
Adi in Palästina an Menasche in Palästina

Lieber Menasche שלם
Nun bin ich angekommen. Der Weg war gut, man hat ein bisschen gehopst, nur das machte nichts. Ich habe noch keine Sachen bekommen, nur habe von meinen genommen, weil [sie] jede Minute kommen. Sie kommen, rufen für die Arbeit. Menasche, hör zu, ich bin angekommen um 12 Uhr und jetzt ist es Montag 9 Uhr, und ich sage Dir, ich habe den Kopf voll Gedanken. 1. Ich fühle mich gar nicht für Kibbuz und, ohne mich zu schonen, will ich raus, weil solche Sachen nichts für mich sind. 2. Ich muss Dich was

fragen, es wird sehr schwer sein oder Du wirst sagen »Nein«. Ich habe mir überlegt, wenn es möglich ist, zu Tante Rosa oder zu Schmuel zu gehen. Warte, ich werde Dir die Sache erklären. Dort, wohin ich will gehen, werde ich mir selber Hebräisch lernen. Ich sage Dir, es wird wirklich besser gehen als hier, weil man einen halben Tag arbeitet und ich den verliere. Wenn ich bei Tante oder Schmuel bin, dann lerne ich einen ganzen Tag, und dann werde ich schneller können sprechen. Wenn das nicht geht, dann würde ich einen ganzen [Tag] mit einem vollen Kopf sitzen und sehr weinen. Ich sage Dir noch, ich kann beim Kibbuz bleiben und ich werde mich niemals daran können gewöhnen. Wenn die Sache sein kann, dann werde ich lernen einen ganzen Tag, so wie Du arbeitest, und dann brauchst Du nicht mit mir spazieren gehen und Eis kaufen.
Menasche, manchmal sagt Du, hör mal, Dein Bruder. Wenn Du sagst »Ich will nicht, dass Du dieselben ›Zurres‹ hast wie ich«, dann sage ich: »Ja, ist mir besser wie der Kibbuz.« Nur noch eine Sache für Ruth, [ich habe] die Briefmarken bei ihr zu Hause vergessen auf dem Schrank, schicke sie mir nach und die Antwort, auf das[, was] ich Dich gefragt habe. Menasche, ich hoffe, die Antwort zu bekommen, wie ich will. Gib meine Grüße an alle deine Freunde und an die Familie F[…]/S[…], Schmuel u. seine Frau und an die Oma. Sei gegrüßt und geküsst, Dein Bruder
Adi שלם [Schalom]
Menasche, tu bitte, was ich Dich frage, bitte, bitte, es ist kein Spaß Die Sache ist schwer zu lösen, nur tu bitte (ich bin in dieser Sache ein Bettler), wie ich Dir sage

[H, Q: MB]

Dienstag, den 20. August 1946
Adi in Palästina an Menasche in Palästina

Lieber Menasche. שלׂ
ich bin sehr gut in שפיים [Shefayim] angekommen und lebe wie früher. Ich habe heute schon gearbeitet. Ja, Menasche, wenn Du kommst, musst Du unbedingt das Handtuch, das [ich] bei Dir vergessen habe, mitbringen und die große Brille, mit welcher ich gekommen bin, mitbringen, weil sie nicht mir gehören. Bringe mir die Uhr und die Fotos mit. Ich [habe] nichts anderes zu tragen, komm, wenn Du Zeit hast. Die Grüße an Ernst, Schmuel u. die Familie F […].
שלום [Schalom]
אדי [Adi]

[H, Q: MB]

Die erste Seite des Briefs von Adi an Menasche vom 8. Juli 1946.

Mittwoch, den 21. August 1946
Menasche in Palästina an Toni in der Schweiz

Meine Lieben! שלום [Schalom]
Viel hat sich seit meinem letzten Schreiben geändert, und wie ich sehe, habt auch Ihr Euch entschlossen, doch mit mir in Verbindung zu treten.
Eigentlich weiß ich nicht recht, wo ich beginnen soll, obwohl ich einiges vorher klar gestellt hätte, aber diesmal will ich Euch nichts vorwerfen oder klagen, denn ich glaube, der letzte Brief war sicher für Euch zu krass u. ehrlich, ich bedauere fast, Euch so einen Brief geschrieben zu haben.
Zwei Tage nachdem ich Euren Brief, d. h. an Euch geschriebenen Brief, absandte, traf am 3.7 Adi hier in Erez [ein]. Wie Ihr wisst, hatte ich an die 3 Monate von ihm keine Nachricht erhalten. Groß war unsere Freude bei unserem Wiedersehen nach 7 ½ Jahren und haben uns nur erkannt, da wir gegenseitig schon Bilder gewechselt hatten. Wir aßen zusammen Mittag, alleine, muss sagen, es war ein Stück Zuhause, nur dass um den Tisch noch einige Plätze leer waren, die uns fehlten. Adi besuchte am Nachmittag mit mir seine Verwandten (ich redete nur das Nötigste, um Adi nicht von unseren Verhältnissen wissen zu lassen), und so blieb er bei mir knapp 2 Wochen in T. A. Er wohnte bei Bekannten im Heim, d. h. bei dem Erzieher, der mir sehr nahe steht, u. ich zeigte ihm T. A. Inzwischen kam auch Oma nach T. A., u. wir verbrachten angenehme Tage. Eine Woche nach Adis Ankunft kam auch Ernst, mein bester Freund, aus der Brigade zurück, und jetzt war die Freude noch größer. Adi ist von der Jugendabteilung der Sochnut in einem Kibbuz Schwajim[131] untergebracht, arbeitet einen ½ Tag und lernt einen halben Tag. Vorgestern kam er von Ein Harod zurück, wo er 8 Tage auf Besuch war. Er wird 1 Jahr dort bleiben, lernen, Verhältnisse kennen lernen, sich entwickeln, und dann werde ich weitersehen. Er sieht gut aus, ist nicht allzu groß für sein Alter u. ist gesund u. munter. Hier hat er mit meinen Freunden, Bekannten u. mir so viel in der Stadt gesehen, denn einfach verwöhnt hatte ich ihn, dass er eigentlich nur zu mir wollte. Nachdem ich ihm aber erklärte, dass dieses Leben nicht pal. Wirklichkeit ist und eben nur für ihn da, verstand er und ist gerne in שפיים Schfajim. Wir, d. h. meine Freund und ich, haben ihn schon dort mit Rädern besucht. Es ist mit dem Auto 1 St. Fahrt entfernt. Dies über Adi.

Habe vor 14 Tagen von Euch 1.400 £p.erhalten, aber vergebens auf einen Brief gewartet. Ich möchte nicht beleidigend werden, aber wenn man nach Amerika schreibt, so sagt man hier, so glaubt der Amerikaner, man schnorrt sie an. Ich glaube, mein Brief war deutlich genug, um Euch zu zeigen, dass mir an materieller Hilfe nicht gelegen ist, sondern ob Ihr als Verwandte schreibt. Habe Adi gesagt, das Geld ist für ihn angekommen, u. er wird sich auch bei Euch deswegen bedanken, nicht ich, ich hoffe, dass Ihr mir auch geschrieben habt, denn ehrlich, es wäre eine Beleidigung, Geld zu schicken u. nicht zu schreiben. (Nebenbei ist dieses Geld genau der zehnte Teil, den ich hier in 14 Tagen, wie Adi hier war, ausgab.)

Meine Lieben, seid nicht böse, dass ich so schreibe, aber so lange ich keinen Brief habe von Euch, kann ich mich nicht in Eure Gedanken versetzen u. noch viel weniger verstehen. Nochmals bitte ich Euch, mir auch vom letzten Brief nichts nachzutragen und zu schreiben, wenn nicht mir, so doch Adi. Wie die Lage hier ist, wisst Ihr durch [die] Presse, u. trage ich mich auf den Gedanken herum, mit Ernst nochmal nach Europa zu fahren, um es zu etwas zu bringen, denn als Arbeiter hier ist er nur durch den Krieg zu etwas gekommen, und ich ganz einfach zu jung war u. andere Sorgen hatte. Mal sehen, was sich machen lässt. Auf jeden Fall bin ich dabei mich naturalisieren[132] zu lassen, um [einen] pal. Pass zu bekommen.

Was macht Ihr und die Familie von Aidy? Hoffe, dass Ihr bei Erhalt meines Briefes bei Gesundheit seid, was ich auch von mir berichten kann. Für heute nur dies, ich will schließen und hoffe auf baldige Antwort

Euer Neffe מנשה [Menasche]

[H (D), Q: MB]

Dienstag, den 27. August 1946
Paula in den USA an Menasche und Adi in Palästina

Lieber Martin u Adi!

Ich wundere mich, solange nichts von Euch gehört zu haben, wie geht es Euch? Ihr wisst doch, dass mich Euer Wohlergehen interessiert, wie hat sich Adi eingelebt und was tut er? Wenn ich auch nicht regelmäßig schreibe, ist es nur meine Zeit, die so ausgefüllt ist, hört Ihr was von Tante Toni? Vor kurzem traf ich Tante Bernstein, sie will Euch schreiben, im Falle[, dass] Ihr die Adresse habt, schreibt mal zu ihr, sie wird sich sehr freuen.

Nun, l. Martin, will ich Dir mitteilen, dass ich gestern Ida Stadtländer, die zu Besuch aus Tel Aviv hier ist, gesprochen habe,

[habe] sie extra aufgesucht, um wegen Dir zu sprechen betreffs der Goldsachen. Am 1. Okt. fährt sie wieder zurück, was denkst Du, soll ich ihr die goldenen Sachen mitgeben? Schreibe mir sofort deswegen, ich denke, bei ihr sind sie gut aufgehoben, es ist nicht S[…], der (Galizianer). Bitte teile mir gleich mit. Bei uns hat sich nichts geändert, wir sind gottlob gesund und hoffe ich, dass es bei Euch auch der Fall ist. Wie geht es Eurer Großmutter?
Inliegend findet Ihr ein Foto von uns Dreien, Susie ist in der weißen Bluse, Margot die Andere. Schreibt mir über alles ausführlich, bis dahin grüße ich Euch herzlich, Eure
Paula u. Töchter

[H, Q: MB]

Dienstag, den 10. September 1946
Menasche in Palästina an Familie Gola in Belgien
Werte Familie Gola
Sicher werden Sie sehr erstaunt sein, von mir ein Schreiben zu bekommen. Mein Name ist Martin Bader, und habe durch meinen Bruder, der jetzt auch hier ist, erfahren, dass bei Ihnen eine Kiste mit Sachen, d. h. Bettzeug u. Geschirr, sich befindet. Ich muss sagen, wie die Sachen zu Ihnen kommen, weiß ich nicht genau, denn vor liegt die Adresse von
S. Dschenscharsky Bruxelles […]
St. Jone
und weiß auch [nicht,] ob Ihre letztgenannte Adresse eine ist, denn auch diese Familie hatte, ebenso wie eine gewisse Frau Fuchs, Sachen von uns in Aufbewahrung genommen. Nun möchte ich Sie höfl. bitten, mir mitzuteilen, was aus unseren Sachen geworden ist, und mir bitte zu schreiben. Bis dahin seien Sie sich meines sowie meines Bruders Dank[es] versichert und schließe mit den besten Grüßen
Hochachtungsvoll
M. Bader
Tel Aviv […]
Erez Israel

[H (D), Q: MB]

Dienstag, den 10. September 1946
Menasche in Palästina an Paula in den USA

Liebe Tante Paula sowie Töchter! שלום רב [Ein herzliches Schalom]
Es scheint mir eine Ewigkeit seit meinem letzten Schreiben, u. ist es, glaube ich, bald so (17.II. d.J.) und noch immer keine Nachricht

von Euch. Schrieb Euch damals einen langen Brief, ausführlich, dass ich Adi in Belgien fand, Tante Toni, Familie S[...] u.s.w.
Heute ist in Tel Aviv wieder mal Curfew[133] und ich sitze zu Hause. Adi ist inzwischen am 26. Juni hier glücklich angekommen, war 2 Wochen bei mir, war in Ein Harod (עין חרוד) u. ist bei einer Jugendgruppe in einem Kibbuz »Schwajim« untergebracht. Ich fahre öfters raus, eine Stunde Fahrt, u. er kommt auch in die Stadt. Eine Woche später ist mein Freund von der jüd. Brigade auch zurückgekehrt, und so war die Freude eine doppelte.
Inzwischen habe ich 2 Antworten von Komitees in Polen erhalten, worin mir mitgeteilt wurde, dass diejenige Frau mit Namen Regine Bader nicht meine Mutter ist. Weißt Du, T. Paula, Illusionen und allzu großen Hoffnungen habe ich mich nicht hingegeben, aber wehe tut es einem doch, denn, ehrlich gesagt, man macht sich doch Wunschvorstellungen. Nun zu Euch, meine Lieben. Was macht Ihr? Wie schlagt Ihr Euch durch das Leben? Arbeiten die großen Mädels oder, wie Du schriebst, die jungen Damen. Ja, ja, die Zeit läuft ungestüm, so erscheint es mir manchmal noch in Köln und ich sehe jede Kleinigkeit vor mir. Auch Euch, aber heute würde ich kaum jemand erkennen, so geändert werdet Ihr Euch haben. Auch Adi habe ich nur erkannt, da ich Bilder von ihm hatte. Jetzt, l. Tante Paula, möchte ich Dich anfragen, ob Du meinen Brief vom 17.II.46 erhalten hast, und ob Du schon etwas unternommen hast? Noch eine Bitte habe ich [an] Dich. Wie Du weißt, habe ich Verwandte sozusagen in Amerika, auch Oma möchte mit ihnen in Verbindung treten, aber ich bekam schon 1x den Brief zurück. Vielleicht, dass Du mir die nötigen Adressen von Bernstein + Kalmann-Fox beschaffen kannst. Ich würde Dir sehr dankbar sein. Ich hoffe, dass ich jetzt von Euch einen ausführlichen Brief bekomme, und dann würde auch ich etwas mehr privat schreiben.
Zu רוש השנה Rosch Haschanah wünsche ich Euch allen ein טובה שנה Gutes neues Jahr, ein Jahr der Freude, der Selbstzufriedenheit, ein Jahr der Erfüllung Eurer sowie unserer aller in Erez u. dem Weltjudentum Wünsche, ein Jahr der Freiheit und בארץ ישראל תקוות עם ישראל die Wiedererstehung des Volkes Israel in Erez Jisrael. Für heute will ich schließen in der Hoffnung, dass der Brief Euch bei voller Gesundheit antrifft und auf baldige Antwort, verbleibe ich mit besten Grüßen an Euch Alle sowie herzl. שלום [Schalom]
Euer Menasche Bader

[H (D), Q: MB]

Sonntag, den 22. September 1946
Toni in der Schweiz an Menasche und Adi in Palästina
Lieber Martin & Adi
Eure l. Briefe mit Dank und Freude erhalten, Dein l. Brief, Martin, kam schon vor 14 Tagen, leider war ich 4 Wochen im Bett mit Rheumatismus, nun geht es gottlob wieder besser. Nun wegen Adi, Aidy und ihr Mann waren Mitte August in Brüssel und sind ins Waisenhaus, wollten Adi holen nach hier, haben für ihn Kleidungsstücke & Lebensmittel eingekauft, sie mussten ein Auto nehmen, da es außerhalb [von] Brüssel liegt, und als sie ankamen, sagte die Directrice, er sei schon fast 2 Monate bei Dir, und hat Aidy auch zwei Briefe gezeigt von Adi, geschrieben mit Deinem Absender, auf die Frage, warum wir trotz Bemühungen nie etwas von ihm gehört haben, sagte man, er war bei Leuten lange Zeit versteckt. Aidy hat an [die] Kinder etwas verteilt und Kleider, also Wäsche, wieder mitgenommen und will es von Zürich an Adi schicken. Es wäre mit Schwierigkeiten zu machen gewesen, einen Erholungsaufenthalt zu erwirken bei uns in der Schweiz, hoffentlich ist es einem von uns einmal möglich, Euch in Palästina zu besuchen, augenblicklich sind ja große Unruhen, hoffen wir, es legt sich bald alles wie zum Besten. Liebe Kinder, haben Euch heute 25 frs. geschickt, gebt uns sofort Bescheid nach Erhalt, und wir wollen Euch beiden jeden Monat schicken. Bei uns ist sonst alles beim Alten, Georges steckt fest in seinen Examen, die Prüfungen beginnen 6. Oktober, dann noch 3 Jahre Studium, daneben hilft er brav im Geschäft mit. Hoffen wir das Beste. Hatten den Monat August Aidys Jungen bei uns, und ist er unser aller Sonnenschein, unberufen ein süßer Schatz, er ist jetzt 2 ½ Jahre bis hundert und sehr amüsant, schön [zu] hören, wie er Französisch spricht, er versteht etwas Deutsch, nur hat Aidy darauf gehalten, dass man nur Französisch mit ihm redet, Deutsch wird er in späteren Jahren noch früh genug lernen, sie und ihr Mann reden ja Engl., Französ., und das Kind hat von Anfang an ein Kinderfräulein aus der französ. Schweiz, nur wegen der Sprache. Lieber Martin & Adi, gebt uns bitte sofort Antwort auf unser Schreiben und immer ausführlich, wie es Euch geht. Wie sind wir glücklich, Euch endlich vereint zu wissen, und dass Du, lieber Martin, die Hand schützend über Adi hältst, beruhigt uns sehr, es würde uns sehr freuen, wenn wir ein Bildchen von Adi bekämen, Deine, l. Martin, habe ich eingerahmt und so stets vor Augen. Beiliegend ein Bildchen von uns und nächstens eines von Aidy und

Familie. Unsere Lieben, zum Schluss möchten wir Euch noch zum neuen Jahre von ganzem Herzen alles Gute und viel Glück wünschen, dies begleitet mit ebenfalls herzlichen Grüßen & Küssen von uns allen.
Tante Toni, Onkel Bernard & Georges.
NB. Schreibt bitte an Aidy. Fam. L. B[…], Zürich […]
NB. Habe noch ein Bildchen gefunden von uns mit Aidy und ihrem Mann, auch eines von Sigile, wo er ein Jahr alt war, nächstens ein neueres.

[H, Q: MB]

Montag, den 4. November 1946
Paula in den USA an Menasche und Adi in Palästina

Lieber Martin u. Adi!
Nun ist es aber Zeit, dass ich Euch schreibe, denkt nicht, dass ich Euch vergessen habe, leider habe ich nicht so viel Zeit, so musst Du, Martin, mich entschuldigen. Ich habe mich mit den Neujahrswünschen von Euch gefreut und wünsche Euch ebenfalls alles Gute, auch freute [ich] mich zu lesen, dass Adi in Erez ist, so seid Ihr beide wenigstens zusammen. Gott gebe Euch Gesundheit u. Kraft. Von Tante Toni hörte ich, dass ihr Mann in Brüssel war und wollte Adi besuchen, aber er war schon nach Erez, auch meine Cousine Frau Gola schrieb mir von Adi.
Wie geht es Euch, was für Beschäftigung habt Ihr beide? Vor Pessach bekam ich Deinen Brief, worin Du mir von Wilhelm S[…] geschrieben hast, ich war bei ihm in Philadelphia und habe mit ihm wegen der Sachen, die Dein Vater ihm mitgegeben hat, gesprochen, so sagte er mir, dass die Gestapo es ihm abgenommen hat, sollte es nicht wahr sein, so ist er ein ganz gemeiner Mensch, kannst gar nichts machen, nur schreibe ihm, wie er sowas sagen kann, da er doch bestätigt hat, dass sie die Sachen hier herüber gebracht haben, das kannst Du ihm schreiben, soll er wenigstens sehen, dass Du über alles informiert bist. Es kann sein, dass ich Dir die Sachen, die ich von Euch hier habe, nach Erez schicken kann. Eine Schwägerin von einer Tante von mir kam zu Besuch nach hier, so werde ich sie fragen, ob sie es mitnehmen kann, sie kam von Jerusalem nach hier. Du fragst mich wegen Deiner Verwandten Bernstein und den anderen, ab + zu sehe ich sie, doch muss ich Dir schreiben, es sind arme Leute und quälen sich sehr, haben kaum Parnusse.
Gott gebe, dass mal Ruhe kommt in Erez, so glaubt mir, es würde angenehmer dort sein wie hier, ich lese die Zeitungen und wissen wir über alles, was in Palästina vorgeht, hoffen wir, dass bald ein

Ende kommt und wir das Land bekommen. Euch beiden erinnere ich, vorsichtig zu sein und sich von allem herauszuhalten, es ist besser, man hört so viel. Ich bin mit meinen Töchtern gesund, nächstens schicke ich Euch ein Photo von uns. Sonst wüsste ich Euch nichts mehr zu schreiben, ich grüße Dich + Adi herzlichst
Eure Paula
Grüße an Eure
Großmutter
Vergesst nicht zu schreiben, von unseren Mädels viele Grüße
[H, Q: MB]

1947

Ohne genaues Datum
Menasche und Adi in Palästina an Aidy in der Schweiz
Familie B [...]
Herzliches Masel Tov
Warum keine Post
Adi Menasche
[H (vermutlich Text eines Telegramms), Q: MB]

Mittwoch, den 19. März 1947
Menasche in Palästina an Toni in der Schweiz
Unsere Lieben רב שלום [Ein herzliches Schalom]
Sicher werdet Ihr mit Recht entrüstet sein, nach so langer Zeit von uns Antwort zu hören. Euren Brief habe ich 1. Tag von Sukkot erhalten und fuhr auch am selben Tag nach Ein Harod auf Besuch. Wollte Euch bald antworten, aber in dem Zimmer, wo ich wohnte, konnte ich keine ¼ Stunde mit Ruhe sitzen, wie Ihr wisst. So schob sich die Antwort hinaus, bis ich die Aussicht auf ein kleines Dachzimmer bekam. Nun erst recht wartete ich, als dann hier, wollte ich Euch in Ruhe antworten. Nun wohne ich hier schon 2 Monate, u. erst heute antworte ich. Warum? Das Zimmer hatte keine Elektri[zität], und dies bekam ich erst vor 14 Tagen, sodass ich abends müde nachhause kam u. effektiv mich ins Bett legte, nachdem ich jeden Tag etwas am Zimmerchen machte. Zu gleicher Zeit, meine Lieben, verspreche ich Euch, von heute ab pünktlich u. sofort zu antworten.
Wie Ihr wisst, haben wir hier 14 Tage Militärzustand gehabt, was sich wirtschaftlich auch in meinem Fach zu Ungunsten ausgewirkt hat. Ich wohne in der Nähe des Tel Aviver Militär Head Quarter, welches angegriffen wurde, und war dies hier eine Stunde lang eine Schießerei von Tanks und Maschinengewehren, dass die Wände +

Scheiben gezittert haben. Mit Adi stand ich aber trotzdem in Verbindung, obwohl der Postverkehr unterbunden war. Man muss sich eben zu helfen wissen. Habe den l. Adi vor einem Monat zu seinem 16. Geburtstag besucht, und fühlt er sich dort wohl. Er will zwar in die Stadt zu mir, sieht aber ein, dass dies im Moment [wegen] der politisch-wirtschaftlichen Lage unmöglich ist. Ehrlich gesagt, mein ganzes Streben geht darauf hin, Adi zu mir zu nehmen, sobald ich die nötige Rückendeckung habe. Habe mir schon ein paar Möbel, d. h. Schrank, Bett, Tischlein sowie Schemel, angeschafft u. muss jetzt abwarten, wie der Sommer ausfüllt, da bei uns von Pessach, d. h. April, bis Rosch Haschanah, d. h. im Sept., keine Saison ist und so wenig Arbeit da ist, dass ich nur ½ Tage arbeiten kann, wie es schon voriges Jahr der Fall war. Nun arbeite ich aber auch seit ¾ Jahren Schabbat, u. ist es schwer für mich, ohne einen Ruhetag zu arbeiten, an dem man sich richtig entspannen kann. Aber ich hoffe, dass ich Adi im nächsten Herbst/Winter, sobald wieder vollauf zu tun sein wird, doch zu mir nehme, damit er ein Fach lernt, welches er sich wählen wird. Doch alles hängt von der politischen u. der daran verknüpften Entwicklung des Landes [ab].
Doras (Bader) Sohn Jehuda ist diesen Schabbat Bar Mitzwah geworden, und [es] fand eine schöne Feier statt.
Onkel Heini ist aus dem Militär-Hilfsdienst, wo er 5 Jahre tätig war, entlassen worden u. ist nach Ein Harod zurückgekehrt. Ohne seine Beziehungen wäre Adi nicht so schnell hierher gekommen.
Nach langen Bitten von Omas Seite und anderen Seiten, habe ich mich vor 2 Monaten entschlossen, [mich] mit O. Hermann + T. Rosa wieder zu verständigen, um Adis Willen und da ich letzten Endes jünger bin, aber Recht habe, wie sie auch zugeben.
Nun zu Euch, meine Lieben. Es freut mich wirklich zu hören, dass es Euch gttlob gut geht und Ihr alle gesund seid. Besonders groß war unsere Freude, ein paar Fotos von Euch zu erhalten u. hast Du, l. T. Toni, sowie l. O. Bernard [Euch] in den Grundzügen nicht verändert, u. so habe ich Euch im Gedächtnis gehabt u. auch wiedererkannt. Aidy sowie Georges sind groß und war ich zu klein, um mich zu erinnern. Der »kleine«, jetzt schon sicher große Sigi ist süß u. scheint ein kl. Bandit zu sein.
Wenn ich recht verstehe, ist auf dem Familienbild Leo, der Mann von Aidy, und schäme mich, Euch zu schreiben, dass außer einer Rosch-Haschanah-Karte ich ihnen noch nicht schrieb, dies aber doch bald tun werde.

Anbei 2 Bildchen von Adi + mir, die wir Rosch Haschanah 46 aufgenommen haben, also 2 ½ Monate nach Adis Kommen.
Ich hoffe, dass Ihr mir nicht böse sein werdet und bald antworten werdet, und schließe in der Hoffnung, dass Euch dieser Brief Alle bei Gesundheit antrifft und wünsche allen einen koscheres Pessach sowie חג סמח (Frohes Fest)
Eure Neffen
Adi + Menasche

[H (D), Q: MB]

Sonntag, den 25. Mai 1947
Frau Riesenfeld in den USA an Adi in Palästina
Mein lieber Adolf
Du wirst sicher glauben, ich habe Dich vergessen, aber es ist nicht so. Ich war viele Monate krank und habe mich schwer erholt. Zwar habe ich an Dich gedacht, aber keine Energie zum Schreiben gehabt. Wie gefällt es Dir in Deiner neuen Heimat? Hast Du Dich schon eingelebt und bist Du oft mit Deinem Bruder zusammen? Fällt Dir die Sprache schwer und musst Du schon mitarbeiten oder gehst Du noch zur Schule? Anbei schicke ich Dir $9.- Ich hoffe, Du kannst dafür etwas bekommen. Ich weiß nämlich nicht, ob Du Zoll für Pakete bezahlen müsstest. Willst Du Dich bitte erkundigen und mir mitteilen. Ich habe Verwandte in Kiryath Bialik und Haifa. Teile mir mit, ob das in Deiner Nähe ist. Mein Mann und die Mädels sind gesund. Hannah, die älteste, ist gut in der Schule und geht auch schon manchmal tanzen. Sie ist 13 Jahre alt. Sie ist auch gut im Turnen. Die Jüngere, Dinah, nimmt Klavier. Ich nehme an, dass Du einen schönen Seder haben wirst. Adolf, ich bitte Dich, mir recht viel zu schreiben und ich werde schon jetzt mehr schreiben können. Grüße Deinen Bruder vielmals und sei Du vielmals gegrüßt von Deiner Dir guten Tilde Riesenfeld.
[In anderer Handschrift:]
Beste Grüße
Walter Riesenfeld

[H, Q: AB]

Mittwoch, den 2. Juli 1947
Frau Gola in Belgien an Adi in Palästina
Werter Herr Bader!
Ihren Brief vom Mai habe ich heute erhalten. War sehr erstaunt, nach so langer Zeit das erste Lebenszeichen von Ihnen zu hören, und noch erstaunter, in was für einem Ton Sie zu mir schreiben. Dass Ihr Bruder zu mir geschrieben hat, ist mir neu, habe bis jetzt

noch kein Schreiben erhalten, muss aber bemerken, dass ich bereits seit 11 Monaten meine Adresse gewechselt habe. Ihre Behauptung, dass ich Ihre Sachen für mich behalten will, bitte ich energisch zu widerrufen, ich möchte Sie anfragen, ob das der Dank ist, dass ich die Sachen 9 Jahre lang aufbewahrt habe, und noch einen Teil aufbewahre, möchte noch bemerken, dass mir dieselben ohne anzufragen zugeschickt worden sind, und auf Bitten meiner Eltern ich sie für kurze Zeit in Aufbewahrung genommen habe, diese kurze Zeit dauert schon 9 Jahre.

Da Sie von Ihren Sachen schreiben, wundert es mich, dass sie nicht anfragen, was Sie an Sachen hier haben. Da ich nun einmal dabei bin, Ihnen zu schreiben, möchte ich Sie darauf aufmerksam machen. Sie würden erstaunt sein zu sehen, was Sie bei mir von Sachen hier haben, wie Sie nun wissen, kamen dieselben vor 9 Jahren zu mir, da ich beschränkt wohnte und es doch nur für kurze Zeit hieß, ich sie in meinen Keller stellte, so standen sie bis zu meinem Umzug, nun musste ich doch nachsehen, was sich darin befand, zu meinem Erstaunen musste ich auch feststellen, so leid es mir tat, der größte Teil der Sachen war bereits verschimmelt oder verfault, das, was noch einigermaßen in Ordnung war, befindet sich noch bei mir, den Teil, den ich leider wegschmeißen musste war, meiner Ansicht nach, sehr bangloses Zeug, z. B. viele medizinische Sachen Ihrer Mutter und viel kleines Kinderzeugs, einige Bücher, was sich bei mir befindet sowie etwas Bettwäsche, Herren- und Damenwäsche und einigen Machsoirim.[134] Nun muss ich Ihnen mitteilen, dass meine Zeit es augenblicklich nicht erlaubt, sich mit Ihrer Angelegenheit zu befassen, ich glaube, man muss eine extra Erlaubnis haben, um etwas nach Palästina schicken zu können. Und noch etwas, ich habe noch eine Forderung von 380 Fr. Bg. (vor dem Krieg wert), die ich für Fracht bezahlen musste, und natürlich die Unkosten, die ich jetzt haben werde, werde nicht im voraus bezahlen. In der Hoffnung, dass Sie den Brief gut verstehen, grüßt Sie
Frau Gola
N.B.
Vielleicht können Sie von Ihnen aus veranlassen, dass die Sachen durch einen Spediteur von uns abgeholt [werden,] damit ich nichts damit zu tun habe, dieses [wäre] mir viel lieber.

[H, Q: MB]

Dienstag, den 12. August 1947
Menasche in Palästina an Frau Gola in Belgien

Werte Frau Gola! שלום [Schalom]
Ihr wertes Schreiben vom 27. d. J. erhalten und kann Ihnen erst heute antworten. Vorerst möchte ich mich Ihnen vorstellen. Bin der größere Bruder, wenn man so sagen darf, von Adi, seit 1939 in Erez, u. nun zu Ihrem Brief.
Meine l. Eltern sandten vor dem Kriege mit Familie Dschenscharsky […] Köln am Rhein Kisten mit Inhalt an Ihre werte Adresse, natürlich mit dem vollen Einvernehmen u. materiellen Abmachungen. Durch den Kriegsausbruch verlor ich jeden Kontakt mit meiner Familie, bis ich vor 1 ¼ Jahren meinen Bruder Adi in Brüssel fand. Erst als er im Juli 1946 nach ארץ ישראל [Erez Jisrael] kam, erfuhr ich, dass mein Bruder bei Ihnen war u. er mir u.a. erzählte, dass noch Sachen bei Ihnen sind. Ehrlich gesagt, ich wusste nicht, wer Sie sind, nur fiel mir die Adressengleichheit, der Ihren sowie die von den damals aufgegebenen Sachen an dieselbe Adresse, nur unter dem Namen Dschenscharsky, auf. Ich schrieb zu Ihnen am 10.9.46 sowie danach noch einige Male. Nie habe ich Antwort bekommen. Nun bat ich meinen Bruder Adi vor 3 Monaten Ihnen nochmals zu schreiben. Ihre Antwort vom 7./2. blieb nicht aus. Hierzu möchte ich bemerken, dass der an Sie gerichtete Brief meines Bruders Französisch geschrieben war u. ich so den Ton + Stil nicht kontrollieren konnte. Umso größer mein Erstaunen über Ihre Tonart, u. möchte Sie hiermit höfl. um Entschuldigung bitten, wenn Adi Sie in seinem jugendl. Alter sowie Unerfahrenheit, Korrespondenz zu führen, beleidigt hat. Es liegt u. lag mir ferne, daran zu denken, dass Sie irgendwie unsere Sachen unterschlagen oder irgendwelchen Nutzen daraus erzielen wollten. Dass ein Teil der Sachen in den Jahren zu Grunde ging, will ich einsehen sowie das Vertrauen, dass meine Eltern Ihnen sowie Ihren l. Eltern sowie Ihren Verwandten in den USA (Kalmann-Kalmanovitz) setzten, nicht schmälern u. hoffe, das Sie, werte Frau Gola, dieses Missverständnis für erledigt ansehen.
 Um die Sache zu bereinigen, hätte ich folgenden Vorschlag zu machen: Sie senden diese Sachen nach Lausanne (Swiss) zu meiner Tante per Nachnahme, da man hier keine Importlizenz bekommt und nur die größten Schwierigkeiten mit dem Zoll hat, dem man dokumentarische Beweise bringen soll. Die Ihnen daraus entstehenden Unkosten werde ich auf dem mir gesandten Namen + Bankkonto von hier oder Schweiz begleichen. Die von Ihnen

geforderten 350 Fr. Belg. habe ich zur Kenntnis genommen, u. weiß leider darauf nichts zu antworten, da [wir], wie am Anfang gesagt, allen finanziellen Verpflichtungen in Köln nachgekommen sind. Hierzu kommt noch, dass ihre werten Eltern auch eine Kiste mit Porzellan sowie Geschirr zur Aufbewahrung nach Belgien oder Frankreich bekamen. Sollten Sie auf Ihrer Schuldforderung, die eventuell gerecht ist, wenn Sie von den Abrechnungen in Köln keine Ahnung haben, bestehen, so werde ich auch dieser nachkommen. Möchte Sie höfl. bitten, mir mitzuteilen, ob Ihnen über den Verbleib der II. Kiste etwas bekannt ist u. in welcher Richtung ich mich wenden kann. Nochmals, seien Sie nicht böse, und in der Hoffnung bald von Ihnen zu hören, schließe ich mit besten Grüßen שלום [Schalom] Martin Bader

[H (D), Q: MB]

Dienstag, den 19. August 1947
Toni in der Schweiz an Menasche und Adi in Palästina
Lieber Martin, liebe Adi! Wir haben Euch Anfang Mai in unserem ausführlichen Brief eine Banknote von 20 frs. beigelegt und per Flugpost zugeschickt, bis heute ohne jede Nachricht von Euch beiden, was uns sehr beunruhigt, schon früher hätten wir geschrieben, aber ich habe Onkel auf einer Geschäftsreise nach Italien begleiten müssen, der Onkel Bernard ist leider stets unter ärztlicher Kontrolle wegen seinem Herzen, und nun hat er noch unter Gicht an den Füßen zu leiden. Kaum heimgekehrt wurde ich selbst krank und musste in ärztliche Behandlung, bekam 12 Spritzungen, da es eine Drüsensache ist und radikal behandelt werden muss. Lebe auch unter ärztl. Aufsicht und Diät, und geht es mir gottlob besser. Nun, meine Lieben, lasst uns bitte wissen, warum keine Antwort oder ob Brief abhanden gekommen [ist], bei diesen Wirren wäre es ja möglich insbesondere, weil Geld darin war. Ich hatte Euch ferner ein Bildchen von uns beigefügt im Glauben, es [würde] Euch bestimmt Freude machen als Revanche für Eure beiden wohlgelungenen Bilder, die uns allen viel Freude machen, und ich zeige sie voll Stolz allen Verwandten & Bekannten. Im letzten Brief haben wir ferner für Dora & Familie Grüße & Massel Tow ausrichten lassen zur stattgefundenen Bar Mitzwah ihres Sohnes. Auch haben wir Euch um ihre genaue Adresse gebeten, wir möchten ihr mal pers. schreiben. Aidy & Leo hatten riesige Freude an Eurem l. Telegram zur Geburt des zweiten Söhnchens Alex, sie sagte mir neulich am Telefon, sie habe an Euch geschrieben und Euch 50 frs. geschickt, habt Ihr alles

erhalten? Gebt ihnen doch bitte sofort Antwort und uns auch, man weiß ja bald nicht mehr, was nachdenken. Georges ist seit Januar neuerdings im Militärdienst und zwar bis Ende November, dann kehrt [er] als Offizier heim, er ist bei den Flugtruppen. Über die heutige Lage in Erez sind wir hier gut orientiert und auch sehr besorgt, möge nur alles sich zum Guten wenden. Hier herrscht seit Monaten eine unerträgliche Hitze, man weiß sich bald nicht mehr zu helfen, um dieser Glut zu entgehen, man kann sich nicht erinnern, wann es zuletzt so heiß war. Letzten Monat war Sigi, der größere Sohn Aidys, bei uns in Ferien, und ist dies für ihn wie für uns stets eine große Freude, er hat sich auch prächtig erholt, und zum Abschied sagte er uns ganz zuversichtlich und uns beruhigend, also auf bald in Zürich, so ein süßer Schalk ist dies, er [ist] unberufen sehr klug und gut voran für sein Alter, so blond er ist, so sehr schwarz ist der Kleinste, ein goldiges und liebes Baby unberufen, Aidy sagte schon, sobald sie ein Bild von Alex machen, schicken sie Euch eines. Von Paula höre ich nichts mehr, hört Ihr noch etwas von ihr? Lieber Martin, lieber Adi, bitte seid doch so gut und gebt uns doch sofort Antwort auf diesen Brief, wir hoffen er erreicht Euch bei bestem Wohlbefinden, in diesem Sinne senden wir Euch die herzlichsten Grüße & Küsse.
Tante Toni, Onkel Bernard und im Auftrage von Georges & Anny seiner Braut.
Mit gleicher Post senden wir Euch per Mandat dieses Mal 25 frs., dafür haftet uns die Post, im Brief war es ja schon ein Risiko. Grüßt ferner Tante Frimet von uns.
Bitte sofort Antwort.
[Keine Unterschrift]

[H, Q: MB]

Freitag, den 10. Oktober 1947
Frau Gola in Belgien an Menasche in Palästina
Werter Herr Bader!
Ihr Schreiben von August habe ich erhalten, durch die Feiertage war es mir leider nicht möglich, Ihnen gleich zu antworten. Nun will ich es auf dem schnellsten Wege nachholen. In Ihrem Briefe fragten Sie an, ob ich nicht die Sachen nach der Schweiz zu einer Tante von Ihnen schicken möchte, leider habe ich noch keine Zeit gehabt, mich danach zu erkundigen, ob man es kann, wenn es geht, mit Vergnügen, so werde ich dadurch ein bisschen mehr Platz gewinnen und eine Verpflichtung mehr loswerden. Sie gaben mir aber in Ihrem Schreiben nicht die Adresse Ihrer Tante an. Möchte

nochmals unterstreichen, dass ich für entstandene und entstehende Unkosten nicht aufkomme. Wo Ihre andere Kiste Sachen geblieben ist, kann ich leider gar nicht sagen, da ich von nichts weiß.
In der Hoffnung, dass es Ihnen gut geht und Sie wohlauf sind, grüßt Sie aufs Beste Frau Gola

[H, Q: AB]

Samstag, den 11. Oktober 1947
Paula in den USA an Menasche und Adi in Palästina
Lieber Martin u. Adi!
Ich habe das Telegram erhalten, glaubte, dass Ihr mir noch ein Brief schreiben werdet, aber bis jetzt habe nichts erhalten. Ida Stadtländer ist zu ihrem Bruder nach Paris gefahren und wird sich dort einige Zeit aufhalten, sie sagte mir, dass sie Mitte November in Tel Aviv sein wird, die goldenen Sachen habe [ich] ihr mitgegeben, es sind 3 Uhren, eine Kette, 2 Siegelringe, ein kleiner Goldknopf. Sie wird es nur an Euch aushändigen und niemand anders, Du, Martin, sollst es abholen. Ich bin zufrieden, dass ich es mitschicken konnte u. hoffentlich geht alles gut. Wie geht es Euch sonst? Hört Ihr was von Tante Toni? Was macht der l. Adi, wo hält er sich auf, schreibe mir über alles, Du weißt, es interessiert mich. Hoffentlich höre ich bald von Euch, bis dahin seid recht herzlich gegrüßt von Eurer Paula
Meine Mädels lassen Euch herzl. grüßen

[H, Q: MB]

Dienstag, den 21. Oktober 1947
Menasche in Palästina an Toni in der Schweiz
Meine Lieben, Tante Toni, Onkel Bernard, Aidy sowie Mann! רב שלום [Ein herzliches Schalom]
Ihr werdet Euch sicher wundern, nach so langer Zeit ein Schreiben von mir zu erhalten. Darum bitte ich Euch, erst am Schluss zu sagen: »Nun ja, aber doch hätte man Zeit gehabt.« Als Erstes hoffe ich, dass Tante Toni wieder wohlauf ist und dass alle gesund sind. Warum schreibe ich nicht? Um Euch zu schreiben, meine Lieben, muss ich mich hinsetzen und schreiben, denn Ihr wollt viel wissen, und ist dies nicht mit 2 Sätzen abgetan. Euren l. Brief datiert vom 19. August bekam ich, als ich auf »Ferien« in T. Aviv war. Wie soll ich Euch dies erklären, schwerlich, aber in der heutigen Lage schon einfacher. Kurz, ich fuhr Anfang August für 3 Monate von Tel Aviv weg, um an einem Kurs teilzunehmen in einer Gesellschaft, [in] der jeder Jude hier schon lange Mitglied ist. Nun war ich zufällig auf Liefe[135] in T. A. und fand Euren Brief vor sowie 50 Fr.

von Adi. Glaubt mir, ich hatte keine Zeit, auch nur jemand zu sehen, geschweige, Euch zu antworten. Also blieb der Brief bzw. [die] Antwort für spätere Zeit angehoben. Anfang Nov. kam ich zurück, und jetzt fing das alltägliche Leben wieder an. Schwer musste ich arbeiten, um all dies aufzuholen, was man in 3 Monaten versäumt hatte. Aber das Ziel war klar. Adi will im Fach lernen, wahrscheinlich Mechanik oder was damit zu tun hat. Ich schaffe alles an fürs Zimmer, nur um Adi kommen zu lassen. Was soll ich Euch viel schreiben, was sich in Erez tut, wisst Ihr aus Radio u. Presse. Aber, meine Lieben, wie man hier lebt und was sich hier tut, weiß nur einer, der alles sieht und miterlebt. Im Monat Dezember habe ich 14 (noch nichtmal) Tage gearbeitet und die anderen Tage und Nächte keine Zeit dazu gehabt. Bin Freitag nachmittag wieder zu Hause angekommen, nachdem ich 5 Tage »draußen« war. Es ist ein schwerer Weg, den wir gehen müssen, denn wer wird ihn gehen für uns. Sagt nicht: Aber Du, der für Adi da sein soll oder der die ganze Familie verlor, soll sich gemeldet haben oder muss seine Pflicht tun. Deshalb gehen (schon seit Jahren vorbereitet) ich und andere, damit so ein Geschick nicht mehr an jüd. Häuser und Geschichte pocht. Wir erfüllen unsere Pflicht im Namen des Lebens – für das Leben, das Leben unserer Zukunft. Man kann nicht alles schreiben, obwohl Papier geduldig wäre, aber noch einige Monate Geduld und man wird alles schreiben können. Tausende, nein, der ganze Jischuw[136] steht auf der Wacht, jüd. Land, jüd. Punkte, Straßen Häuser u. Verbindungswege zu sichern, obwohl es Elemente gibt, die uns hinterhältig in den Rücken fallen und entwaffnen. Jetzt geht die Schießerei draußen wieder los, nachdem schon 1 St. verhältnismäßig Ruhe war. Maschinengewehr und Detonationen. Ich will aber Euch nicht unnötig aufregen, nur erklären, wieso ein junger Mensch kaum Zeit hat zu arbeiten oder zu schlafen. Ich hoffe, dass Ihr mich verstehen werdet und nicht böse seid mit mir, dass ich Euch so lange warten ließ, habe sonst (d. h. nach den 50 Fr.) kein Geld mehr für Adi erhalten und möchte Euch diesbezüglich zuerst danken und auch er. Aber [da] der Valuten-Unterschied von Swiss nach hier groß ist, ist 50 Fr. hier 2.70 £p.(2 £p.sind 70 Piasta oder 1 ½ Tage Arbeit). Aber mit 2.70 £p.kann man nicht viel anfangen. Daher möchte ich Euch bitten, auf mich zu warten, bis ich Euch schreibe, wie Ihr das Geld schicken solltet. Nun werde ich die größte Chuzpe haben und Euch etwas bitten bzw. Euch anfragen, ob Ihr, meine Lieben,

bereit seid und die Möglichkeit besteht, diese Vorstellung oder [diesen] Antrag durchzuführen.
Adi war gestern bei mir, und [es] ist klipp u. klar festgelegt, das er in 14 Tagen zu mir kommt. Ehrlich gesagt, es ist ein Wagnis, den Jungen zu mir zu nehmen und ihn lernen zu lassen, da er ja nichts verdienen wird, auf der 2ten Seite ich (jetzt schon teilweise + zeitweise) noch ¾ Jahr zum Militär muss. Dies die eine Seite. Nun, meine Lieben, wofür habe ich 1 Jahr außer meiner täglichen Arbeit auch am Schabbat und Jonteff gearbeitet wie ein Pferd, um alles vorzubereiten, damit Adi die Möglichkeit hat, die mir nicht vergönnt war, und ein Fach zu lernen und ein Zuhause wieder zu haben. Nun, dies ist mit Schwierigkeiten jetzt verbunden. Aber es ist ein Wettlauf mit der Zeit. Ich muss es schaffen, damit er nächstes Jahr etwas gelernt hat, um, wenn er einberufen wird (ja, ja so ist das) und wieder frei ist, ungefähr ein Fach hat. Nun arbeite ich nicht voll, wie Ihr versteht und einseht, und [bin] dadurch auch zum Teil meiner Verdienste beraubt, wenn man so sagen darf. (Obwohl wir z. Teil entschädigt werden, außer Essen, was wir bekommen.) Mein Vorschlag geht dahin, mir, d. h. Adi, mit einer Summe Geld zu helfen, die nur als Anleihe gedacht ist und die man dazu nehmen kann, und [die ich so] Gtt will später, wenn wir gesund aus diesem Ringen heraus sind, selbstverständlich zurückzahlen werde. Meine Lieben, dies ist ein großes Ansinnen + Anmaßen, aber ich muss auch das Schwärzeste in Betracht ziehen, auch wenn ich es nicht schaffen kann, dass Adi es später abgeben wird. Ich will Euch das Herz nicht schwer machen, aber weiß man, ob man dies überleben wird? Jeden Tag, jede Minute kann man in [den] Dienst gerufen werden, u. dies ist keine Versicherungsgesellschaft. Sollte dies nicht möglich [sein], Adi eine Summe Geld hier im Lande zur Verfügung zu stellen, so möchte ich Euch anfragen, ob Ihr monatlich (nur wenn [es] nötig sein wird) Adi zu helfen. Glaubt mir, mir fällt es sehr schwer, so ein Angebot zu machen, denn für mich habe ich immer gesorgt, aber es geht um die Zukunft Adis, [das] Letzte, was von Allen gerettet ist. Nochmal, seid nicht böse und schreibt offen, wie, was und ob möglich.
Habe vor 14 Tagen durch jemanden von Paula aus Amerika einen Teil der Goldsachen erhalten, d. h. alles was sie hatte, der größere Teil ist ja nicht mehr da (Familie S[…]), 3 Uhren und 2 Ringe. Ich möchte Euch diesmal bitten, auch Aidy diesen Brief zu zeigen oder sie über mein Tun + Lassen zu verständigen, aber das nächste Mal werde ich ihr bestimmt persönlich schreiben, da ich wirklich keine freie Minute habe.

Nun was macht Ihr, wie geht es O. Bernard u. Dir, Tante Toni? Was macht Aidy, Mann und die Kinder, und ich glaube das nächste (?), was macht Georges + seine Braut? Ich will hoffen, dass mein Brief Euch alle beim besten Wohlbefinden antrifft und hoffe, bald von Euch einen langen ausführlichen Brief von Allen zu erhalten. Macht Euch keine Sorgen um mich, denn (jeder hofft) hier wird es doch gut werden. Freie Leute und Menschen. Einer besseren Zukunft entgegen! Also, für heute seid alle herzl. gegrüßt + geküsst von Eurem Neffen

מנשה [Menasche]

Martin + Adi

Das nächste Mal schreibt auch Adi. Also

שלום לכם [Euch Schalom]

ארץ ישראל... [Erez Jisrael]

[H (D), Q: MB]

Montag, den 8. Dezember 1947
Adi in Palästina an Menasche in Palästina

Lieber Bruder

Bin gut in Shefayim angekommen. Wie ich Dir versprochen habe, schreibe ich Dir jetzt. Zum Ersten wünsche ich Dir viel Glück für Deinen Geburtstag und dass alle Deine Wünsche sich verwirklichen werden. Jetzt geht man an die Arbeit. Warum bin ich so? Warum schäme ich mich? Ich war viele Jahre alleine und wusste nicht, was ein Bruder oder Verwandter ist. Ich musste mich alleine drehen u.s.w., wie ich Köln verlassen habe, verstand ich noch nicht, was ein Bruder ist, nur wie man zusammenlebt. Es ist schwer, nach so vielen Jahren sich zuzammenzubinden. Wenn ich Dich etwas frage, weiss ich nicht, ob es gut ist oder ob es zuviel gefragt ist, und darum schäme ich mich, Dich etwas zu fragen. Ich sage nicht, behaupte nicht, [habe nicht] daran gedacht, dass Du etwas Schlechtes willst tun oder wolltest; weil alles, was ich wollte, habe ich bekommen. Ich weiß auch nicht, was Du davon meinst.

Wie ich das letzte Mal in T. A. war, hat Ernst mit mir gesprochen. Ernst hat mir geraten, Kühlschrank-Fach zu lernen. Ich bin bereit, weil er hat mir gesagt, dass es eine Zukunft hat, und darum will ich es lernen. Ich will, Du sollst Deine Meinung sagen.

Hoffentlich wird auch eine Lösung gefunden.

Ich schließe, sei gegrüßt u. geküsst

Dein treuer

Bruder

Adi

P.S. אני מחכה תשובה מהירה [Ich erwarte eine schnelle Antwort]
עדי [Adi]
Gott mit uns
Grüße Ernst – Ruth – Rolly

[H (D), Q: MB]

1949

Mittwoch, den 2. Februar 1949
Menasche in Israel an Paula in den USA

Liebe Tante Paula sowie Töchter!
Sicher werdet Ihr sehr erstaunt sein, nach so langer Zeit etwas von uns zu hören. Seid nicht böse und glaubt nicht, dass ich vergessen habe oder undankbar bin. Aber [ich] hoffe, dass [Du], nachdem Du meine Zeilen gelesen hast, mich verstehen wirst. Habe 3 Uhren, 2 Ringe, 1 Abzeichen sowie 1 Kette dankend erhalten und danke Dir nochmals für die bewiesene Freundschaft und Hilfe, die Du Papa sowie uns erwiesen hast. Aber etwas zurückgreifend. Ich war einige Monate nicht in der Stadt, als ich Euren Brief von 27. Aug. v.J. nachgesandt bekam. Darauf hin sandte ich Euch ein Telegramm, aber keinen Brief, da ich ganz einfach keine Zeit hatte. Heute kann man schon freier schreiben. Um offen zu sein, ich war auf Kurs und Manöver, einige Monate. Du kannst Dir vorstellen, dass dies unter den unmöglichsten Umständen (illegal) bei den heutigen Zuständen geschah. Ich kam im November zurück und musste feste arbeiten, um das Versäumte nachzuholen. Jetzt verschob ich von einem Schabbat auf den anderen, bis die letzten Geschehnisse Anfang Dez. geschahen. Nun erst recht, meine Lieben, gab es für uns Jugend keinen Tag nicht Tag. Um Dir zu sagen, kurz, von 1 Monat arbeitete ich 1 ½ Wochen, außer der sogenannten Nachtarbeit. Hier hörst Du Tag + Nacht Schießen und Explosionen von Jaffa + T. A. Wieder war ich »irgendwo« stationiert und habe jetzt paar Tage Liefe gehabt. Morgen früh fahre ich wieder weg, unbestimmte Zeit und Platz. So ist das Leben jetzt in ארץ [Erez]. Alle, ob jung + alt, sind mobilisiert. Glaubt Ihr, dass wir so sicher stehen könnten, ohne jahrelang darauf vorbereitet zu sein? Viele Opfer sind gefallen und mancher Freund u. Kamerad auf dem Wege zur Freiheit sind liegen geblieben. Aber eines, die Hoffnung bald ein freies und hoffentlich bald ein ruhiges Leben führen zu dürfen, dies gibt uns Mut und Lust sowie Ausdauer, damit ein Auschwitz-Polen und andere Lager nie mehr für uns da sein wird. Dafür kämpfen wir, und der Erfolg wird unser sein. Ich hoffe, Ihr begreift meine sogenannte Schreibfaulheit, und

hoffe, Euch pünktlich zu antworten. L. Tante Paula, solltest Du irgendwelche Auslagen gehabt haben, so bitte ich Dich, mir dies mitzuteilen. Was die Anzüge, die Dir Stadtländer übergab, betrifft, so möchte ich Dich bitten, [sie] als alte Kleider an meine Adresse zu schicken und minimalen Wert anzugeben. Für beide Auslagen komme ich selbstverständlich auf. Adi ist bei mir in T. A. und lernt Automechaniker. Was machst Du und die Töchter? Habe mich mit dem Bild sehr gefreut und werde Euch nächstens auch ein Bild von uns senden. Ja, noch eine kl. Bitte. Vielleicht würdest Du mir die Adresse von Deinen l. Eltern einschicken, damit ich ihnen schreiben kann. Von T. Toni schon lange keine Post, obwohl ich ihr schrieb.

So, meine Lieben, für heute will ich schließen, da ich meine Sachen noch fertig machen muss. Nochmals herzlichen Dank für alles und Entschuldig. fürs lange Warten. Schreib bald und seid alle
herzl. gegrüßt
Euer מנשה [Menasche] + Adi

[H, Q: MB]

Ohne genaues Datum
Toni in der Schweiz an Menasche in Israel

Lieber Martin, liebe Ruth
ich benutze die Gelegenheit, durch Fräulein W[...] einen süßen Gruss mitzusenden, mehr konnte sie leider nicht akzeptieren, da sie Lausanne für immer verlässt, ist sie selber besorgt, sich mit allem Notwendigen zu versehen. Habt Ihr meine Zeilen erhalten, gebt bitte Antwort. Herzl. Grüße & Küsse
Tante Toni & Onkel Bernard.

[H, Q: MB]

1950

Mittwoch, den 8. November 1950
Toni in der Schweiz an Menasche in Israel

Lieber Martin,
vielen Dank für Deine Wünsche zum neuen Jahr und erwidere dieselben aufs Herzlichste. Nun möchte ich gerne wissen, warum Du plötzlich aufgehört hast zu schreiben, ferner wie kommt es, dass man Geld, Dir durch die Bank überwiesen, als verweigert wieder uns sowie Aidy zustellte? Solltest Du inzwischen geheiratet haben, wie ich aus Deiner Karte vermute, so wünschen wir Dir viel Massel und Broche[137], würden uns jedoch sehr freuen, über alles, was Dich sowie Adi betrifft, uns sofort Näheres mitzuteilen. Bei

uns hat inzwischen vor einem Jahre Georges geheiratet und hat ab 1. Januar 51 einen fabelhaften Ingenieur-Posten in der deutschen Schweiz, wo er bereits eine Wohnung gefunden [hat], dass er sich dort einleben wird, [wird] ihm sowie seiner jungen Frau anfangs schwerfallen, da beide französisch gesinnt [sind], aber bei keinem ist alles zur Vollkommenheit. Bei uns ist gottlob alles in bester Ordnung, letztes Jahr hat Onkel eine schwere doppelte Operation durchgemacht und lebten wir 6 Wochen zwischen Bangen und Hoffen, gottlob ist alles gut abgelaufen, natürlich ist Onkel heute kein großer Held mehr, und bin ich froh, dass unser Geschäft ihm auch genügend Heimarbeit gibt, da er nur noch beschränkt arbeiten kann. So, dies als Wesentliches von uns, und nun gebe uns bitte sofort ausführlichen Bescheid, was Du und Adi machen, auch von Tante Frimet & Dora erhielten wir ein Kärtchen und geht mit gleicher Post auch ein Brief an [sie] ab. Herzliche Grüße & Küsse auch an Deine l. Frau von uns allen.
Tante Toni & Onkel Bernard.
N.B. Teile uns mit, ob wir Dir Lebensmittel schicken sollen, wie wir vernehmen, herrscht bei Euch an allem eine Knappheit.

[H, Q: MB]

1952

Samstag, den 8. März 1952
Menasche in Israel an Toni in der Schweiz
Meine Lieben!
Nach jahrelanger Unterbrechung und Drängen von Adi, Tante Dora und Ruth (meiner Frau) tagtäglich, antworte ich auf Euren Brief vom 8.11.50.
Als Erstes möchte ich dem Onkel Bernard eine schnelle Genesung nach seiner Mittelohrentzündung wünschen sowie Dir nach Deiner Krankheit. Hoffe, dass diese Zeilen Euch schon bei voller Gesundheit antreffen werden. Wir wissen davon, da wir gestern abend bei Tante Dora waren. Jetzt zu meinem jahrelangen Schweigen. Voraussenden möchte ich, l. Tante Toni, dass Ihr die Mentalität der hiesigen herangewachsenen Jugend nicht versteht und umgekehrt ich persönlich eventuell die europäische Lebensauffassung nicht verstehen kann. Um kurze Geschichte zu machen, denn dies ist ja der Grund meines Nichtschreibens.
Am 21.10.1947 schrieb ich Euch einen Brief (eingeschrieben), der sehr ausführlich war und die nahe Kriegslage schilderte. Wie ich Euch schrieb, war ich fast mobilisiert, hatte die Verpflichtung, Adi nach T. A. in mein Zimmer zu nehmen, um ihn ein Fach lernen zu

lassen. Dieser Brief wurde andauernd von Maschinengewehrfeuer unterbrochen. So war die Lage in T. Aviv.

In diesem Brief (die Abschrift sende ich Euch ein, wenn Ihr wollt) machte ich Euch 2 Vorschläge: 1) Eine Summe Geld hier Adi zur Verfügung zu stellen, damit er ein Fach innerhalb 1 Jahr lernt oder, wenn es Euch nicht möglich ist, jeden Monat einen Zuschuss zum Leben zu schicken. Dieses Geld sollte nur gebraucht werden, wenn ich beim Militär zu Gtt abberufen werde, da hier der Krieg keine Versicherungsgesellschaft war. Dies war im Okt. 1947. Am 1. April teilte die Mandatsregierung mit, dass ab 20.4. jeglicher Postverkehr mit der Welt aufhört. Während der Kämpfe, die hier waren, kam ich im Juni/Juli auf Urlaub und fand eine Anweisung auf 2,70 £p., wenn ich nicht irre, 25 Fr. oder 50, d. h. oder 1,35 £p., abgeschickt im April. Ihr könnt Euch nicht vorstellen, wie beleidigend dieses Geld war und einen zum Schnorrer herabsetzte, und dazu während der ganzen Zeit keine einzige Zeile. Habe das Geld nicht angenommen. Gtt. s. D. hat Adi sein Fach auch ohne andere Hilfe gelernt, und ich bin lebend nachhause gekommen. Bin anstatt 2 Jahre nur 1 ½ Jahre beim Militar als Sergeant Major aus Gesundheitsgründen entlassen worden. Sehr schön, gut + nett. Habe geheiratet und manchmal tut man, was die Frau sagt. Ich schrieb Euch zu Rosch Haschanah. Inzwischen, meine Lieben, ging auch Adi zum Militär, absolvierte 2 Jahre und wurde vor 14 Tagen als Sergeant entlassen. Jetzt lässt das jüdische Herz erst einem zu, nachdem alles vorüber ist, Euch zu schreiben. Adi arbeitet wieder beim alten Arbeitsplatz. Ich habe eine eigene Tischlereiwerkstätte und sind zufrieden und haben unser Auskommen. Voriges Jahr war eine Dame bei uns und brachte ein paar Zeilen, auch versprach [sie], am folgenden Tag ein Päckchen Schokolade zu bringen. Wir danken Euch vielmals dafür, aber haben die Dame nie wieder gesehen und somit auch nie die Schokolade. Wie Adi mir sagt, hat ihn im Jahre 1947 ein Mann aufgesucht und ihm gesagt, dass er ihn seit 5 Jahren sucht, um ihm Geld zu bringen. Auch dieser Gentleman versprach das Geld und versprach! Nie kam er wieder. Für heute der Vorwürfe genug, denn, wie gesagt, zu viel habe ich seit 1939 hier mitgemacht, [als] dass Ihr, meine Lieben, mich in meinen Ansichten + meinem Stolz verstehen könnt. Aber nicht ewig kann + darf man hadern, und wie Ihr wisst, bin ich ein großer Akschenkopf. Trotz aller Nachforschung und Schreiben konnten weder Adi noch ich etwas von den l. Eltern auch Geschwistern hören. Vielleicht [er]gibt sich einmal die Möglichkeit für Adi, nach Europa zu kommen, denn er glaubt felsenfest, doch noch jemand

in Belgien oder Köln zu finden. Komme mit meiner Oma jede paar Monate zusammen sowie mit den 2 Onkeln. Für heute will ich schließen, denn ich weiß nicht, wie Ihr diesen Brief auffassen werdet. Obwohl ich tagelang zu erzählen hätte.
Hoffe, dass dieses Schreiben Euch alle, auch Aidy + Mann + Georges + Frau sowie Kinder, bei voller Gesundheit antrifft und verbleibe mit besten Grüßen von
Eurem Neffen
מנשה [Menasche]
Viele Grüße sendet Ruth, die wirklich jeden Tag, kann man sagen, gebeten hat, Euch zu schreiben sowie Adi.
[Handschriftlich von Adi:]
Beaucoups des compliments et des souhaits de votre neveu.[138]
Adi

[H (D), Q: MB]

Freitag, den 21. März 1952
Toni in der Schweiz an Menasche in Israel
Lieber Martin, vielen Dank als Erstes für Dein Schreiben, und will ich versuchen, mich kurz zu fassen, um Dir auch alles von meinem Gesichtspunkt aus betrachtet mich besser zu verstehn. Als Erstes machst Du mir den Vorwurf, 1947 Dir nicht mit einem großen Geldbetrag geholfen zu haben, und [dass] Du genötigt warst, die angewiesenen frs. 50 zurückzuweisen. Du wirst doch nicht annehmen, ich habe ein eigenes Privatvermögen, worüber ich ohne weiteres verfügen kann, ferner findet man in der Schweiz die 50 frs. Scheine nicht auf der Straße, ich wollte Dir mit Hilfe des l. Onkel Bernard, der nebenbei bemerkt, schon unglaublich vieles sich hat kosten lassen für meine Familienangehörigen, monatlich etwas zukommen lassen, eben diese besagten frs. 50.- waren die Ersten und dann auch von unserer Seite die Letzten – Aidy jedoch hatte Gelegenheit, einem Herrn aus Tel Aviv, der bei ihr im Büro war und etwas Schmuck kaufte, einen Geldbetrag für Adi mitzugeben, der fest versprach, es abzuliefern, leider erging es Adi wie Dir mit dem Paket Schokolade, verfallen, man wurde im Leben schon so oft getäuscht, sodass es auf eine Enttäuschung mehr nicht ankommt. Noch etwas, Du scheinst nicht zu wissen, dass im Jahre 1946 Aidy mit Mann per Flugzeug nach Brüssel flogen, um zu sehen, was mit Adi los ist, als sie ankamen in einem jüd. Heim, zeigte man ihnen ein Schreiben von ihm, worin er mitteilte, dass er gut bei Dir angekommen sei, Anzug, Wäsche sowie Lebensmittel ließen sie dort zur Verteilung für die noch verbliebenen Kinder. Bis

zum Tag des kl. Georgs Deportierung habe ich ihn nach Antwerpen ins »Jongenhus« mit Geld unterstützt, eine Karte der Directrice habe [ich] als Erinnerung, worin sie mir bestätigt, soeben kam wieder das Geld für Georg, haben es ihm mitgegeben, da er abgeholt wurde, sobald wir etwas hören, haben Sie, Fr. L[...], Nachricht, ich will Dir nicht alles erzählen, was ich seelisch mitgemacht habe, von Deinen l. Eltern gar nicht zu reden, heute verlangst Du von mir eine Lagernummer, glaubst Du, ich hätte sie Dir nicht schon längst geschickt, falls ich sie ausfindig gemacht hätte, nicht einmal durchs Rote Kreuz, wo ich auch pers. vorsprach, ist sie ausfindig zu machen, habe hier während des Krieges mich sozial betätigt und kam mit Menschen aus verschiedenen Lagern zusammen, von unseren Leuten keine Spur, auch nichts von Onkel Max, nun war ich mit dem l. Onkel Bernard letztes Jahr Rosch Haschanah in Köln, das Grabmal meines l. sel. Vater stellen zu lassen, er hatte ja noch keines, bei der Gelegenheit waren wir auf dem Grab Deiner sel. Mutter, das Grab ist ganz in bester Ordnung, es musste nur geputzt werden, was man auch machte, anlässlich unseres Besuches sprachen wir natürlich Onkel Josef und waren die paar Tage mit ihm zusammen, ich weiß nicht, ob Du Dich noch erinnerst, wie hübsch gepflegt er stets war, von alledem nichts mehr, er ist heute ein gebrochener, alter Mann, erst 59 Jahre bis 100 sieht er viel älter aus. Er schlägt sich recht & schlecht durch, er verlangte von mir Deine Adresse, die ich ja bis heute nicht hatte, um Dir zu schreiben, dass Du ihn bevollmächtigst, für eine Wiedergutmachung einzureichen, was ja alle Juden, ob reich oder arm, bekommen. Onkels Adr. lautet J. Bader, [...]. Nun zu Dir pers., ich brauche Dir gewiss nicht zu versichern, wie sehr wir uns freuen, dass Du es im Militär wie auch im Beruf so weit gebracht hast, auch hörten wir durch Dora, wie entzückend und lieb Deine l. Frau sei, möget Ihr stets bis 120 Jahre in Glück & Freuden leben. Der l. Onkel wünscht sich nur eins, falls es ihm mal möglich wäre, mit mir Erez zu besuchen, momentan nicht daran zu denken, da er zu kränklich und [es] geschäftlich sehr flau ist, aber nicht nur in unserer Branche, sondern die Wirtschafts- lage lässt zu wünschen übrig. Wir waren letzte Woche für einige Tage zu Besuch bei Georges, er wohnt 2 ¾ Std. Bahnfahrt von hier, wo er mit Frau & Kind unberufen glücklich ist, er arbeitet seit 15 Monaten im größten Unternehmen der Schweiz als Ing., woselbst er eine Aussicht auf Karriere hat. Aidy und Leo waren über Neujahr ein paar Tage bei uns, was für uns stets Festtage sind, heute, wo wir beide alleine hier leben. Seit 1. März geht Onkel

wieder mit dem Auto auf Tour, sodass ich Gelegenheit habe, öfter mal die l. Kinder sowie l. Enkelkinder zu besuchen, sofern er in der deutschen Schweiz reist. Bevor ich mein heutiges Schreiben beende, möchte ich Dich bitten, ein Paket, welches vorgestern hier abging, diesmal anzunehmen, es soll als Liebesbeweis für Deine liebe Frau von Tante & Onkel sein, sobald Du es uns bestätigst, geht wieder eins ab. Erhielt gestern einen Brief von Dora, die Arme wurde operiert, gottlob alles gut vorbei, sie bestätigt Zeitungen, frage bitte, ob sie 5 Kg. Paket erhalten, ansonsten ich nachforschen kann. Nun hoffe und wünsche ich, von Dir sowie Adi regelmäßig zu hören, und sei kein »Akschen«, auch ich bin eine »Bader«, man kann stolz, aber braucht kein Akschen sein. Herzl. Grüße & Küsse an Dich, Deine l. Frau Ruth sowie die Familie Doras. B. Hat das Schokoladen-Frl. wenigstens die Bilder abgegeben?
[Keine Unterschrift]

[H, Q: MB]

1956

Ohne genaues Datum
Josef in Deutschland an Adi in der Schweiz
Lieber Adi!
Bin immer noch sehr krank, nur war heute trotzdem bei meinem Freund in Deiner Sache; um die Akten anzufertigen!
Ich brauche noch einen Lebenslauf von Dir, das heißt, vom Tage der Geburt an, wo Du anfängst, dass Deine Mutter gestorben, und kam die Flucht vor Hitler, Belgien, wo Du versteckt warst, Kloster etc, ganz einfach, was Du alles erlebt hast. Das ist eine einfache Sache. Von 1930 bis usw. Auch brauchst Du, wenn das gemacht ist, wenn ich eine Vollmacht habe, nicht hier sein.
Ich war Aggripastr., der hat mir zuliebe Dir keine Unannehmlichkeiten gemacht. Wie ich Dir auch gesagt habe, kann man mit Transit-Visum nun durchfahren, und der Konsul wird Dir hoffentlich ein Visum geben, dann wird die [unleserliches Wort] sehr behilflich sein für hier, bis Deine Sache gesegnet ist.
Ich hoffe, Du hast mich verstanden.
Mein Freund hat bis heute noch nicht gehört, dass man Israelis, wenn sie schon kommen, Schwierigkeiten macht.

[H, Q: AB]

1957

Ohne genaues Datum
Josef in Deutschland an Adi in Belgien
Lieber Adi!
Ich habe Deine Karte erhalten, nur ist bis jetzt keine Post für Dich gekommen. Tante Toni wird Dir inzwischen vielleicht schon geschrieben haben. Ich bin immer noch krank und kann sehr schlecht gehen. Sobald ich kann, werde ich bei meinem Freund die Dokumente holen und Dir schicken. Schreibe mir Deine nächste Adresse, wohin ich alles nachsenden soll.
Auf jeden Fall gebe nicht so leicht wichtige Papiere aus den Händen, oder mache von allen Fotokopien.
Bearbeite alles weiter, und ich wünsche Dir bei der Wiedergutmachung Erfolg. Ich fahre s. G. w. Ende März für 2 Monate zu Tante Toni! Sollte von Deinen Leuten aus Israel mal jemand nach Köln kommen, und wenn ich nicht da bin, soll man sich wenden an meinen Freund, W[...], der dann mit Rat zur Seite steht, wenn es sein muss. In diesem Sinne wünsche ich Dir weiterhin alles Gute und sei herzl. gegrüßt & geküsst
Dein Onkel
Josef

[H, Q: AB]

Ohne genaues Datum
Josef in Deutschland an Adi in Belgien
Lieber Adi!
Habe von Tante Toni einen Brief bekommen, wo sie mir schreibt, Du fährst mit einem Freund nach Frankreich & Italien. Ich lege Dir alle Briefe bei und habe ich nur die Briefmarken genommen, worüber Du sicher nicht böse bist. Gelesen habe ich nichts. Ich hoffe, dass es Dir gut geht und ich von Deiner Reise mal was höre, und auch, wenn Du nach Köln kommst, was für Dich wichtig sein könnte!
Alles Gute und gute Reise wünscht
Dein Onkel Josef

[H, Q: AB]

Dienstag, den 25. Dezember 1956
Herr Wohlstätter in Israel an Adi in Belgien
L. Adi,
ich hoffe, dass diese Zeilen Dich noch erreichen. Habe Deine div. Karten erhalten und hat mich gefreut zu hören, dass es Dir gut

geht. Ich will nur kurz schreiben, weil ich wenig Zeit habe, es geht uns allen gut, sonst alles unverändert. Es gibt reichlich zu arbeiten im [unleserliches Wort]. Michael hilft mir und werde gut fertig mit d. Rummel. Wann gedenkst Du zurückzukehren? Entschuldige meine Kürze, ich schreibe im Laden während der Arbeit. Grüße Lommers! Herzl. Grüße
Wohlstätter

[H, Q: AB]

1963

Ohne genaues Datum
Frau Baum in Deutschland an Adi in Deutschland
Mein lieber Adi!
Habe bei meinem letzten Besuch in Köln bei Frau B[...] erfahren, dass Dein Onkel Josef verstorben ist. Wir möchten Dir hiermit unser herzlichstes Beileid aussprechen. Ja, lieber Adi, so ist das Leben, der Eine geht, ein Neues kommt. Was macht Deine liebe Frau? Geht es ihr gut? Ich habe mir die Bilder schon so und so oft angeschaut, und siehst Du wirklich Deinem Vater ähnlich, wie er zuletzt ausgesehen hat. Ich bin bei meinem Besuch bei Euch ziemlich verkrampft gewesen, da ich Euch ja nichts vorheulen wollte, aber glaube mir, lieber Adi, es fällt mir heute nach 20 Jahren noch sehr schwer, davon zu sprechen. Dein Vater war ein sehr liebenswerter Mensch, immer fröhlich und guter Dinge, trotz all den Miseren. Das letzte Jahr, wo wir sehr oft zusammen waren, kann ich wohl mit Überzeugung sagen, dass wir die besten Freunde waren, denn sonst hat sich wohl kaum jemand um sie gekümmert, und Hilfe hat er von keinem gehabt. Oft denke ich, man hätte noch viel mehr für die armen Menschen tun müssen, leider waren aber auch uns die Hände gebunden. Ich danke Dir nochmals, dass Du mir das kleine Andenken gelassen hast, denn es ist für mich eine Reliquie sozusagen. Werde Euch anrufen oder schreiben, wann ich nochmals komme. Alles Gute & Schöne & viele, liebe Grüße an Dich, Deine liebe Frau & Kinder
Grüße bitte Martin, wenn Du schreibst.
Deine Grete und Kinder

[H, Q: MB]

ANSTELLE EINES NACHWORTS

Heimweh noh Kölle
von Willi Ostermann (1876–1936)[139]

Original

En Köln am Rhing ben ich gebore,
ich han, un dat litt mer em Senn,
ming Muttersproch noch nit verlore,
dat eß jet, wo ich stolz drop ben.

Refrain
Wenn ich su an ming Heimat denke
un sin d'r Dom su vör mer ston,
mööch ich direk ob Heim an schwenke,
ich mööch zo Foß no Kölle gon.

Ich han su off vum Rhing gesunge,
vun unsem schöne, deutsche Strom,
su deutsch wie he ming Leeder klunge,
su deutsch blief Köln met singem Dom.

Refrain

Un deiht d'r Herrjott mich ens rofe,
dem Petrus sagen ich alsdann:
»Ich kann et räuhig dir verzälle,
dat Sehnsucht ich no Kölle han.«

Refrain

Un luuren ich vum Himmelspöözche
dereins he ob ming Vaterstadt,
well stell ich noch do bovve sage,
wie gähn ich dich, mie Kölle, hatt.

Refrain

Hochdeutsch

In Köln am Rhein bin ich geboren,
ich habe, und das liegt mir im Sinn,
meine Muttersprache noch nicht verloren,
das ist etwas, worauf ich stolz bin.

Refrain
Wenn ich so an meine Heimat denke
und sehe den Dom so vor mir stehen,
möchte ich mich direkt zur Heimat kehren,
ich möchte zu Fuß nach Köln gehen.

Ich habe so oft vom Rhein gesungen,
von unserem schönen, deutschen Strom,
so deutsch wie hier meine Lieder klangen,
so deutsch bleibt Köln mit seinem Dom.

Refrain

Und wenn der Herrgott mich einst ruft,
dann sage ich zu Petrus:
»Ich kann es dir ruhig anvertrauen,
dass ich Sehnsucht nach Köln habe.«

Refrain

Und schaue ich vom Himmelstor
dereinst hier auf meine Vaterstadt,
will ich dort oben noch still sagen,
wie gern ich dich, mein Köln, hatte.

Refrain

Kölsche Jonge

Adi Bader
*1931

Menasche Bader
*1925

ANMERKUNGEN

1 Fischels Schwager Hermann Ben Yoel (ursprünglich Sibirski) teilte der Autorin Ende der 1980er Jahre mit, dass Leopold seiner Meinung nach mindestens zwei Brüder hatte, die vielleicht Simon und Theodor hießen. Bislang ist nichts Näheres über sie und ihre Herkunft bekannt. Bei Simon handelte es sich wahrscheinlich um Schlomo, den Mann der im Buch erwähnten Tante Frimet.

2 Für diesen Familiennamen existieren mehrere Versionen, vor allem Garbinsky und Garbinski, die jeweils von verschiedenen Personen zu unterschiedlichen Zeiten angewandt wurden und sich entsprechend auf offiziellen Dokumenten und in privater Korrespondenz finden lassen. In diesem Buch wird, um Verwirrung zu vermeiden, durchgängig die zweite Version benutzt.

3 Auch für diesen Familiennamen existieren zwei Versionen, Sibirsky und Sibirski. In diesem Buch wird durchgängig, außer bei der Wiedergabe offizieller Dokumente, die zweite Version benutzt.

4 David Sibirski wurde 1883 als Joel Blas in Piotrkow im Bezirk Lodz (Polen) geboren. Wie Chana Ruschinek, eine entfernte Verwandte, herausfand, waren Joels Eltern Hersz Blas und Chana Etta, geborene Bresler. Abgesehen von einem Zwillingsbruder, Awrum, hatte Joel vier weitere Geschwister: Feigl, Brana Riwka sowie die Zwillinge Schlomo und Taube. Nach Angaben von Hermann Ben Yoel verließ Joel Piotrkow, um nicht in die polnische Armee eingezogen zu werden. Um die Jahrhundertwende gelangte er dann mit seiner Frau Golda unter dem von seinem Schwager angenommenen Namen »David Sibirski« nach Sinzig am Rhein. Dort war er zunächst als Klempner tätig. Ab 1914 diente Joel während des Ersten Weltkriegs freiwillig in der deutschen Armee und war in Koblenz stationiert. Golda zog mit den Kindern »des Essens wegen«, so sagte Hermann, in Joels Nähe. Über die Namensänderung von Joel gibt es eine aufschlussreiche Bescheinigung des Gemeinderabbiners von Köln aus dem Jahr 1924, in der er schreibt: »Nach einer mir vorgelegten hebräischen Trauungsurkunde, ausgestellt in Lodz, im Jahre 1905, ist die polizeilich als Rywka Sibirsky, Alexianerstrasse 7, gemeldete Ehefrau mit einem Manne Joel, Sohn des Zwi, rituell getraut worden. Es darf als unbedingt feststehend angenommen werden, dass dieser Ehemann am hiesigen Platz fälschlich unter dem Namen ›David Sibirsky‹ gemeldet worden ist. Er scheint vielmehr mit dem Jonas Blass, geboren am 15. 6. 1883 in Lodz, identisch zu sein, der am 2. 10. 1905 hier für

Schnurgasse zur Anmeldung kam. (Der Name ›Jonas‹ ist Verdeutschung für ›Joel‹). Frau Rywka Sibirsky scheint also in Wirklichkeit den Namen ›Blass‹ zu führen, und ebenso ihre 4 Kinder, Sara, Regina, Josef Hermann und Heinrich.«

5   Ein anderer entfernter Verwandter, Morris Wirth, hat intensive Nachforschungen zur Familiengeschichte der Jakubowicz betrieben und einen ausführlichen Stammbaum erstellt. Daraus geht hervor, dass Golda Jakubowicz eines von sechs Kindern ihrer Eltern Josef Manasza Jakubowicz und Sury Krayndl Lesser war und in Bledow geboren wurde.

6   Ilana ist die Tochter von Hermann Ben Yoel und Rosa, geborene Cohen. Hermann änderte, so sagt Ilana, den Nachnamen 1944 von Sibirski auf Ben Yoel um.

7   Jiddisch. »Schiwah« auf Hebräisch. Dies ist die jüdische Trauerzeit, während der Verwandte und Freunde zur Unterstützung der Trauernden im Haus der verstorbenen Person zusammenkommen.

8   Hebräisch. Der »Sidur« ist das hebräische Gebetbuch für die Wochentage, Schabbat und einige andere Feiertage.

9   Ida ist die Schwester von Rosa, also eine Schwägerin von Hermann Ben Yoel.

10 Joel Blas verstarb 1966 im Alter von 83 Jahren in Toronto. Hermann Ben Yoel suchte seinen Vater dort mehrere Male auf, laut Ilana erstmals 1963, nachdem er seine Adresse und Telefonnummer auf einer seiner Reisen durch Nordamerika in einem Telefonbuch gefunden hatte. Zunächst verleugnete Joel die Existenz seiner ersten vier Kinder, dann fiel ihm – so Ilana – wieder seine »frume Golda« ein. Joels Sohn aus zweiter Ehe besuchte die Familie von Hermann später mehrfach in Israel.

11 Mehrere Postkarten aus den frühen 20er Jahren aus dem Nachlass von Hermann Ben Yoel deuten darauf hin, dass Golda und ihre Kinder in so armen Verhältnissen lebten, dass sie wiederholt zum ›Aufpäppeln‹ zur Kur geschickt wurden. So schrieb Goldas Tochter Regine in diesen Jahren aus der Jüdischen Kinderheilstätte Bad Kreuznach an ihre Mutter: »Ich habe schon zusammen 4 Pfund zugenommen.« Und ihre Schwester Sara erwähnte auf einer anderen Postkarte an ihre Mutter, sie hätte bereits »4.100 gr zugenommen«. Die Geldnöte der Familie gehen auch aus einer Postkarte hervor, die Regine im Juli 1925 an ihren damals 14-jährigen Bruder Hermann schrieb, während dieser in Mengeringshausen eine Lehre machte: »Wenn

Du ein paar Mark hast, so kannst Du sie uns schicken, denn wir sind in großer Geldverlegenheit.«
12 Jiddisch. Bedeutung: Schau, der Todesengel kommt.
13 Schabbes ist Jiddisch für Schabbat.
14 Jiddisch. Bedeutung: Gemeindediener.
15 Hebräischer Name für die fünf Bücher Moses sowie andere Schriften, die in der Synagoge vorgetragen werden.
16 Hebräisch. Bedeutung: Erreichen der religiösen Mündigkeit, »Bat Mitzwah« für Mädchen.
17 Vgl. Fußnote 1.
18 Hebräisch. Die Bedeutung wird im selben Absatz erläutert.
19 Jiddisch. Bedeutung: Prügel.
20 Jiddisch. Bedeutung: Betsaal.
21 Jiddisch. Bedeutung: Jemand, der in der Synagoge für die Ordnung verantwortlich ist, beispielsweise dafür, die Plätze zuzuweisen und die Aufrufe zur Torah zu organisieren.
22 Hebräisch. Bedeutung wie im Satz beschrieben.
23 Aus den Angaben Hermann Ben Yoels gegenüber der Autorin geht hervor, dass die Großmutter von Chaim Storosum eine Schwester von Regina Garbinski war, die einen Storosum heiratete. Dies konnte bislang noch nicht durch entsprechende offizielle Unterlagen bestätigt werden.
24 Ruthi ist die Frau von Menasche.
25 Hebräisch. Bedeutung: Kraft. Name jüdischer Sportvereine.
26 Über die Rivalitäten zwischen den jüdischen Kölner Sportvereinen findet sich der folgende Kommentar in der Veröffentlichung von Kurt Jakob Ball-Kaduri, *Vor der Katastrophe: Juden in Deutschland 1934-1939*: »[…] in erster Linie kam es zeitweise zu tätlichen Auseinandersetzungen zwischen den Sportgruppen des Reichsbunds jüdischer Frontsoldaten, die unter militant antizionistischer Führung standen und sich im wesentlichen aus westdeutscher jüdischer Jugend zusammensetzten, die aus den deutschen Sportvereinen ausgeschlossen wurde, und dem der Makkabi-Organisation angehörigen, zionistischen Sportklub Hakoah, dessen Mitglieder sich zu 75% aus ostjüdischen Kreisen, in erster Linie Jugendlichen, zusammensetzten. Diese Auseinandersetzungen zogen sich bis zum Jahre 1935 hin. Beide Gruppen hatten die zahlenmäßig stärkste Mitgliederschaft unter den jüdischen Organisationen in Köln, und zwischen ihnen wurde der ideologische Gegensatz zwischen Antizionismus und Zionismus ausgetragen.« (Kurt Jakob Ball-Kaduri 1967, S. 22)

27 Aus religiöser Sicht gilt als jüdisch geboren nur eine Person, deren Mutter jüdisch ist. Die Religion des Vaters hat darauf keinen Einfluss.
28 Berühmtes Kölner Puppentheater.
29 Für den Namen des Kibbuzes gibt es in lateinischer Schrift zwei Schreibweisen, »Ain Harod« und »Ein Harod«. In diesem Buch wird das innerhalb der Familie gebräuchliche »Ein Harod« verwendet.
30 Bei einem Zusammentreffen mit der Autorin vor einigen Jahren berichtete Jakob (heute John), dass er sich an Fischel erinnerte, der, wie er sagte, ein »Macher« im Kölner Maccabi gewesen wäre. John war auch eine gemeinsame Reise zu einem Boxkampf, der in Holland stattfand, im Gedächtnis geblieben. Er erläuterte zu seiner Flucht, dass er damals über Antwerpen und London nach Australien gelangte. Er konnte sich noch gut daran erinnern, wie enorm erleichtert er war, als er nach Belgien einreiste. John war erschüttert, als er erst jetzt vom späteren Schicksal der Familie erfuhr.
31 Hebräisch. Als Teil der jüdischen Jugendbewegung dienten »Hachscharah«-Lager zur Vorbereitung auf die Auswanderung nach Palästina.
32 Hebräisch. Ein häufig gesprochenes Gebet, auch besonders zum Totengedenken am Jahrestag.
33 Die Berufsbezeichnung für einen Mann, der das jüdische rituelle Schlachten von Tieren durchführt.
34 Hebräisch. Text des Gebets auf Deutsch: »Höre Israel, der Ewige, unser Gott, der Ewige ist einzig«.
35 Hebräisch. Text des Gebets auf Deutsch: »Ich gebe Dank vor dir, ewiger und lebender König, dass du meine Seele zu neuem Leben erweckt hast; groß ist deine Treue«.
36 Dies geht aus einer entsprechenden Bestätigung vom 13. September 1979 hervor, die Adi von der Gemeinde Kapellen ausgestellt wurde. Darin steht: »Ondergetekende, Piqueur Jozef, schepen van onderwijs van de gemeente Kapellen (2080), verklaart hiermede, dat Bader, Adi, Bernhard, geboren te Keulen op 17/2/31 en pleegzoon van van Uffelen, Louis, Kapellen, Nieuwe Wijk, 2 de gemeentelijke lagere jongenschool, met vrucht, gevolgd heeft van 20/10/39 tot 1/7/42«. Auf Deutsch: »Der Unterzeichnende, Piqueur Jozef, Chef der Schulbehörde der Gemeinde Kapellen (2080), bestätigt hiermit, dass Bader, Adi, Bernhard, geboren in Köln am 17.2.1931, ein Pflegesohn von van Uffelen, Louis, Kapellen, Nieuwe Wijk, 2, die Kommunale

Grundschule für Jungen mit Erfolg vom 20.10.39 bis zum 1.7.42 besucht hat.« [Übersetzung der Autorin]

37 Das Panzerschiff »Graf Spee« wurde von der eigenen deutschen Besatzung vor Uruguay versenkt.

38 Belgien wurde als Teil der deutschen »Westoffensive« angegriffen und kapitulierte am 28. Mai 1945.

39 Die Organisation Todt (benannt nach dem damaligen Generalinspektor für das deutsche Straßenwesen) war für militärische Baueinsätze in den von den Deutschen besetzten Gebieten verantwortlich. Ursprünglich hauptsächlich aus Freiwilligen bestehend, basierte die Organisation ab 1942 zunehmend auf dem Einsatz von Zwangsarbeitern und Kriegsgefangenen.

40 Jahrzeit ist der jüdische Begriff für einen sich jährenden Todestag.

41 Iwrit ist der hebräische Begriff für Neu-Hebräisch, d. h. die moderne Version des alt-testamentarischen Hebräisch.

42 Ein Fluss in Tel Aviv.

43 Jiddisch. Bedeutung: Verstand.

44 Ab 1941 wurden Kölner Juden im sogenannten Sammellager »Fort V« in Köln-Müngersdorf festgehalten, bevor sie von dort aus deportiert wurden.

45 Das Habima ist das Nationaltheater von Israel.

46 Über Moes Verhältnis zu Adi äußerte sich Bürgermeister Speth 1957 in einem Empfehlungsschreiben mit den Worten: »Je vous confirme […] que en tant que bourgmestre de Kapellen […] je savais que Madame Maria Lommers vous a élevé à Kapellen et vous considérait comme son fils adoptif. Je sais que Madame Lommers s'est occupée de vous avec la plus grande attention et le plus grand dévouement, et il lest certain que je verrai avec un réel plaisir ses efforts récompensés par votre succès dans la vie.« Auf Deutsch: »Ich bestätige als damaliger Bürgermeister von Kapellen, dass ich wusste, dass Madame Maria Lommers Sie in Kapellen großgezogen und Sie als ihren Adoptivsohn betrachtet hat. Ich weiß, dass Madame Lommers sich um Sie mit größter Aufmerksamkeit und Hingabe gekümmert hat und es sicher ist, dass ich mit wahrer Freude ihre Bemühungen [gemeint ist Moe] durch Ihren Erfolg im Leben belohnt sehe.« [Übersetzung von Daniel Bader]

47 Die Geschichte der versteckten jüdischen Kinder von Belgien, insbesondere auch der in Heimen untergebrachten Kinder, ist vor allem durch die Forschung von Sylvain Brachfeld gut dokumentiert, liegt allerdings noch nicht in deutscher Über-

setzung vor. Der Autorin waren bei ihren Recherchen einige englischsprachige Veröffentlichungen von Brachfeld zugänglich. Aus diesen geht hervor, dass das Heim von Herrn Tiefenbrunner 1939 ursprünglich außerhalb von Antwerpen gegründet wurde, sich dann aber ab 1941 in Brüssel befand. Es war ein offizielles Heim der AJB (Association des Juifs en Belgique). (Vgl. Sylvain Brachfeld: »Jewish Orphanages in Belgium Under the German Occupation«, in Dan Mikhman, »Belgium and the Holocaust: Jews, Belgians, Germans«, 1998, S.424) Aus von Tiefenbrunners Tochter beim United States Holocaust Memorial Museum hinterlegten Informationen zu einigen hier auch abgebildeten Fotos des Tiefenbrunner-Heims geht hervor, dass Jonas Tiefenbrunner 1914 als Sohn streng orthodoxer, polnischer Eltern in Wiesbaden geboren wurde. Er war Mitglied der orthodox-zionistischen »Esra« und der »Hachscharah« in Frankfurt. Im November 1938 gelang ihm die Flucht nach Belgien, während seine Eltern nach Polen abgeschoben wurden. Das zunächst von ihm gegründete Heim bei Antwerpen diente der Betreuung von religiösen Jungen, die als Teil der »Kindertransporte« in Belgien eingetroffen waren. Tiefenbrunner heiratete seine Frau Ruth 1940 am Tag vor dem deutschen Einmarsch nach Belgien. Nachdem beide kurzzeitig verhaftet und interniert worden waren, verlegte Tiefenbrunner das Heim nach Brüssel. Der offizielle Name des Heims war »Orphelinat Israelite de Bruxelles«. Im August 1944 gelang es Tiefenbrunner sich mit allen noch im Heim befindlichen Kindern in einem Kloster zu verstecken. Nach der Befreiung gründete er ein neues Heim in Mariaburg für Kinder aus den Konzentrationslagern und Waisen. Er leitete dieses Heim bis 1960 und verstarb zwei Jahre später im Alter von nur 48 Jahren. (Vgl. im Internet zugängliches Fotoarchiv des United States Holocaust Memorial Museum, http://www.ushmm.org)

48   Hebräisch. Bezeichnung der jüdischen Kopfbedeckung.
49   Hebräisch. Die Laubhütte des danach benannten mehrtägigen jüdischen Festes im Herbst.
50   Hebräisch. Bedeutung: jüdischer Religionslehrer.
51   Hebräisch. Bedeutung: Gebet.
52   Hebräisch. Bedeutung: Jüdische Religionsschule.
53   Der offizielle Name des Ortes ist »Wezembeek-Oppem« auf Flämisch und »Wezembeek-Ophem« auf Französisch. In diesem Buch wird durchgängig die gängige, einfachere Bezeichnung Wezembeek benutzt.

54 Malines ist auch unter dem flämischen Namen »Mechelen« bekannt.
55 Elisabeth von Belgien (1876-1965) weigerte sich 1940, Belgien zu verlassen. Es gelang ihr, durch ihren Einfluss Hunderte jüdischer Kinder vor der Deportation zu retten. Nach dem Krieg wurde sie von Yad Vashem als eine der »Gerechten der Völker« geehrt.
56 Das Wezembeeker Heim lag am Stadtrand von Brüssel und war ursprünglich zur Betreuung von an Tuberkulose erkrankten jüdischen Kindern eingerichtet worden. Nach der deutschen Besetzung Belgiens wurde es zwischenzeitlich von der deutschen Armee benutzt, bevor es 1942 in die Hände der AJB übergeben wurde. Marie Albert leitete das Heim von seiner Öffnung am 1. September 1942 an. Kaum zwei Monate später, am 30. Oktober 1942, wurden alle Erzieher und 85 Kinder von den Nazis festgenommen und nach Malines transportiert. Dank der Intervention der belgischen Königin Elisabeth sowie der AJB wurden alle wieder freigelassen. Sieben weitere Kinder wurden aus dem Sammellager dazugeschmuggelt. (Vgl. Brachfeld 1998, S.425)
57 Brachfeld bestätigt diese Einschätzung. Er erläutert, dass Madame Albert ein ehemaliges Mitglied der »Hanoar Hazioni« war, einer zionistischen Jugendorganisation, und hinsichtlich des Judentums liberale Sichtweisen vertrat.
58 Die Rede ist von der bereits erwähnten AJB.
59 Hebräisch. Bedeutung: Gruppe.
60 Hebräisch. Bedeutung: Kopf. Dieser Begriff wird für einen Gruppenleiter oder den Leiter mehrerer Gruppen verwendet.
61 Hebräisch. Bedeutung: Programme. Bezieht sich auf Gruppenstunden.
62 Hebräisch. Bedeutung: Appell.
63 1870 von Naphtali Herz Imber geschrieben und seit Staatsgründung Israels die Nationalhymne, bereits vorher international in der jüdischen Gemeinschaft bekannt.
64 Hebräisch. Bedeutung: Einwanderung im Ausland lebender Juden nach Israel.
65 Louvain ist auch unter dem flämischen Namen »Leuven« bekannt.
66 Aus jüdischer Sicht sollte der Name Gottes nicht ausgesprochen werden. Die vier Buchstaben des hebräischen Wortes werden daher zwar in jüdischen religiösen Schriften gedruckt, aber nicht ausgesprochen, sondern beim Sprechen durch ein anderes Wort ersetzt.

67 Die Deportation sämtlicher, noch in Belgien befindlicher Juden, einschließlich der in den Heimen untergebrachten Kinder, wurde von den Nazis im August 1944 beschlossen. Nach Angaben von Sylvain Brachfeld wurde die Unterbringung der Heimkinder in Verstecken daraufhin innerhalb von 24 Stunden zentral vom belgischen Widerstand beschlossen und organisiert. Er bemerkt hierzu auch, dass das abrupte Verstecken der Kinder bei diesen derart starke Spuren hinterließ, dass viele der Betroffenen bis heute wesentlich mehr über ihre vergleichsweise kurze Zeit im Kloster als über ihre Jahre im Kinderheim zu berichten hätten. (Vgl. Brachfeld 1998, S.429)

68 Hebräisch. Bedeutung: Gruppenleiter.

69 Bis auf einen vollständigen, im zweiten Teil des Buchs wiedergegebenen Brief, sind nur Fragmente der Briefe der Familie Riesenfeld an Adi erhalten geblieben. Im Dezember 2007 gelang es der Autorin, eine der beiden Töchter der Familie in den USA ausfindig zu machen. Sie erläuterte, dass ihre Familie Deutschland im Mai 1939 verlassen hatte. Weiter schrieb sie: »My father Walter, had been briefly in Buchenwald and we were grateful to get out when we did as the war started in September. He went into the lumber sales business with my uncle Heinrich (Henry) Silberstein and they were partners until retirement. My father, a serious, anxious, sad man died in 1961 at age 61, too young and careworn. The gift of the soccer ball to Adi sounds like the sensitivity my mother would have shown. She was a strong, wonderful woman who raised Hannah and me and lived almost 22 years longer than my father, dying in 1983 in Springfield. She was extremely bright and well-read and was as assimilated an American as one could imagine, though the Shoah marked her terribly. My father lost family in those years in Auschwitz and some of the survivors went to England and Argentina. My mother's siblings came to the US though all of us had considered Palestine. My father didn't share my mother's feelings and wanted to come here instead.« Auf Deutsch: »Mein Vater Walter war kurze Zeit in Buchenwald interniert gewesen, und wir schätzten uns glücklich, das uns die Flucht rechtzeitig gelang, bevor der Krieg im September ausbrach. Er gründete dann mit meinem Onkel Heinrich (Henry) Silberstein einen Bauholzhandel, und die beiden blieben bis zu ihrer Pensionierung Geschäftspartner. Mein Vater, ein ernster, besorgter und trauriger Mann, starb 1961 im Alter von 61 Jahren, zu jung und verhärmt. Das Geschenk des Fußballs an Adi entspricht sehr dem typischen Feingefühl meiner

Mutter. Sie war eine starke, wunderbare Frau, die Hannah und mich erzog und die fast 22 Jahre länger als mein Vater lebte, als sie 1983 in Springfield verstarb. Sie war außerordentlich intelligent und sehr belesen und war als Amerikanerin so assimiliert, wie man es sich nur vorstellen kann, wenngleich die Schoah sie schwer gezeichnet hatte. Mein Vater verlor in den Jahren Familienmitglieder in Auschwitz, und manche Überlebende gingen nach England und Argentinien. Die Geschwister meiner Mutter kamen in die USA, obwohl wir alle auch über Palästina nachgedacht hatten. Mein Vater teilte jedoch nicht das Empfinden meiner Mutter hierzu und wollte lieber hierher kommen.« [Übersetzung der Autorin]

70 Hebräisch. Gemäßigte jüdische Untergrundorganisation vor Ende des britischen Mandats.
71 Hebräisch. Bedeutung: eine in Israel geborene jüdische Person.
72 Hebräisch. Eine andere gemäßigte jüdische Untergrundorganisation vor Ende des britischen Mandats.
73 Die »Jewish Brigade« wurde im Herbst 1944 gegründet und umfasste mehr als 5.000 jüdische Freiwillige. Sie wurde 1946 aufgelöst. Insgesamt kämpften mehr als 30.000 jüdische Freiwillige aus Palästina auf Seiten der Alliierten.
74 Hebräisch. Auf Deutsch oft als Lichterfest bezeichnet. Erinnert an den erfolgreichen Aufstand der Maccabäer (siehe Anmerkung 118) und die Wiedereinweihung des zweiten jüdischen Tempels.
75 Hebräisch. Jüdischer Feiertag anlässlich des neu beginnenden Zyklus' der Torahlesung.
76 Hebräisch. Die israelische Organisation, die Juden, die außerhalb Israels leben, bei ihrer Einwanderung unterstützt. Auch unter dem Namen »Jewish Agency for Israel« bekannt.
77 Abgeleitet von »Chuzpe« (Jiddisch. Bedeutung: charmante Unverschämtheit).
78 Hebräisch. Ursprünglich zionistisch-sozialistischer Verband der Arbeiter.
79 Hebräisch. Radikale jüdische Untergrundorganisation vor Ende des britischen Mandats, auch als »Irgun« bekannt.
80 Hebräisch. Eine andere radikale jüdische Untergrundorganisation vor Ende des britischen Mandats, auch als »Stern Gang« bekannt.
81 Kurz nach der Unabhängigkeit Israels gegründete Forschungsorganisation mit naturwissenschaftlichem Schwerpunkt.
82 Ein bewaffneter Konflikt zwischen Ägypten und Israel im Jahr 1956, der sich hauptsächlich auf die Kontrolle des strategisch wichtigen Suezkanals bezog.

83 Dies ist ein Zitat aus dem Lied »Heimweh nach Köln«, das vom Kölner Heimatdichter Willi Ostermann (1876-1936) verfasst wurde, der zahlreiche Karnevals-, Rhein- und Weinlieder textete. Der Text des genannten Lieds findet sich am Ende des Buchs.
84 Über diesen Transport findet sich die folgende Zusammenfassung des Ablaufs: »Der Zug fuhr am 20. Juli gegen 15 Uhr vom Bahnhof Deutz-Tief ab, erreichte nachmittags am 22. Juli Wolkowysk, wo die Deportierten von Personenwagen in gedeckte Güterwagen umsteigen mußten. Sechs Stunden später, gegen 23 Uhr fuhr der Zug über Baranowitsche nach Kojdanow, wo er am Vormittag des 23. Juli ankam. Dort wurde er fast einen Tag lang abgestellt, bis er in der Frühe des 24. Juli weiterfuhr und anderthalb Stunden später um 6.49 Uhr nach fast 90stündiger Fahrt in Minsk ankam.« (NS-Dokumentationszentrum der Stadt Köln, *Die jüdischen Opfer des Nationalsozialismus aus Köln Gedenkbuch*, 1995, S. 540f.)
85 Diese Adresse scheint sich auf die Rheinlandloge zu beziehen, eines der »Judenhäuser«. In einer Anordnung über die »Zusammenlegung der Juden« hatte die Kölner Gestapo am 12. Mai 1941 angeordnet, dass Juden ab dem 1. Juni nur noch in »jüdischen Häusern« wohnen konnten. (NS-Dokumentationszentrum der Stadt Köln 1995, S.522)
86 Keine der etwa 1160 Personen, die mit diesem Transport deportiert wurden, überlebte. (Vgl. NS-Dokumentationszentrum der Stadt Köln 1995, S. 540f.) An anderer Stelle wird in derselben Publikation das Schicksal der nach Minsk Deportierten genauer beschrieben: »Von den bekannten Deportationen ereilte das schlimmste Schicksal die nach Minsk Deportierten. Sie waren von Himmler von vornherein zur Ermordung bestimmt. Von den zwischen Mai und Oktober 1942 15.000 mit 16 Güterzügen aus dem Reichsgebiet deportierten Juden sind mindestens 13.500 unmittelbar nach ihrer Ankunft getötet worden. Einige wenige, etwa 20 bis höchstens 80 je Deportation, wurden für Arbeitseinsätze ausgewählt und blieben damit zunächst ausgenommen. Die Ankommenden wurden auf dem Gelände des Güterbahnhofs Minsk ausgeladen und mußten sich zu einem nahegelegenen Sammelplatz begeben. Dort wurden ihnen alle Geld- und Wertsachen abgenommen. Mit Lastwagen wurden sie zu dem 15 km südöstlich von Minsk gelegenen Gut Trostinez gebracht und in der Nähe dieses Gutes in Lastwagen, in die jeweils etwa 60 Personen hineingepfercht wurden, mit Gas ermordet. Auch in

der Folgezeit wurden Menschen in Minsk in Gaswagen ermordet. Das Ghetto Minsk wurde im September 1943 aufgelöst.« (S.550)

87 Der genaue Wortlaut des Schreibens vom 23.7.1957: »Laut vorliegender Deportationsliste wird bescheinigt, dass Herr Friedrich Bader, geb. 14.2.1898 in Köln, und Ehefrau Regina geb. Sibirsky, geb. 21.5.1909 in Köln, sowie Sohn Kurt, geb. 11.7.35 in Köln, alle zuletzt wohnhaft in Köln, Cäcilienstr. 18.22, von der Gestapo am 15.6.1942 nach Theresienstadt zwangsdeportiert wurden und nicht zurückkehrten. Da wir nie wieder eine Nachricht von ihnen erhielten, ist mit Sicherheit anzunehmen, dass die Genannten in der Deportation den Tod gefunden haben.« Das Schreiben ist vom Vorstandsmitglied Sally Kessler unterzeichnet.

88 Das NS-Dokumentationszentrum der Stadt Köln erklärt den Ursprung dieser Deportationslisten folgendermaßen: »Augenscheinlich nach dem Krieg angefertigte Abschrift von Karteikarten, die bei der Vermögensaufnahme durch die Oberfinanzdirektion Köln unmittelbar vor der Deportation angelegt worden sind. Die Liste enthält in Form von handschriftlichen Zusätzen in Einzelfällen Angaben zum Schicksal der jeweiligen Person.« (NS-Dokumentationszentrum der Stadt Köln 1995, S. 521)

89 Der Inhalt des Schreibens der »HuLp. aan joodsche slachtoffers van den oorlog« [Hilfe für jüdische Opfer des Kriegs], einer Abteilung des erwähnten »Antwerpsch comité ter vedediging van de joodsche belangen« lautet: »Wij ontvingen Uw brief van dezer. Zoals wij U reeds vroeger hebben medegedeeld, werd Uw borer Georges door de Duitsere gedeporteerd en is helaas niet uit de Duitse concentratiekampen teruggekeerd. Hij werd uit het Verzamelkamp Mechelen weggevoerd met het XIde Transport onder Nr. 1350, vertrokken op 26.9.42. Het weeshuis in de Durletstraat is in 1944 door een V-bom der Duitsers getroffen. Er is niets overgebleven van de goederen end de kleren, die zich daar bevonden. Het spit ons, dat wij U deze droeve berichten moeten zenden.« Auf Deutsch: »Wir beziehen uns auf Ihr Schreiben vom 3. Dezember. Wie wir Ihnen bereits früher mitteilten, wurde Ihr Bruder Georg von den Deutschen deportiert und ist nicht aus den deutschen Konzentrationslagern zurückgekehrt. Er wurde aus dem Sammellager Mechelen mit dem XI. Transport unter der Nr 1350 deportiert am 26.9.1942. Das Waisenhaus in der Durletstraße wurde 1944 von einer V-Bombe der Deutschen getroffen. Es blieb nichts von den Gegenständen und Kleidern übrig, die sich dort befanden. Es tut uns leid, dass

wir Ihnen diese traurige Nachricht mitteilen müssen.« [Übersetzung der Autorin] Im Internet findet sich auch der folgende kurze Kommentar eines amerikanischen Soldaten über den Einschlag der V-Bombe: »I stopped going to the tragic sites after November 17. That day I came upon the ruins of the Boy's Orphanage at Durletstraat. The Belgian Red Cross had removed 36 dead children and another 125 wounded by a V-1 the day before.« Auf Deutsch: »Am 17. November hörte ich damit auf, mich zu den tragischen Orten zu begeben. An diesem Tag hatte ich die Ruine des Waisenhauses für Jungen in der Durletstraße aufgesucht. Das belgische Rote Kreuz hatte 36 tote Kinder und weitere 125 geborgen, die am Vortag durch eine V-1 verwundet worden waren.[Übersetzung der Autorin]

90   Von Belgien aus wurden 24.906 Juden in 27 Transporten nach Auschwitz deportiert, unter ihnen 4.654 Kinder und Jugendliche unter 16 Jahren. (Helen Kubica, »Children«, in Yisrael Gutman und Michael Berenbaum [Hrsg.], *Anatomy of the Auschwitz Death Camp*, 1994, S.414) In Georgs Transport befanden sich 539 Männer, 257 Jungen, 680 Frauen und 266 Mädchen. Sie kamen am 28. September in Auschwitz an. 286 Männer und 58 Frauen wurden für das Arbeitslager »selektiert«. Die Übrigen kamen in den Gaskammern um. Nur 30 Männer waren am 8. Mai 1945 als Überlebende dieses Transports bekannt. (Serge Klarsfeld und Maxime Steinberg, *Mémorial de la déportation des juifs de Belgique*, 1982, S. 26).

91   In einem Brief vom August 2006 teilte Frau Becker-Jákli Menasche mit, dass die Stolpersteine nun gelegt wurden. Fotos der Gedenksteine sowie der näheren Umgebung sind auf der Internetseite des NS-Dokumentationszentrums (www.nsdok.de) unter der Kategorie »Interaktive Datenbanken« und Unterkategorie »Stolpersteine« zugänglich.

92   Im südfranzösischen Konzentrationslager von Le Vernet wurden hauptsächlich ausländische, d. h. nicht-französische, Juden festgehalten. Ab August 1942 fanden von dort zahlreiche Transporte nach Auschwitz statt.

93   Ein Teil der französischen Résistance, der hauptsächlich von Verstecken in den Bergen Südfrankreichs aus gegen die deutschen Besatzer aktiv war, und unter anderem Juden und alliierte Kriegsgefangene befreite.

94   Auch die Autorin hat sich darum bemüht, Näheres über Max herauszufinden. Eine Anfrage beim Landesarchiv Berlin bezüglich der dort vorhandenen Einwohnermeldekartei wurde mit

einem negativen Bescheid beantwortet. Zur Frage seiner Frau mit eventuellem Vornamen Lily oder Elli und Mädchennamen Stein (diese Angaben stammten aus Gesprächen mit Hermann Ben Yoel) heißt es in dem Antwortschreiben: »Ermitteln konnte ich eine Bader, Emma geb. Stein«. In den Berliner Adressbüchern der relevanten Jahre sind jeweils bis zu sieben Personen unter »Bader, Max« mit Berufsbezeichnungen und Adressen verzeichnet. Da jedoch der Beruf von Max nicht bekannt ist, kann ihm keine dieser Angaben eindeutig zugeordnet werden. Es ist im übrigen durchaus vorstellbar, dass der hier erwähnte Max Bader nie in einem der Adressbücher aufgeführt wurde.

95 Max Bader ist auf keiner der verfügbaren Deportationslisten für Frankreich aufgeführt. Auch Anfragen bei verschiedenen Archiven, unter anderem direkt in der Gedenkstätte Auschwitz, haben nicht zu näheren Informationen über sein genaues Schicksal geführt.

96 Woluvé Saint Pierre ist auch unter dem flämischen Namen Sint Pieters Woluwe bekannt.

97 Der Text der »Jüdischen Allgemeinen« vom 17. Juli 1959 zu diesem Ereignis lautet: »Die Synagogen-Gemeinde Köln darf mit Befriedigung feststellen, daß der Monat Juni mit vier Bar- und Bat-Mizwahs ein Monat voller Ereignisse war, der zum Abschluß seinen Höhepunkt darin fand, daß am 28. Juni unsere langjährige Mitarbeiterin – die Leiterin des Kindergartens Edith Devries, mit ihrem zukünftigen Gatten Adi Bader unter die Chupa ging. Nicht nur die Kleinen des Kindergartens mit ihren Eltern, sondern auch eine sehr große Anzahl von Gemeindemitgliedern waren erschienen, um dieses freudige Ereignis gemeinsam mit den beiden jungen Leuten zu feiern. Rabbiner Dr. Azaria, der die Trauung vornahm, und besonders die Verdienste Ediths, die sich mit ganzem Herzen der Erziehung unserer jüdischen Kinder widmet, hervorhob, wünschte den jungen Leuten auch weiterhin in ihrem Leben viel Erfolg, da sie nunmehr eine eigene Familie gründen und damit dazu beitragen werden, das jüdische Leben innerhalb der Gemeinde im religiös traditionellen Sinne zu stärken. Herr Kantor Korn, der durch seine Gesänge das Fest verschönern half, gab der Hochzeit die feierliche Weihe. Anschließend fand ein Kiddusch statt, bei dem Herr Birnbaum für den Vorstand die Glückwünsche überbrachte und Herr Sachs für die Repräsentanz dem Brautpaar alles Gute wünschte.«

98 In der offiziellen Urkunde des amerikanischen Senats über Madame Blum-Albert vom 29. April 1992, dem Holocaust-

Gedenktag »Jom Haschoah«, heißt es: »We, the children of Wezembeek, who knew you as Marie Albert, on this special day, October 30, when we celebrate the fiftieth anniversary of our escape from a place called Mechelen, will always remember your unflinching courage – will remember your devotion to us – will remember your patience and kindness. So on this day we commemorate a time long past, a time of loneliness, a time of fear, when you were always there for us. We, the children of Wezembeek, pay you this long overdue honor with love and gratitude.« Auf Deutsch: »Wir, die Kinder von Wezembeek, die Sie als Marie Albert kannten, erinnern uns an diesem besonderen Tag, dem 30. Oktober, an dem wir den fünfzigsten Jahrestag unserer Flucht aus einem Ort namens Mechelen feiern, an Ihren unnachgiebigen Mut, Ihre Hingabe für uns und Ihre Geduld und Güte. An diesem Tag gedenken wir einer vergangenen Zeit, einer Zeit der Einsamkeit, einer Zeit der Angst, als Sie immer für uns da waren. Wir, die Kinder von Wezembeek, erweisen Ihnen diese seit langem überfällige Ehre in Liebe und Dankbarkeit.« [Übersetzung der Autorin] Adi ist eins von 23 ehemaligen Kindern von Wezembeek, die als Unterzeichnende aufgelistet sind. Die Memoiren von Madame Blum-Albert erschienen 1997 unter dem Titel »Le Récif De L'Espoir« im Peter Lang Verlag. Sie lagen der Autorin zum Zeitpunkt der Veröffentlichung dieses Buchs nicht vor.

99 Der bereits erwähnte Sylvain Brachfeld ist der Gründer der »Hidden Children in Belgium Organization in Israel« und Ehrenpräsident der »Society of Persons of Belgian Origin in Israel«. Er hat zahlreiche Publikationen über die Geschichte der Juden in Belgien, die versteckten Kinder sowie das Judentum im Allgemeinen veröffentlicht. Sein Buch »Merci de nous avoir sauves« (Übersetzung aus dem Französischen: »Danke für unsere Errettung«) über die in Belgien versteckten und geretteten jüdischen Kinder wurde 2007 veröffentlicht. Es enthält eine Kurzversion der Erinnerungen von Adi Bader, die auf einem bereits im Juni 1988 auf Französisch durchgeführten Interview zu beruhen scheint, von dessen Transkription Adi eine Kopie vorliegt.

100 Hebräisch. Jüdisches Versöhnungsfest, an dem gefastet wird.

101 Der erwähnte Brief findet sich auf Seite 140.

102 Aufschlüsselung der verwendeten Kürzel: Q = Quelle, H = Handschriftlich, G = Getippt, D = Durchschrift, IR = Ilana Regev, MB = Menasche Bader, AB = Adi Bader.

103 Jiddisch. Bedeutung: Mitleid.

104 Jiddisch. Bedeutung: Schmuck.
105 Pfandhaus.
106 Jiddisch. Bedeutung: Probleme.
107 Jiddisch. Bedeutung: Böses Auge.
108 Hebräisch. Bedeutung: herzlichen Glückwunsch, viel Glück.
109 Hebräisch. Bedeutung: Land. Bezieht sich auf Palästina (vor der Unabhängigkeit 1948) bzw. heute Israel.
110 Jiddisch. Bedeutung: Feiertag.
111 Jiddisch. Bedeutung: Synagoge.
112 Jiddisch. Bedeutung: Einkommen.
113 Beispiel der unter Juden gängigen Auslassung eines Buchstabens im deutschen Wort ›Gott‹ als Zeichen der Unaussprechlichkeit der hebräischen Version des entsprechenden Wortes, manchmal mit Apostroph, manchmal einfach nur ohne ›o‹ geschrieben. Siehe hierzu auch Anmerkung 66.
114 Hebräisch. Mehrzahl von Kibbuz.
115 Übersetzungen der hebräischen Textstellen sind im Folgenden in eckigen Klammern eingefügt, außer in solchen Fällen, wo der unmittelbar voranstehende oder folgende Text die Bedeutung bereits erläutert.
116 Auf Deutsch: »Frau Paula Kalmann und Töchter. Schalom Alechem. Es ist sehr seltsam für mich, diesen Brief an ›Frau Paula Kalmann‹ zu adressieren, wo ich Sie doch viel besser als ›Tante Paula‹ in Erinnerung habe. Wie Sie vom Briefkopf sehen, bin ich Martin Menasche Bader, der von Herrn Fischel Bader aus Köln, Engelbertstr. 12, und seit Dezember 1939 hier in Palästina. Ich wanderte 1939 nach Palästina aus, nachdem ich durch meinen Verwandten Sibirski, Hermann […] Tel Aviv eine Erlaubnis erhalten hatte, aber unglücklicherweise musste ich meine Eltern und Brüder in Deutschland zurücklassen, und trotz all meiner Versuche, ihren gegenwärtigen Aufenthaltsort in Erfahrung zu bringen, bin ich weiterhin ohne jeglichen Kontakt zu ihnen. Ihnen wird bekannt sein, dass meine Brüder über die belgische Grenze gelangten, später jedoch gezwungen waren, nach Köln zurückzukehren. Dennoch konnte ich, trotz aller Bemühungen nicht mit ihnen in Verbindung treten und habe bis heute nicht von ihnen gehört. Ich hoffe, es geht Ihnen gut, und kann Ihnen mitteilen, dass ich jetzt als Drechsler arbeite, jedoch aufgrund der endenden Feindseligkeiten nun vor schwierigen Fragen hinsichtlich meiner Existenz stehe. Der Grund für diesen Brief ist hauptsächlich, Sie darum zu bitten, mir mitzuteilen, was mit den Dingen geschehen ist, die mein Vater Ihnen zur Verwahrung zu-

stellte. Ich würde gerne erfahren, was sich in Ihrem Besitz befindet und in welchem Zustand es ist. Liebe Tante Paula. Ich bin mir sicher, Du wirst meine Lage verstehen. Ich weiß immer noch nicht, ob von meiner Familie irgendwer lebt und, falls ja, wo sie sich befinden. Daher bin ich gegenwärtig die einzige Person, die befugt ist, sich um die Belange unserer Familie zu kümmern. Es gibt auch eine andere Angelegenheit. Im März 1943 schrieb ich einen Brief an Bernstein (das sind die Leute, die meinen Eltern helfen wollten, in die USA zu kommen), aber leider wurde der Brief an mich zurückgeschickt. Wäre es Dir möglich, die richtige Adresse herauszufinden? The letzte bekannte Adresse war F. Bernstein [...] Brooklyn, NY. Ich hoffe, es geht Dir gut. Bitte verzeih mir, wenn dieser Brief etwas ›geschäftlich‹ erscheint, aber ich verspreche Dir, etwas über mich selbst zu schreiben, sobald ich eine Antwort von Dir erhalte. Ich lege auch ein Foto von mir bei und hoffe, dass es dir gefallen wird. In Erwartung deiner baldigen Antwort, Dein [keine Unterschrift].« [Übersetzung der Autorin]

117 Auf Deutsch: »Herrn und Frau W S[...]. Schalom Alechem. Wie Sie vom Briefkopf sehen, bin ich Martin Menasche Bader, der von Herrn Fischel Bader aus Köln, Engelbertstr. 12, und seit Dezember 1939 hier in Palästina. Ich wanderte 1939 nach Palästina aus, nachdem ich durch meinen Verwandten Sibirski, Hermann [...] Tel Aviv eine Erlaubnis erhalten hatte, aber unglücklicherweise musste ich meine Eltern und Brüder in Deutschland zurücklassen, und trotz all meiner Versuche, ihren gegenwärtigen Aufenthaltsort in Erfahrung zu bringen, bin ich weiterhin ohne jeglichen Kontakt zu ihnen. Nachdem ich in Palästina eintraf, schrieb ich Ihnen umgehend und teilte Ihnen Grüße von ihrer Mutter mit, die Ende 1938 noch in Köln wohnte, aber später nach Polen deportiert wurde. Alle meine Bemühungen in den vergangenen Jahren, mit Ihnen per Brief oder über andere Verwandte in den USA Kontakt aufzunehmen sind fehlgeschlagen. Jetzt, nachdem die Briefzustellungen wieder verlässlicher sind als in der Vergangenheit, versuche ich erneut, Sie hinsichtlich des Folgenden zu kontaktieren: Als Sie Deutschland verließen, gaben meine Eltern, oder mein Vater, Ihnen eine Reihe von Wertgegenständen meines Vater und meiner Mutter mit und baten sie darum, diese solange aufzubewahren, bis meine Eltern in den USA einträfen oder bis Sie andere Anweisungen durch ein Familienmitglied erhielten. Darüber hinaus gaben meine Eltern Ihrer Mutter Geld im Wert von 100, - RM für ihren

Lebensunterhalt, und es wurde vereinbart, dass dieses Geld mir nach Palästina zugestellt werden würde, da meine Einwanderung kurz bevor stand. Ich bin mir sicher, dass Sie die Wertgegenstände gut verwahrt haben und sie sich immer noch in Ihrem Besitz befinden. Könnten Sie mir daher bitte mitteilen, welche Wertgegenstände sich bei Ihnen befinden und auch auf meine weiteren Anweisungen in dieser Hinsicht warten. Ich bin mir sicher, dass Sie verstehen werden, dass ich zu diesem Schritt gezwungen bin, bis bekannt wird, ob von meiner Familie irgendjemand lebt und, falls ja, wo sie sich befinden. Daher bin ich gegenwärtig die einzige Person, die befugt ist, sich um die Belange unserer Familie zu kümmern. Ich schreibe auf Englisch, auch wenn ich es vielleicht nicht sehr gut beherrsche, aber ich habe mein gutes Deutsch im Laufe der Jahre vergessen und gehe davon aus, dass Sie inzwischen Englisch genauso gut verstehen. Ich wünsche Ihnen Schana Towah und verspreche, Ihnen einen sehr persönlichen Brief zu schreiben, sobald ich eine Antwort von Ihnen erhalte, denn dieser Brief erscheint vielleicht etwas geschäftlich. Nur zu Ihrer Information möchte ich auch erwähnen, dass ich als Drechsler arbeite, jedoch aufgrund der endenden Feindseligkeiten nun vor schwierigen Fragen hinsichtlich meiner Existenz stehe. Mehr davon ein anderes Mal. In Erwartung ihrer baldigen Antwort verbleibe ich Ihr [keine Unterschrift] PS. Vielleicht erinnern Sie sich kaum an mich. Sie kannten mich als kleinen Jungen. Daher lege ich ein Foto von mir bei und hoffe, es gefällt Ihnen.« [Übersetzung der Autorin]
118 Jüdische Freiheitskämpfer im ersten Jahrhundert vor der christlichen Zeitrechnung.
119 Hebräisch. Bedeutung: Davidstern.
120 Hebräisch. Eine religiöse zionistische Organisation.
121 Englisch. Kurzform des »American Jewish Joint Distribution Committee«, einer Hilfsorganisation, die sich in den 1930er und 1940er Jahren besonders für die verfolgten Juden Europas einsetzte.
122 Hebräisch. Bedeutung: Exil.
123 Auf Deutsch: » Liebe Frau Regina Bader. Ich, Martin Menasche Bader, der in Tel Aviv, Palästina, wohnt, wanderte 1939 von Köln in dieses Land ein. Als ich in Palästina eintraf, lebte ich bei der Familie Hermann Sibirski. Ich fand Ihren Namen in der Liste von Personen, die aus Polen evakuiert wurden. Da der Name meiner Mutter Regina Bader ist und mir gesagt wurde, sie wäre nach Polen geschickt worden, und da ich weiß, dass es viele Fehler

hinsichtlich der Namen von wiedergefundenen Person gibt, wäre ich Ihnen dankbar, wenn Sie sich identifizieren würden. Sollte es wahr sein, dann wäre ich sehr, sehr glücklich zu wissen, dass Du lebst, und würde hoffen, dass Du bei guter Gesundheit bist. Ich möchte Dir sofort mitteilen, dass Adi in Belgien ist und bei guter Gesundheit ist. Ich habe vor zwei Monaten von ihm gehört und hoffe, dass ich ihn bald nach Palästina holen kann. Wo sind Papa und Kurt? Ich beende diesen Brief in der Hoffnung, dass die gute Nachricht wahr ist und dass wir bald wieder zusammen sein werden. Mit besten Grüßen an Dich. [keine Unterschrift]«
[Übersetzung der Autorin]

124 Der Sederabend ist der Beginn des siebentägigen Pessachfestes.
125 Jiddisch. Bedeutung: Dickkopf.
126 Alte Münzeinheit.
127 Geräucherter Fisch.
128 Beginn des Neujahrsfestes, Rosch Haschanah, zu Anfang des jüdischen Jahrs.
129 Jiddisch. Bedeutung: Nachricht.
130 Jiddisch. Bedeutung: Vergnügen.
131 Der Name ist auf Hebräisch שפיים. Die heute gängige Version dieses Namens in lateinischer Schrift ist Shefayim.
132 Vom englischen »naturalise«, sich einbürgern lassen.
133 Englisch. Bedeutung: Ausgangssperre.
134 Hebräisch. Bedeutung: fünf Bände von Gebetbüchern zu den hohen jüdischen Feiertagen.
135 Ursprung unklar. Bedeutung: Urlaub.
136 Hebräisch. Bedeutung: Siedlung. Wurde auch zum Zeitpunkt des Briefs als Bezeichnung für die gesamte Bevölkerung benutzt.
137 Jiddisch. Bedeutung: Glück.
138 Französisch, Text auf Deutsch: »Viele Grüße und Wünsche von eurem Neffen«.
139 Diese Lied wird oft als die inoffizielle Hymne Köln bezeichnet. Die hier abgedruckte Originalversion sowie die Übersetzung ins Hochdeutsche stammen von der Wikipedia-Internetseite zum Lied. (http://de.wikipedia.org/wiki/Heimweh_nach_Köln)

Edith Devries: *Nicht mit zu hassen, mit zu lieben bin ich da*
Zusammengetragen und kommentiert von Ruth Bader

Edith Devries überlebte als Kind mit ihren Eltern Theresienstadt. Anders als die meisten Überlebenden entschied sich die Familie nach der Befreiung, an ihren deutschen Heimatort zurückzukehren. Seit mehr als dreißig Jahren hält Devries als Zeitzeugin Vorträge über ihre Kindheit und bemüht sich, ihre Botschaft von Toleranz und Nächstenliebe an künftige Generationen weiterzugeben.

Aus der Perspektive kindlicher und jugendlicher Erinnerungen vermittelt Devries in ihrem Buch einen Einblick in das wechselvolle Schicksal einer bis zum heutigen Tag eng mit ihrem Heimatort verbundenen deutsch-jüdischen Familie.

ISBN 9783837060812, Paperback, 220 Seiten

Nähere Informationen zum Buch:
www.edithdevries.de